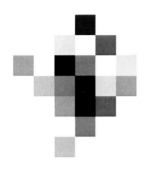

SDGsを学ぶ
国際開発・国際協力入門

高柳彰夫
大橋正明
編

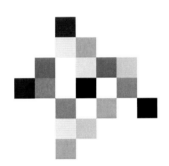

法律文化社

はしがき

　2015年9月25日に国連総会で採択された「我々の世界を変革する：持続可能な開発のための2030アジェンダ」（Transforming Our World: The 2030 Agenda for Sustainable Development）の中核は17の持続可能な開発目標（ゴール）（Sustainable Development Goals: SDGs）と169のターゲットである。国連での採択から3年がたち，世界で様々なアクターにとってSDGsは行動・活動の基盤となってきている。

　毎年7月の国連ハイレベル政治フォーラム（High Level Political Forum: HLPF）で各国政府による自発的国別レビュー（Voluntary National Review: VNR）が行われてきているが，世界の多くの諸国がSDGs実施計画を策定したり，国家開発計画にSDGsを取り入れてきたりしている状況が報告されている。グローバルな諸課題に取り組むNGO（非政府組織）・CSO（市民社会組織）の多くが，SDGsの実現を何らかの形で活動の目標に入れるようになっている。また，本書の最後で日本の実例が紹介されるが，地方自治体，民間企業，大学をはじめとした教育機関など様々なセクターの組織の間でもSDGs実施への取り組みが増えている。メディアでもSDGsが取り上げられる機会が多くなっている。

　以前のミレニアム開発目標（MDGs）が途上国の貧困削減や社会開発に焦点を当てていたのに対して，このSDGsは，4年間にもわたる多様なアクターが参加した交渉プロセスを経て生まれた，世界中の国々の経済・社会・環境の3つの次元の広範な問題領域に焦点を当てたものである。扱う問題領域の広さや，ゴールやターゲット，そしてインディケーター（指標）の多さから，相互の矛盾を感じる箇所がないわけではなく，多様なアクター間の「妥協の産物」ではないかと感じる部分も少なくない。

　世界各地の多様なアクターが次第にSDGsに取り組むようになってきている

i

とはいえ，日本社会でも十分浸透しているとはいいがたい。終章でも述べるように，SDGsについての社会の理解の促進は世界的な課題となっている。本書は，SDGsについての理解を広めることとともに，SDGsの背景にある理念でかつグローバルな市民社会の国際協力の長年の理念でもある「誰一人取り残さない」，人権，ジェンダー平等をしっかり踏まえつつ，市民社会的な視点からの批判性も持ちながらSDGsを取り巻く諸問題をわかりやすく説明し，一緒に考えていこうという趣旨で企画された。

 SDGsを含む2030アジェンダの全文の仮訳は外務省により作られている。本書では，外務省仮訳を基礎にしつつも，市民社会として強調したい人権ベースの視点や，市民社会の立場から持ってきたいくつかの用語の訳語に対する疑問点もふまえ，私たちなりに一部改訂してみた。序章の後半で，本書版のSDGsのゴール・ターゲットの改訂訳を掲載している。

 2030アジェンダの様々な概念や用語の日本語訳については，本書の執筆者の間でも考えの異なるものも少なくない。各執筆者のお考えを尊重し，あえて編者による統一をはからなかった場合があることをお断りしておきたい。

 本書の企画は，法律文化社の舟木和久さんから編者の一人である高柳への「国際協力についての入門書を企画してみませんか」というご提案から始まった。その後，大橋も編者として参加し，国際開発研究と国際開発協力のCSOの両方で長年の仲間である2名の共編で，SDGsを前面にした企画とすることとなった。そしてSDGsの多様な問題領域の第一人者の方々に執筆をお願いした。

 各章の執筆者の皆様は，学界，CSOや国際機関での実践，あるいはそれらの複数において第一線でご活躍の方々であり，ご多忙ななか，短い期間でご執筆いただいたことに感謝申し上げたい。また，企画・編集でご尽力いただいた舟木さんに厚くお礼申し上げたい。

 本書が，日本社会においてSDGsの理解がいっそう深まり，また2030年に向けて日本社会を含む地球社会の全体の変革に向け，より多くの方々が考え，行動するきっかけになることを期待したい。

なお本書作成の最終段階で，第5章をご執筆頂いた，私たちが揃って尊敬する国際開発学の大先達であり，国際開発学会・日本平和学会会長等も歴任された西川潤先生がスペインで急逝されたという報に接して驚愕した。このために本書の発行を少し遅らせることも検討したが，先生なら「一刻も早くこの本を出しなさい」とおっしゃられるだろうと考え，編者で5章の再校を終えて，ほぼ予定通り発刊することにした。先生が急逝されたことは残念で仕方ないが，心より哀悼の意を表したい。

　2018年10月

　　　　　　　　　　　　　　　　　　　　　　編著　高柳彰夫・大橋正明

■目　次　「SDGsを学ぶ——国際開発・国際協力入門」

はしがき

序章　SDGsとは何か——市民社会の視点から……………………… 1
1　本書の目的　1
2　持続可能な開発（sustainable development）とは　2
3　MDGsとは何だったのか　3
4　SDGsはどう策定されていったのか　6
5　「2030アジェンダ」の理念　8
6　17ゴールのSDGs　10
7　実施手段とレビュー　11
8　SDGsの意義と限界　12
9　本書の構成　15

【日本語訳】持続可能な開発目標（SDGs）：17のゴールと169のターゲット

第Ⅰ部　SDGsをどう理解するか
——ゴール・ターゲットの解説

第1章　貧困と飢餓—— SDGs 1, 2 ……………………………… 33
1　貧困とはどのような問題なのか　33
2　ゴール2の飢餓をどう理解すべきか　36
3　貧困にどのような解決を求めるべきなのか　39
4　ゴール12「持続可能な消費と生産」について　41
5　SDGs ゴール2 ターゲット2.3に見るターゲット間の負の相互作用　42
6　日本政府の国内の貧困問題への取り組み　43
7　最後に　46

第2章　保健・健康—— SDG 3 …………………………………… 48
1　基本的なニーズとしての保健医療　48
2　保健分野における優先度の変遷　50

3　ミレニアム開発目標（MDGs）から持続可能な開発目標（SDGs）へ　51
　4　課題別の目標　54
　5　日本における実施　62

第*3*章　質の高い教育——SDG 4 …………………………………64
　1　SDGs における教育目標とターゲット　64
　2　ゴール4の特徴　66
　3　EFA・MDGs の達成状況と SDGs に託された課題　69
　　　——アジアの教育状況を中心に
　4　日本におけるゴール4の実現に向けて　75
　5　ゴール4の課題と展望　78

第*4*章　ジェンダー平等，女性と女の子のエンパワーメント…………81
　　　　　—— SDG 5
　1　背　景　81
　2　ゴール5のターゲットと指標　84
　3　市民社会の視点から見た課題　89
　4　日本における実施の現状と課題　92
　5　私たちはSDGsをどう活用できるか　97

第*5*章　成長，ディーセント・ワーク，格差—— SDGs 8, 10 ………100
　1　成長，雇用はどう実現され，不平等はいかに是正されるか　100
　　　——2030アジェンダの位置付け
　2　両ゴールの内容　102
　3　成長，雇用，不平等是正の相互関係　108
　4　SDGsと日本の実施指針　113
　5　結びに　118

第*6*章　都市・人間居住，水，衛生環境—— SDGs 6, 11 ……………120
　1　人間居住をめぐるグローバルな変化　120
　2　居住と人権　126
　3　人々による地域づくり　130
　4　SDGsのモニタリングと日本の市民社会　135

第7章　気候変動とパリ協定——SDG 13 …………………142

1　気候変動の現状　142
2　気候変動に関するSDGゴールとターゲット　145
3　パリ協定とその背景　150
4　市民社会を含めたアクターの動き　153
5　今後の課題　156

第8章　陸と海の生物多様性——SDGs 14・15 ……………159

1　陸と海の生物多様性を守るSDGsの内容とは　159
2　生物多様性を守る国際的枠組み　162
3　食料を支える農業生物多様性の管理　165
4　食料・農業のための生物多様性管理を支える国際的枠組み　167
5　日本における政策と今後の取り組み　170
  コラム1　生物多様性条約／名古屋議定書と持続可能な開発目標　172
  コラム2　生物多様性条約／名古屋議定書と市民社会　174

第Ⅱ部　SDGsをどう実現するか——日本社会から考える

第9章　平和とガバナンス——SDG 16 ………………………179

1　ゴール16の特徴と概要　179
2　ゴール16のカテゴリー別分類　181
3　主なターゲットの解説と課題　182
4　ゴール16全体の実施手段——国内人権機関の設置他　192
5　ゴール16と市民社会スペースとの関係　193
6　ゴール16達成に向けて我々ができること　195

第10章　ODA——SDG 17 ……………………………………197

1　SDGsにおけるODAに関する目標　197
2　DAC諸国のODA　198
3　日本のODA　200
4　ODAのこれから　207

第 *11* 章　民間セクター──SDG 17　………………………………211

1　SDGs と民間セクター　211
2　日本の開発協力から考える，SDGs と民間セクターの役割　219

第 *12* 章　移民・難民　………………………………………………228

1　国境を越える人の移動　228
2　開発と国際移動　230
3　SDGs と移民・難民　232
4　ビジネスと人権　239

第 *13* 章　市民社会の役割　…………………………………………243

1　日本こそ率先して SDGs に取り組まなければならない　243
2　日本における SDGs の課題と取り組みのあり方　246
3　チェンジメーカーとしての「市民社会」の可能性と課題　254
　　──「ソサエティ5.0」に寄せて

終章　SDGs は世界と日本をどう変えるか　………………………260
　　──成果と今後の課題

A　SDGs 実施の世界的状況──CSO の国際レポートをもとに　260

1　各国での SDGs 実施計画　261
2　2030アジェンダの理念は採り入れられているか　261
3　SDGs の一体性は確保されているか　262
4　「誰一人取り残さない」（LNOB）　262
5　社会の理解　263
6　SDGs の政策形成と実施への市民社会の参加　263
7　終わりにかえて──SDGs 実施の前提としての市民社会の自由な活動　264

B　日本の実施状況　266

コラム3　SDGs の価値に照らして　266
　　　　──地域に根ざした大学・学術機関のできること
コラム4　地方発の持続可能な地域づくりと SDGs ──内子町の事例　269
コラム5　東日本大震災被災地復興応援プロジェクトについて　272
コラム6　世界の「衛生」「環境」「健康」に貢献することで SDGs を達成する　275
　　　　──「清流の経営」から「きれいごと」の実現

序章　SDGsとは何か──市民社会の視点から

■この章で学ぶこと

　この章では，本書のテーマである持続可能な開発目標（Sustainable Development Goals：SDGs）と，SDGsを含む2030アジェンダについて概観する。「持続可能な開発」とは何か，2015年までの国際的な開発目標であったミレニアム開発目標（MDGs）の内容と成果を述べた後，SDGsの策定プロセス，2030アジェンダの理念を確認し，SDGsの意義と限界をまとめる。

1　本書の目的

　2015年9月25日に国連総会は「我々の世界を変革する：持続可能な開発のための2030アジェンダ」（Transforming Our World: The 2030 Agenda for Sustainable Development）を採択した。その中核が2030年を達成目標とする17のゴール（目標）と169のターゲットからなるSDGsである。

　本書でこの章を含む各章で述べるように，2015年までのMDGsが途上国の貧困削減や社会開発を中心に据えていたのに対して，SDGsは持続可能な開発の経済・社会・環境の3次元にわたる広範な内容を含み，また先進国を含む世界のすべての国・地域を対象とする普遍的な目標である。SDGsは，これからの各国の社会経済政策や二国間・多国間の国際開発協力のみならず，NGOなど市民社会の活動の基盤，そしてグローバルに勢いを増す民間企業の行動の基準となることが期待される。国連では各国の実施状況の検証が行われるとともに，多くの国で実施策の取りまとめが行われている。

　SDGsは，人権やジェンダー平等，「誰一人取り残さないこと」，不平等・格

差の縮小などを明確な理念とする点で，極めて画期的である。しかし，資金源として重要な民間企業セクターも含めた多様なアクターの主張の妥協の産物ともいえ，グローバルな市場経済を前提にしすぎていることを，市民社会の立場からは指摘せざるを得ない。

　本書は，SDGs やその理念に基本的に賛同しつつも，批判的視点も含めながら，SDGs が期待をするグローバルな国際開発や国際協力のあり方，さらにより広く社会や環境の問題への理解を促進し，市民として内外の諸課題にどうかかわっていくのかを考えるきっかけになることをめざす。17のゴールを掲げる SDGs やそれらの主要ターゲット，インディケーター（指標）を紹介するとともに，日本を含め世界全体でその実現に向けた市民社会の役割を考えたい。

2　「持続可能な開発」(sustainable development) とは

　SDGs を理解するにあたって，まず「持続可能な開発」(sustainable development) とは何か理解する必要があろう。この概念は，1983年の国連総会決議にもとづいて結成された「環境と開発に関する世界委員会（WCED，委員長は当時のノルウェー首相のブルントラント [Gro Harlem Brundtland]）」により1987年に出された報告書『私たちの共通の未来』(Our Common Future: WCED 1987) の中で，これからの世界のキー概念として提唱された。持続可能な開発とは「将来の世代がそのニーズの充足する能力を損なうことなく，現在の世代のニーズを充足する開発」と定義された。これには世代間の公平，すなわち将来の世代のために環境や資源を守ることと，世代内の公平，すなわち貧困削減とベーシック・ヒューマン・ニーズ（Basic Human Needs＝BHN：衣食住，教育，保健，雇用などを含めた人間の基本的ニーズのこと）の充足の2つのことが含まれた。

　1960年代から環境問題が国際的に注目されだし，1972年に発表されたローマ・クラブのレポート『成長の限界』（ローマ・クラブ 1972）が大きな反響を呼んだ。この1972年には環境問題をテーマにした初の国連会議として，国連人間環境会議がストックホルムで開催された。しかし当時は，先進国を中心とした工業化に伴う公害問題が環境問題の焦点であった。南の諸国の間からは，環境

破壊より貧困こそが最大の環境問題という考えが強く、工業化や経済発展に環境破壊はやむを得ないという極論すらあった。これに対して、WCEDが結成されたころから、砂漠化や森林破壊など、工業化よりも貧困問題と関連した環境問題に注目が高まり、1980年代後半は気候変動やオゾン層破壊といった問題も広く知られるようになっていった。こうして、次第に、「地球環境問題」というとらえ方が主流になっていった。環境・資源の保全と両立するような開発をめざすべき、というのが持続可能な開発を提唱した意義であった。ただ、今日に至るまで「持続可能な開発」をどう解釈するのか、特に実際の場面で開発と環境の両立が容易でない場合にどちらに力点を置くのか、様々な見解がある。

持続可能な開発は1992年にリオデジャネイロで開催された国連環境開発会議（「地球サミット」）でもキー概念となった。2002年にヨハネスブルクで開催された国連持続可能な開発サミットあたりから、持続可能な開発は経済・社会・環境の3つの次元からなることが世界の共通理解となってきた。

3　MDGsとは何だったのか

(1)　MDGsの背景

MDGsが提唱された時代背景には、1980年代以降、世界銀行・IMF（国際通貨基金）を中心に進められてきた累積債務国に対する構造調整が、アフリカなどの途上国に対する経済・社会政策の押しつけであり、さらに構造調整によって実施された諸政策でそれらの国の人々の貧困問題や格差が深刻化する一方で、構造調整のきっかけになった途上国の対外債務も依然として深刻であったことがある。また、20世紀末から「貧困問題への取り組みの主流化」と、途上国のオーナーシップと多様なアクター間のパートナーシップを強調する潮流が国際開発の中で生まれていたこともある。

(2)　MDGsの8つのゴール

2000年の国連ミレニアム総会で採択された「ミレニアム宣言」の一環として

示されたのが，ミレニアム開発目標（Millennium Development Goals：MDGs）であった。MDGsはミレニアム宣言の中で，「開発と貧困」や「アフリカのニーズへの対応」と関係する部分だけが取り上げられ，その他の重要な部分，具体的には平和や軍縮，地球環境，人権や民主主義，弱者の保護などが取り残された。ここではMDGsの8つのゴールと，それらの下にあるターゲットのうち，紙幅の関係で主要なものに絞って紹介する。

ゴール1：極度の貧困と飢餓の根絶
　1日1.25ドル未満で生活する人口の割合を半減させる。
　飢餓に苦しむ人口の割合を半減させる。
ゴール2：初等教育の完全普及の達成
　すべての子どもが男女の区別なく初等教育の全課程を修了できるようにする。
ゴール3：ジェンダー平等推進と女性の地位向上
　すべての教育レベルにおける男女格差を解消する。
ゴール4：乳幼児死亡率の削減
　5歳未満児の死亡率を3分の1に削減する。
ゴール5：妊産婦の健康の改善
　妊産婦の死亡率を4分の1に削減する。
ゴール6：HIV／エイズ，マラリア，その他の疾病の蔓延の防止
　HIV／エイズの蔓延を阻止し，その後減少させる。
ゴール7：環境の持続可能性確保
　安全な飲料水と衛生施設を利用できない人口の割合を半減させる。
ゴール8：開発のためのグローバルなパートナーシップの推進
　開発途上国の債務に包括的に取り組む。

　MDGsはミレニアム総会で新しくつくられたものではなく，多くは1990年代に連続して開催された会議での国際的合意であり，それらをMDGsとして1つにまとめたものであった。例えば，初等教育の完全普及は1990年以来の「万人のための教育を」というユネスコ，ユニセフ，国連開発計画（UNDP），世界銀行などを中心に展開されてきた取り組みであった。極度の貧困の半減などの目標は，先進国のODAに関する政策協調の場である経済協力開発機構の

序章　SDGsとは何か

表序-1　MDGsの達成状況（2015年プログレス・チャート）

		アフリカ		アジア				オセアニア	ラテンアメリカカリブ	コーカサスおよび中央アジア
	ゴール	北	サブ・サハラ	東	東南	南	西			
ゴール1 極度の貧困と飢餓の撲滅	極度の貧困半減									
	生産的かつ適切な雇用									
	極度の飢餓半減									
ゴール2 初等教育の完全普及の達成	初等教育の完全普及									
ゴール3 ジェンダーの平等の推進と女性の地位向上	初等教育における女児の就学率									
	女性賃金労働者の割合									
	国会における女性議員の割合									
ゴール4 乳幼児死亡率の削減	5才以下死亡率2/3削減									
ゴール5 妊産婦の健康の改善	妊産婦死亡率3/4削減									
	リプロダクティブ・ヘルスへのアクセス									
ゴール6 HIV/エイズ,マラリア,その他の疾病の蔓延防止	HIV/エイズ蔓延防止									
	結核蔓延防止									
ゴール7 環境の持続可能性の確保	安全飲料水のない人口半減									
	衛生設備のない人口半減									
	スラム居住者の生活改善									
ゴール8 開発のためのグローバル・パートナーシップ推進	インターネット利用者									

◆情報源：FAO, IPU, ILO, ITU, UNESCO, UNICEF, WHO, UNAIDS, UN-Habitat, 世銀により提供された2015年6月現在のデータ及び推計
◆編集：国際経済社会局統計部
出典：外務省ホームページ https://www.mofa.go.jp/mofaj/press/pr/wakaru/topics/vol134/index.html（アクセス：2017年12月31日）を一部改変。

■目標達成済み，または，達成間近。
▨現状が続けば目標達成が見込まれる。
□現状のまま。
▨進展なし，または，悪化。
⋯データが不十分。

開発援助委員会（OECD-DAC）で1996年に合意された21世紀の開発援助戦略（OECD-DAC 1996）で明記されていた。

(3)　MDGsの達成状況

　MDGsのゴールやターゲットの多くは，1990年を基準年，2015年を達成期限としていたが，どの程度達成できたのだろうか。達成できたものは，極度な貧困者の半減（人口がそれぞれ約13億人の中国とインドの経済成長によるところが大

きいが，インドは依然として人口の20％が極度な貧困下にある），安全な飲料水を利用できない人口の半減など限られたものであった。しかし，例えば初等教育の就学率が80％（1990年）から91％（2015年）に上がる，乳幼児死亡率が53％と妊産婦死亡率が46％低下するなど，目標は達成できなかったものの，改善が見られたものは多い。

表序-1は，MDGsの主要なターゲットの達成状況を地域別にまとめたものである。これを見ると，達成状況の地域差が大きい。東アジア，東南アジア，ラテンアメリカ・カリブ，中央アジアの達成状況は比較的良い一方で，サブ・サハラ（サハラ以南）アフリカと西アジア（イラク・シリアなどの内戦の影響と思われる）の達成状況が悪いことがわかる。

4　SDGsはどう策定されていったのか

SDGsを含む2030アジェンダは，2011年初めごろからの長い複雑なプロセスを経て策定された。大きくいうと，2つの議論の流れが統合されていった。

(1)　2つの議論の流れ

第1の流れは，2015年の期限を踏まえた「ポスト2015」あるいは「ポストMDGs」の議論である。国連開発計画（UNDP）と国連経済社会局（DESA）が中心になり，国連機関のみならず世界銀行も参加したタスクフォースがつくられた。UNDP総裁を議長とする国連開発グループ（UNDG）による国別・テーマ別，またインターネット上でのコンサルテーションが実施された。また2012年7月には，当時のパン・ギムン国連事務総長により世界の現職または元の首脳（日本からは菅直人元首相）によるハイレベル・パネルが設置され，2013年5月に12のゴールを含んだ報告書を提出した。第1の流れの結果，2013年7月にはパン事務総長により14のゴールを含んだ報告書が出された。

しかし，次に紹介する第2の流れが進んでいたことと，MDGsが先進国と一部の国連職員を中心にまとめられたことへの不満から，第1の流れの成果が当初想定されていた「MDGs-2」として採択されることにはならなかった（大

橋 2014)。

　第2の流れは，地球サミットから20年を機に2012年に同じリオデジャネイロで開催された「リオ＋20」（国連持続可能な開発会議）で，SDGs策定がコロンビアとグアテマラの政府により提案され，合意されたことではじまった。この合意にもとづいて，国際交渉の場としてオープン・ワーキング・グループ（OWG）が設置された。このOWGは30の加盟国の専門家からなるとされたが，交渉参加を希望する国が多く，専門家の1席を複数国で共有して交代で参加し（実際は複数国が参加の場合も），またNGOなどの市民社会組織（CSO）や民間セクター（企業）なども発言する，文字通りのオープンなプロセスとなった。2013年3月から2014年7月までの13回におよぶ交渉の末，報告書がまとめられ，その中で17の目標（ゴール）と169のターゲットが示された（United Nations 2014)。

　2014年9月の国連総会や，2014年12月パン事務総長の統合報告書の中で，OWGの報告書を基盤に，最終的な「ポスト2015年アジェンダ」が作成されるという方向になった。

(2) 2015年国際交渉と「2030アジェンダ」の採択

　2015年に入ってから，1月から6月までは毎月1回1週間程度，7月は最後の2週間，合計8次に渡る国際交渉が行われた。SDGsの17のゴールと169のターゲットについては，OWG報告書で「X％改善する（削減する）」となっていたところを「大幅に」とするなど修正は最低限として，むしろ「2030アジェンダ」として採択されることとなる文書の前文・宣言など理念を表す部分や実施手段について交渉が行われた。

　先進国と途上国の間の長年の対立点である「共通だが差異ある責任」（Common But Differentiated Responsibility: CBDR）の取り扱い，南の独自性・自立・自決権，人権などが論点となり，特に最終交渉は当初7月31日までの予定であったのが8月2日まで延長されたのち，「2030アジェンダ」の原案が合意された。そして2015年国連総会中の9月25日から3日間の「2030アジェンダ」を議論するサミットの冒頭で，そのアジェンダは採択された。

5　「2030アジェンダ」の理念

(1)　5つのP
「2030アジェンダ」はまず前文で5つのP，すなわちPeople（人々），Planet（地球），Prosperity（繁栄），Peace（平和），Partnership（パートナーシップ）について述べている。すべての人々の尊厳，環境，豊かさ，平和，多様なアクターの協力という「2030アジェンダ」の理念が読み取れる。

(2)　「誰一人取り残さない」・「普遍性」
それに続く宣言では，SDGsのさまざまな理念が述べられている。「我々は，持続可能な開発を，経済・社会・環境の3つの側面において，バランスがとれ，統合された形で達成することにコミットしている」（パラグラフ2）は，持続可能な開発の経済・社会・環境の3側面を確認している。アジェンダ2030の随所にこれら3つの側面や17のゴールと169のターゲットの不可分さが述べられている。

「我々は誰一人取り残さないことを誓う」（We pledge that no one will be left behind：パラグラフ4）をもとに，「誰一人取り残さない」（leave no one behind：LNOB）はSDGsのキーワードの1つである。LNOBの現れとして，脆弱な立場にある諸国（アフリカ諸国，後発開発途上国［LDCs］，内陸の途上国，小島嶼国）や国内の脆弱な立場のグループへの配慮を述べるパラグラフもある（パラグラフ22, 23）。もう1つの重要なキーワードは「普遍性」（universality）であろうが，これは「このアジェンダは，各国の現実・能力・発展段階の違いを考慮に入れ，かつ各国の政策・優先順位を尊重しつつ，すべての国に受け入れられ，すべての国に適用されるものである」（パラグラフ5）にもとづく。

(3)　人権とジェンダー平等
さらに「2030アジェンダ」のビジョンや課題が示されている。第1に，人権の重要性，「2030アジェンダ」は人権ベースであることが強調されている。

「我々は，人権，人間の尊厳，法の支配，正義，平等，差別がないことに対して普遍的な尊重がなされる世界を思い描く」(パラグラフ8)，「我々は，世界人権宣言およびその他の人権に関する国際文書と国際法の重要性を確認する。我々は，すべての国が国連憲章に則り，人種，肌の色，性別，言語，宗教，政治や信条，国籍若しくは社会的出自，貧富，出生，障がい等の区別なく，すべての人の人権と基本的な自由を尊重・保護・促進する責任を有することを強調する」(パラグラフ19)は，人権の重要性を強調するものであろう。

ただし，人権に関しては具体的なゴールをつくるのか，OWG段階で議論があり，指標化の可否や，人権をゴールに入れることへの賛否について意見が分かれた。ゴールをつくることは見送られる一方で，分野横断的な原則とすることになった。人権を強調することには2015年の政府間交渉の最終段階でアフリカ・中東諸国の一部から反対があり，文案では「差別」(discrimination)とされていた箇所が，最終的に「区別」(distinction)と文言が弱められた経緯がある。

ジェンダー平等も「2030アジェンダ」で強調されている点の1つである。「ジェンダー平等の実現と女性・女の子のエンパワーメントは，すべてのゴールとターゲットにおける進展において死活的に重要な貢献をするものである。(中略)我々は，ジェンダー格差を縮めるための投資を顕著に増加するために努力するとともに，国・地域・グローバルの各レベルにおいてジェンダー平等と女性のエンパワーメントを推進する組織への支援を強化する。女性と女の子に対するあらゆる形態の暴力は男性と男の子の参加も得てこれを廃絶していく。新たなアジェンダの実施において，ジェンダーの視点をシステマティックに主流化していくことは不可欠である」(パラグラフ20)と述べる。

なお，この序章末尾に掲載されている17のゴールと169のターゲットで，SDG5を中心に出てくるgirlsを，執筆者間での議論の後，「女の子」と訳すこととした。外務省仮訳では「女児」となっているが，このことばは権利主体であるというニュアンスに乏しく，また国語辞典では小学校または10歳以下のことを指す場合が多い。「少女」という訳も考えられるが，日本の社会・教育政策では少女(少年)という場合，小学校入学から18歳くらいを指し(根拠は児童福祉法)，また国語辞典でも小学校入学または7歳以上という記載が多い。「女

子」も候補となったが，大人も含めて使われる。それゆえ，出生時から18歳くらいまでの女性の子どもを含めることばとして「女の子」とすることにした。Because I am a Girl という Plan International のキャンペーンに関するプラン・ジャパンのホームページで「女の子」とされていることも参考にした。

6　17ゴールの SDGs

　SDGs は17のゴールとその下の169のターゲットからなる。それらはこの序章の末尾に掲載されている。
　SDGs は「持続可能な開発」が経済・社会・環境の3つの次元から成ることを反映して，貧困削減と社会開発・経済成長・環境保全にかかわる幅広い目標を含んでいる。大まかにいえば，ゴール1～6は貧困削減や教育・保健・ジェンダー平等といった MDGs で扱われてきた社会開発の諸分野の目標である。MDGs では健康・保健に関するゴールが3つあったが，すべてゴール3の下にまとめられた。
　エネルギーを扱うゴール7をはさんで，ゴール8と9は経済成長・ディーセントワーク・インフラといった MDGs では扱われなかった経済にかかわる問題を取り上げている。経済成長やインフラに関する目標が含まれたのは，途上国の中でも中進国──それらの一部は「新興ドナー」として開発援助を行う国にもなっている──の経験を反映しているといわれる。しかしゴール8の経済成長で「インクルーシブ」であることを求め，ゴール10で不平等・格差の問題を扱い，いわゆる「トリクルダウン」的な成長の過程での格差拡大はやむを得ないという発想に否定的である。
　ゴール11は世界中で都市化が進む中で都市の問題を扱い，ゴール12は消費や生産は持続可能であるべきとの立場を明確にしている。
　ゴール13から15は地球環境問題に直接かかわるものである。なお，ゴール13については，第7章で詳しく紹介されるが，SDGs が採択された国連総会の後に2015年11～12月にパリの気候変動枠組み条約締約国会議（UNFCCC）で「ポスト京都議定書」に関する決定──パリ協定として結実した──が予定されていた

ことを踏まえ，気候変動に関する目標づくりの主たる場は UNFCCC であることを注記している。

ゴール16はゴール1から15までの実現の前提・手段であるとともに，平和とガバナンスそれ自体がゴールである。ゴール17はゴール1から16までを実施する手段として，まずターゲット1で世界各国の自己資金など自国リソースの重要性を述べた後，政府開発援助（ODA），技術移転，貿易，多セクター間のパートナーシップなどを述べている。

7 実施手段とレビュー

2030アジェンダでは17のゴールと169のターゲットを紹介した後，その実施手段とレビューについてのパラグラフが並ぶ。実施手段についての諸パラグラフでは，多様なアクターの行うべき取り組みについて述べられている。その内容はおおむねゴール17のターゲットと重なっているが，各国に第一義的な責任，各国のオーナーシップ（主体性・主導性）や自己の資金その他のリソースの重要性，普遍的でSDGsのゴール・ターゲットが不可分なことが強調されている。またゴール17のターゲットにはない民間企業の役割（とともに民間企業による人権や環境の尊重）や，中所得国が直面する課題についてのパラグラフもある。

2030アジェンダはまた，そのフォローアップとレビューについても述べている。フォローアップとレビューは国内・地域・国際の各レベルで行われる。レビューの原則としては，以下が含まれている。

①自発的で各国がオーナーシップを持ち，各国の実状（能力・開発段階・優先順位など）に配慮すること。
②SDGsの普遍性・不可分性・相互関連性と経済・社会・環境の3次元を考慮すること。
③インクルーシブ・参加型で透明性を持つこと。
④人間中心でジェンダーを敏感に考慮し，人権を尊重し，最貧層やもっとも脆弱な立場に置かれた人々に焦点を当てること。

⑤エビデンス（証拠）や各国主導の高品質のデータにもとづくこと。そのためにも途上国のデータや評価の能力強化に支援を行うこと。

SDGs の世界的なレビューは，国連経済社会理事会主催で毎年 7 月に開催される High Level Political Forum（HLPF）で行われる。事務総長が年次進捗報告書（annual progress report）を提出するとともに，各国が自発的に行う。すでに2016年には16カ国，2017年には日本を含む43カ国，2018年には46カ国が行った。2017年からは焦点を当てるゴールが決められ，2017年はゴール 1，2，3，5，9，14，2018年はゴール 6，7，11，12，15，2019年はゴール 4，8，10，13，16で，ゴール17は毎回の焦点となっている。2017年レビューの概要は終章でとりあげる。

4 年に 1 回，国連総会主催で HLPF が開催され，包括的なレビューを行う。最初のものは2019年に開催予定である。

8　SDGs の意義と限界

(1)　MDGs に比べて広範な問題領域を包括的にカバー

SDGs の第 1 の特徴として，MDGs よりも広範な問題領域をカバーしていることがあげられる。MDGs はパートナーシップに関するゴール 8 を除いて，途上国の貧困削減や教育・保健などの社会開発とジェンダー平等に限ったのに対して，SDGs は前節で紹介したように，持続可能な開発の経済・社会・環境の 3 つの次元の広範な問題領域を包括的にカバーした目標を設定している。

しかしそのことはゴールとターゲットの大幅な増加を招いた。OWG が17のゴールを含んだ報告書を発表したころに，いくつかの国の政治指導者からは10から12程度に減らせないのかという声も出た。

17のゴール，169のターゲットの不可分性が強調されているものの，各国が自国の状況や優先順位にもとづいて適用することも明記されている。SDGs を実施していくにあたって，優先順位づけや相互の関連性について多様な解釈が生まれることも懸念される。

169のターゲットについては数が多く，前述のようにOWG報告書で「X％改善する（削減する）」となっていたところを「大幅に」とした経緯もあって目標が具体的でないものもある。169のターゲットの進捗状況を測定する指標は230とさらに多い。これだけ多くの指標について信頼できるデータを計測して確保できるのか，あるいはそれが可能となるためにどれだけのコストや，途上国の能力強化のための技術協力が必要なのか，大きな課題である。

(2)　普遍性

　MDGsでは，ゴール8で先進国も国際協力のアクターとして認識されていたものの，途上国の貧困削減や教育・保健などの社会開発に焦点を当てたものであった。SDGsでは，前述したように普遍性，すなわちすべての国に受け入れられて，すべての国に適用される。日本も含めて先進諸国も達成に向けて取り組むことが求められる。例えばゴール12（持続可能な消費・生産）は先進国や途上国の中の恵まれた層のライフスタイル見直しをむしろ求めるものであろうし，ゴール1（貧困を終わらせる）のターゲット2「2030年までに，各国定義によるあらゆる次元の貧困状態にある，すべての年齢の男性，女性，子どもの割合を半減させる」はまさに途上国・先進国問わず，各国が定める貧困ライン未満の人の割合を半減させることを求めるのである。

(3)　多様なアクターが策定プロセスと実施に参加

　4節でみたように，SDGsは複雑なプロセスを経て策定された。そのプロセスでは，国家や国際機関はもちろんのこと，CSOや民間（企業）セクターなど多様なアクターが参加した。SDGs実施に当たっても，多様なアクター間のパートナーシップの重要性が強調されている（特にゴール17のターゲット17）。

(4)　民間セクター・貿易・投資の重視

　2030アジェンダを通して特に重視されているのは民間（企業）セクターであろう。SDGsを途上国全体で実施するうえで必要な資金は年間3.3～4.5兆ドルといわれる。現実の先進国から途上国への資金の流れを見ると，2015，2016年

はODAなどの公的資金の方が民間資金よりも多かった一方で，2010〜2014年は民間資金が多かった。2014年はODA支出純額1376億ドル・民間資金4104億ドルに対し，2016年にはODA1450億ドル・民間1287億ドルであった。こうした背景もあり，2030アジェンダでは各国の自己資金とともに，民間セクターの役割が重視されている。ゴール8で経済成長・ディーセントワークがあげられているが，実施手段についての部分で「民間企業の活動・投資・イノベーションは，生産性でインクルーシブな経済成長と雇用創出を生み出していく上での重要な鍵である」（パラグラフ67）とされ，成長や雇用というMDGsにはなかった課題における民間企業の役割の重要性を唱えている。またゴール17のうち，貿易の部分では「WTOの下での普遍的でルールにもとづいた，差別的でない，公平な多角的貿易体制」の促進や，後発開発途上国（LDCs）の市場アクセス・貿易の拡大がターゲット（ターゲット10〜12）になっている。

SDGs実現の上で民間セクターの役割は重要であるが，企業は営利目的であり，また貿易・投資の自由化を含む経済のグローバル化が格差拡大を招いてきたこともあり，貧困を終わらせる，「誰一人取り残さない」といった2030アジェンダの理念とどこまで両立できるのか，という疑問は生じよう。

(5) 人権ベース

人権が2030アジェンダの理念であることは前述した。これは21世紀に入り，国連の開発諸機関で人権ベース・アプローチが共通理念となったことを反映しているだろう。SDGsのゴールやターゲットの中で「保障する」（ensure）ということばが多用されていることも，SDGsの理念に人権があることの反映と考えられる。また「誰一人取り残さない」という理念や，end（終わらせる）の多用も，人権ベース・アプローチの「無差別性」の原則やすべての人々の権利を保障するという発想に通じる。

しかし終章でも述べるように，実際にSDGsの実施期間に入ってくると，この人権の理念や2030アジェンダを貫徹する考え方が人権ベース・アプローチであることが忘れられた形で，各ゴールやターゲットが実施されているのではないだろうかという疑問も，生じてきている。

序章　SDGs とは何か

9　本書の構成

　本書の第Ⅰ部では，ゴール1〜15をとりあげる。各ゴールとターゲットに関して基本的な理解を深めるとともに，関連する MDGs も含めて現在までの達成状況を検証し，今後の課題や市民社会の立場から問題点を考えたい。合わせて，日本でのそれぞれの SDGs 実施上の課題についても述べたい。

　第Ⅱ部では，中核である SDGs をはじめ2030アジェンダを実施していくための課題を検討する。それ自体がゴールであるとともに，ゴール1〜15の実施手段としてもとらえられるゴール16をめぐる問題を考える。実施手段についてのゴール17をもとに，ODA と民間（企業）セクターの役割を考える。移民・難民（移民についてのゴールはないが，宣言では触れられている）の視点から SDGs を考察する。そして最後に日本における SDGs 実施の上での課題と日本の市民社会の役割を考える。

【日本語訳】持続可能な開発目標（SDGs）
**　　　　　　：17のゴールと169のターゲット**

あらゆる場所で，あらゆる形態の貧困を終わらせる。
End poverty in all its forms everywhere.

1.1　2030年までに，現在1日1.25ドル未満で生活する人々と定義されている極度の貧困をあらゆる場所で終わらせる。
1.2　2030年までに，各国の定義によるあらゆる次元の貧困状態にある，すべての年齢の男性，女性，子どもの割合を少なくとも半減させる。
1.3　各国において最低限の基準を含む適切な社会保護制度と対策を実施し，2030年までに貧困層と脆弱層に対し十分な保護を行う。
1.4　2030年までに，貧困層，脆弱層をはじめ，すべての男性と女性が，基礎的サービスへのアクセス，土地とその他の形態の財産に対する所有権と管理権限，相続財産，

天然資源，適切な新技術，マイクロファイナンスを含む金融サービスに加え，経済的資源についても平等な権利を持つことができるように保障する。

1.5 2030年までに，貧困層や脆弱な状況にある人々の強靱性（レジリエンス）を構築し，気候変動に関連する極端な気象現象やその他の経済，社会，環境的ショックや災害に対する暴露や脆弱性を軽減する。

1.a あらゆる次元での貧困を終わらせるための計画や政策を実施するべく，後発開発途上国（LDCs）をはじめとする開発途上国に対して適切かつ予測可能な手段を講じるため，開発協力の強化などを通じて，様々な供給源からの相当量の資源の動員を保障する。

1.b 貧困根絶のための行動への投資拡大を支援するため，国，地域，国際レベルで，貧困層やジェンダーに配慮した開発戦略にもとづいた適正な政策的枠組みを構築する。

飢餓を終わらせ，食料安全保障と栄養改善を達成するとともに，持続可能な農業を推進する。
End hunger, achieve food security and improved nutrition and promote sustainable agriculture.

2.1 2030年までに，飢餓を終わらせ，すべての人々，特に貧困層と幼児を含む脆弱な立場にある人々が一年中安全かつ栄養のある食料を十分得られるようにする。

2.2 5歳未満の子どもの発育阻害や消耗性疾患について国際的に合意されたターゲットを2025年までに達成するなど，2030年までにあらゆる形態の栄養不良を終わらせ，思春期の女子，妊婦・授乳婦，高齢者の栄養ニーズへの対処を行う。

2.3 2030年までに，土地，その他の生産資源や投入財，知識，金融サービス，市場，高付加価値化や非農業雇用の機会への確実かつ平等なアクセスの確保などを通じて，女性，先住民，家族農家，牧畜民，漁業者をはじめとする小規模食料生産者の農業生産性と所得を倍増させる。

2.4 2030年までに，生産性を向上させ，生産量を増やし，生態系を維持し，気候変動，極端な気象現象，干ばつ，洪水，その他の災害に対する適応能力を向上させ，漸進的に土地と土壌の質を改善させるような，持続可能な食料生産システムを保障し，強靱（レジリエント）な農業を実践する。

2.5 2020年までに，国，地域，国際レベルで適正に管理及び多様化された種子・植物バンクなども通じて，種子，栽培植物，飼育・家畜化された動物とこれらの近縁野生種の遺伝的多様性を維持し，国際的合意にもとづき，遺伝資源とこれに関連する伝統的な知識へのアクセスとその利用から生じる利益の公正かつ衡平な配分を促進する。

2.a 開発途上国，特に後発開発途上国における農業生産能力向上のために，国際協力

の強化などを通じて，農村インフラ，農業研究・普及サービス，技術開発，植物・家畜のジーン・バンクへの投資の拡大を図る。
2.b ドーハ開発ラウンドの決議に従い，すべての形態の農産物輸出補助金，同等の効果を持つすべての輸出措置の並行的撤廃などを通じて，世界の農産物市場における貿易制限や歪みを是正・防止する。
2.c 食料価格の極端な変動に歯止めをかけるため，食料市場とデリバティブ市場の適正な機能を保障するための措置を講じ，食料備蓄などの市場情報への適時のアクセスを容易にする。

 あらゆる年齢のすべての人の健康的な生活を保障し，福祉を促進する。
Ensure healthy lives and promote well-being for all at all ages.

3.1 2030年までに，世界の妊産婦の死亡率を出生10万人当たり70人未満に削減する。
3.2 すべての国が新生児死亡率を少なくとも出生1000件中12件以下まで減らし，5歳以下死亡率を少なくとも出生1000件中25件以下まで減らすことをめざし，2030年までに，新生児と5歳未満児の予防可能な死亡をなくす。
3.3 2030年までに，エイズ，結核，マラリア，顧みられない熱帯病といった感染症を終息させるとともに肝炎，水系感染症，その他の感染症に対処する。
3.4 2030年までに，非感染性疾患による若年死亡率を，予防や治療を通じて3分の1減少させ，精神保健と福祉を促進する。
3.5 麻薬乱用やアルコールの有害な摂取を含む，薬物乱用の防止・治療を強化する。
3.6 2020年までに，世界の道路交通事故による死傷者を半減させる。
3.7 2030年までに，家族計画，情報・教育，リプロダクティブ・ヘルスの国家戦略・計画への組み入れを含む，セクシュアル／リプロダクティブ・ヘルスケア・サービスをすべての人々が利用できるようにする。
3.8 すべての人々に対する財政リスクからの保護，質の高い基礎的な保健サービスへのアクセスと安全で効果的かつ質が高く安価な必須医薬品とワクチンへのアクセスを含む，ユニバーサル・ヘルス・カバレッジ（UHC）を達成する。
3.9 2030年までに，有害化学物質，並びに大気，水質，土壌の汚染による死亡と疾病の件数を大幅に減少させる。
3.a すべての国々において，たばこの規制に関する世界保健機関枠組条約の実施を適宜強化する。
3.b 主に開発途上国に影響を及ぼす感染性と非感染性疾患のワクチンと，医薬品の研究開発を支援する。また，知的所有権の貿易関連の側面に関する協定（TRIPS協定）と公衆の健康に関するドーハ宣言に従い，安価な必須医薬品とワクチンへのアクセス

を提供する。同宣言は公衆衛生保護と，特にすべての人々への医薬品のアクセス提供にかかわる「知的所有権の貿易関連の側面に関する協定（TRIPS協定）」の柔軟性に関する規定を最大限に行使する開発途上国の権利を確約したものである。

3.c 開発途上国，特に後発開発途上国，小島嶼開発途上国において保健財政と保健人材の採用，能力開発・研修と定着を大幅に拡大させる。

3.d すべての国々，特に開発途上国の国家・世界規模な健康危険因子の早期警告，危険因子の緩和と管理のための能力を強化する。

すべての人にインクルーシブかつ公平で質の高い教育を保障し，生涯学習の機会を促進する。
Ensure inclusive and equitable quality education and promote lifelong learning opportunities for all.

4.1 2030年までに，すべての子どもが男女の区別なく，適切かつ効果的な学習成果をもたらす無償かつ公正で質の高い初等教育と中等教育を修了できるよう保障する。

4.2 2030年までに，すべての子どもが男女の区別なく，質の高い乳幼児の発達，ケアそして就学前教育にアクセスすることにより，初等教育を受ける準備が整うよう保障する。

4.3 2030年までに，すべての人々が男女の区別なく，手の届く質の高い技術教育・職業教育と，大学を含む高等教育への平等なアクセスを得られるよう保障する。

4.4 2030年までに，技術的・職業的スキルなど，雇用，働きがいのある人間らしい仕事や起業に必要な技能を備えた若者と成人の割合を大幅に増加させる。

4.5 2030年までに，教育におけるジェンダー格差をなくし，障がい者，先住民，脆弱な立場にある子どもなど，脆弱層があらゆるレベルの教育や職業訓練に平等にアクセスできるようにする。

4.6 2030年までに，すべての若者と大多数（男女ともに）の成人が，読み書き能力と基本的計算能力を身に付けられるよう保障する。

4.7 2030年までに，持続可能な開発のための教育と持続可能なライフスタイル，人権，男女平等，平和と非暴力的文化の推進，グローバル・シティズンシップ，文化的多様性と文化の持続可能な開発への貢献の理解の教育を通して，すべての学習者が，持続可能な開発を促進するために必要な知識と技能を習得できるよう保障する。

4.a 子ども，障がい，ジェンダーに配慮した教育施設を構築・改良し，すべての人々に安全で非暴力的，インクルーシブで，効果的な学習環境を提供できるようにする。

4.b 2020年までに，開発途上国，特に後発開発途上国，小島嶼開発途上国，アフリカ諸国を対象とした，職業訓練，情報通信技術（ICT），技術・工学・科学プログラムなど，先進国とその他の開発途上国における高等教育の奨学金の件数を全世界で大幅に

増加させる。

4.c 2030年までに、開発途上国、特に後発開発途上国と小島嶼開発途上国における教員研修のための国際協力などを通じて、質の高い教員の数を大幅に増加させる。

ジェンダーの平等を達成し、すべての女性と女の子をエンパワーする。
Achieve gender equality and empower all women and girls.

5.1 あらゆる場所におけるすべての女性と女の子に対するあらゆる形態の差別を終わらせる。

5.2 人身売買や性的、その他の種類の搾取など、すべての女性と女の子に対する、公共・私的空間におけるあらゆる形態の暴力を排除する。

5.3 未成年者の結婚、早期結婚、強制結婚および女性性器切除など、あらゆる有害な慣行を廃絶する。

5.4 公共のサービス、インフラ、社会保障政策の提供、並びに各国の状況に応じた世帯・家族内における責任分担を通じて、無報酬の育児・介護や家事労働を認識・評価する。

5.5 政治、経済、公共分野でのあらゆるレベルの意思決定において、完全かつ効果的な女性の参画と平等なリーダーシップの機会を保障する。

5.6 国際人口・開発会議（ICPD）の行動計画、北京行動綱領、これらの検証会議の成果文書に従い、リプロダクティブ・ヘルス／ライツへの普遍的アクセスを保障する。

5.a 女性に対し、経済的資源に対する男性との同等の権利を与え、並びにオーナーシップや土地その他の財産、金融サービス、相続財産、天然資源に対するアクセスを与えるための改革に各国法に従い着手する。

5.b 女性のエンパワーメント促進のため、情報通信技術（ICT）をはじめとする実現技術の活用を強化する。

5.c ジェンダー平等の促進、並びにすべての女性、女の子のあらゆるレベルでのエンパワーメントのための適正な政策と拘束力のある法規を導入・強化する。

すべての人に水と衛生へのアクセスと持続可能な管理を保障する。
Ensure availability and sustainable management of water and sanitation for all.

6.1 2030年までに、すべての人々の、安全で安価な飲料水の普遍的かつ衡平なアクセスを達成する。

6.2 2030年までに、すべての人々の、適切かつ平等な下水施設・衛生施設へのアクセ

スを達成し，野外での排泄をなくす。女性と女の子，並びに脆弱な立場にある人々のニーズに特に注意を払う。

6.3 2030年までに，汚染の減少，投棄の廃絶と有害な化学薬品・物質の放出の最小化，未処理の排水の割合半減及び再生利用と安全な再利用の世界的規模で大幅に増加させることにより，水質を改善する。

6.4 2030年までに，全セクターにおいて水利用の効率を大幅に改善し，淡水の持続可能な採取と供給を確保し水不足に対処するとともに，水不足に悩む人々の数を大幅に減少させる。

6.5 2030年までに，適切な場合には国境を越えた協力を含む，あらゆるレベルでの統合水資源管理を実施する。

6.6 2020年までに，山地，森林，湿地，河川，帯水層，湖沼を含む水に関連する生態系の保護・回復を行う。

6.a 2030年までに，集水，海水淡水化，水の効率的利用，排水処理，リサイクル・再利用技術を含む開発途上国における水と衛生分野での活動と計画を対象とした国際協力と能力構築支援を拡大する。

6.b 水と衛生の管理向上における地域コミュニティの参加を支援・強化する。

すべての人に安価で信頼でき，持続可能かつ近代的なエネルギーへのアクセスを保障する。
Ensure access to affordable, reliable, sustainable and modern energy for all.

7.1 2030年までに，安価で信頼できる近代的エネルギーサービスへの普遍的アクセスを保障する。

7.2 2030年までに，世界のエネルギーミックスにおける再生可能エネルギーの割合を大幅に拡大させる。

7.3 2030年までに，世界全体のエネルギー効率の改善率を倍増させる。

7.a 2030年までに，再生可能エネルギー，エネルギー効率，先進的かつ環境負荷の低い化石燃料技術などのクリーンエネルギーの研究と技術へのアクセスを促進するための国際協力を強化し，エネルギー関連インフラとクリーンエネルギー技術への投資を促進する。

7.b 2030年までに，各々の支援プログラムに沿って開発途上国，特に後発開発途上国と小島嶼開発途上国，内陸開発途上国のすべての人々に現代的で持続可能なエネルギーサービスを供給できるよう，インフラ拡大と技術向上を行う。

序章　SDGsとは何か

すべての人のための持続的，インクルーシブかつ持続可能な経済成長，生産的な完全雇用とディーセント・ワーク（働きがいのある人間らしい仕事）を推進する。
Promote sustained, inclusive and sustainable economic growth, full and productive employment and decent work for all.

8.1　各国の状況に応じて，1人当たり経済成長率を持続させる。特に後発開発途上国は少なくとも年率7％の成長率を保つ。

8.2　高付加価値セクターや労働集約型セクターに重点を置くことにより，多様化，技術向上，そしてイノベーションを通じた高いレベルの経済生産性を達成する。

8.3　生産活動や適切な雇用創出，起業，創造性，そしてイノベーションを支援する開発重視型の政策を促進するとともに，金融サービスへのアクセス改善を通じて中小零細企業の設立や成長を奨励する。

8.4　2030年までに，世界の消費と生産における資源効率を漸進的に改善させ，先進国主導の下，「持続可能な消費と生産に関する10年計画枠組み（(10YFP)」に従い，経済成長と環境悪化の分断を図る。

8.5　2030年までに，若者や障害者を含むすべての男性と女性の，完全かつ生産的な雇用と働きがいのある人間らしい仕事と，同一労働同一賃金を達成する。

8.6　2020年までに，就労，就学，職業訓練のいずれも行っていない若者の割合を大幅に減らす。

8.7　強制労働を根絶し，現代の奴隷制，人身売買を終らせるための緊急かつ効果的な措置を実施するとともに，最悪な形態の児童労働の禁止と根絶を確保する。2025年までに児童兵士の募集と使用を含むあらゆる形態の児童労働を終わらせる。

8.8　移住労働者，特に女性移民や不安定な雇用状態にある労働者を含むすべての労働者の権利を保護し，安全・安心な労働環境を促進する。

8.9　2030年までに，雇用創出，地方の文化振興・産品販促につながる持続可能な観光業を促進するための政策を立案し実施する。

8.10　国内の金融機関の能力を強化し，すべての人々の銀行取引，保険，金融サービスへのアクセスを促進・拡大する。

8.a　「後発開発途上国への貿易関連技術支援のための拡大統合フレームワーク（EIF）」などを通じた支援を含む，開発途上国，特に後発開発途上国に対する貿易のための援助を拡大する。

8.b　2020年までに，若年雇用のための世界的戦略と国際労働機関（ILO）の「仕事に関する世界協定（グローバル・ジョブズ・パクト）」の実施を展開・運用化する。

強靭なインフラを構築し，インクルーシブで持続可能な産業化を促進するとともにイノベーションを推進する。
Build resilient infrastructure, promote inclusive and sustainable industrialization and foster innovation.

9.1 すべての人々に安価で公平なアクセスに重点を置いた経済発展と人間の福祉を支援するために，地域・越境インフラを含む質の高い，信頼でき，持続可能かつ強靭（レジリエント）なインフラを開発する。

9.2 インクルーシブかつ持続可能な産業化を促進し，2030年までに各国の状況に応じて雇用とGDPに占める産業セクターの割合を大幅に増加させる。後発開発途上国についてはその割合を倍増させる。

9.3 特に開発途上国における小規模の製造業やその他の企業の，低利子のクレジットを含む金融サービスへのアクセスや，バリューチェーンと市場への統合を拡大する。

9.4 すべての国は各国の能力に応じた取り組みを行うなかで，2030年までに，資源利用効率の向上，クリーンで環境的に健全な技術と産業プロセスのより多くの採用によるインフラ改良や産業改善により，持続可能性を向上させる。

9.5 2030年までにイノベーションを促進させることや100万人当たりの研究開発従事者数を大幅に増加させること，さらに官民研究開発の支出を拡大させることを伴って，開発途上国をはじめとするすべての国の産業セクターにおける科学研究を強化し，技術能力を向上させる。

9.a アフリカ諸国，後発開発途上国，内陸開発途上国，小島嶼開発途上国への金融・テクノロジー・技術の支援強化を通じて，開発途上国における持続可能かつ強靭（レジリエント）なインフラ開発を促進する。

9.b とりわけ産業の多様化や商品への付加価値創造に資する政策環境の確保を通じて，開発途上国の国内における技術開発，研究，イノベーションを支援する。

9.c 後発開発途上国において情報通信技術へのアクセスを大幅に向上させ，2020年までに普遍的かつ安価なインターネット・アクセスを提供できるよう図る。

国内および国家間の不平等を是正する。
Reduce inequality within and among countries.

10.1 2030年までに，各国の所得下位40％の所得成長率について，国内平均を上回る数値を漸進的に達成し，持続させる。

10.2 2030年までに，年齢，性別，障がい，人種，民族，出自，宗教，あるいは経済的地位その他の状況に関わりなく，すべての人々をエンパワーし，社会的，経済的，政

10.3 差別的な法律，政策，慣行を撤廃し，これに関係する適切な関連法規，政策，行動の促進を通じて，機会均等を確保し，成果の不平等を是正する。
10.4 税制，賃金，社会保障政策をはじめとする政策を導入し，平等の拡大を漸進的に達成する。
10.5 世界金融市場と金融機関に対する規制とモニタリングを改善し，こうした規制の実施を強化する。
10.6 地球規模の国際経済・金融制度の意思決定における開発途上国の参加や発言力を拡大させることにより，より効果的で信用力があり，アカウンタブルで正当な制度を実現する。
10.7 計画にもとづき良く管理された移民政策の実施などを通じて，秩序のとれた，安全で規則的かつ責任ある移住や流動性を促進する。
10.a 世界貿易機関（WTO）協定に従い，開発途上国，特に後発開発途上国に対する特別かつ異なる待遇の原則を実施する。
10.b 各国の国家計画やプログラムに従って，後発開発途上国，アフリカ諸国，小島嶼開発途上国，内陸開発途上国を始めとする，ニーズが最も大きい国々への，政府開発援助（ODA）と海外直接投資を含む資金の流入を促進する。
10.c 2030年までに，移住労働者による送金コストを3％未満に引き下げ，コストが5％を越える送金経路を撤廃する。

都市と人間の居住地をインクルーシブ，安全，強靭かつ持続可能にする。
Make cities and human settlements inclusive, safe, resilient and sustainable.

11.1 2030年までに，すべての人々の，適切，安全かつ安価な住宅と基本的サービスへのアクセスを確保し，スラムを改善する。
11.2 2030年までに，脆弱な立場にある人々，女性，子ども，障がい者，高齢者のニーズに特に配慮し，特に公共交通機関の拡大を通じた交通の安全性改善により，すべての人々に，安全かつ安価で容易に利用できる，持続可能な輸送システムへのアクセスを提供する。
11.3 2030年までに全ての国において，インクルーシブかつ持続可能な都市化を促進し，参加型で統合的かつ持続可能な人間居住計画・管理の能力を強化する。
11.4 世界の文化遺産と自然遺産の保護・保全の努力を強化する。
11.5 2030年までに，貧困層と脆弱な立場にある人々の保護に焦点をあてながら，水関連災害などの災害による死者や被災者数を大幅に削減し，世界の国内総生産比で直接

的経済損失を大幅に減らす。
11.6 2030年までに、大気の質および自治体その他の廃棄物の管理に特別な注意を払うことによるものを含め、都市の一人当たりの環境上の悪影響を軽減する。
11.7 2030年までに、女性、子ども、高齢者、障がい者を含め、人々に安全でインクルーシブかつ利用が容易な緑地や公共スペースへの普遍的アクセスを提供する。
11.a 各国・地域規模の開発計画の強化を通じて、経済、社会、環境面における都市部、都市周辺部、農村部間の良好なつながりを支援する。
11.b 2020年までに、包摂、資源効率、気候変動の緩和と適応、災害に対する強靱さ（レジリエンス）をめざす総合的政策と計画を導入・実施した都市および人間居住地の件数を大幅に増加させ、「仙台防災枠組2015-2030」に沿って、あらゆるレベルでの総合的な災害リスク管理の策定と実施を行う。
11.c 財政的、技術的な支援などを通じて、後発開発途上国における現地の資材を用いた、持続可能かつ強靱（レジリエント）な建造物の整備を支援する。

持続可能な消費と生産のパターンを確保する。
Ensure sustainable consumption and production patterns.

12.1 開発途上国の開発状況や能力を勘案しつつ、「持続可能な消費と生産に関する10年計画枠組み（10YFP）」を実施し、先進国主導のもと、すべての国々が対策を講じる。
12.2 2030年までに天然資源の持続可能な管理と効率的な利用を達成する。
12.3 2030年までに小売・消費レベルにおける世界全体の１人当たりの食料の廃棄を半減させ、収穫後損失を含む生産・サプライチェーンにおける食品ロスを減少させる。
12.4 2020年までに、合意された国際的な枠組みに従い、製品ライフサイクルを通じ、環境上適正な化学物質やすべての廃棄物の管理を実現し、人の健康や環境への悪影響を最小化するため、化学物質や廃棄物の大気、水、土壌への放出を大幅に削減する。
12.5 2030年までに、廃棄物の発生防止、削減、再生利用と再利用により、廃棄物の発生を大幅に削減する。
12.6 特に大企業や多国籍企業などの企業に対し、持続可能な取り組みを導入し、持続可能性に関する情報を定期報告に盛り込むよう奨励する。
12.7 国内の政策や優先事項に従って持続可能な公共調達の慣行を促進する。
12.8 2030年までに、人々があらゆる場所において、持続可能な開発と自然と調和したライフスタイルに関する情報と意識を持つようにする。
12.a 開発途上国に対し、より持続可能な消費・生産のパターンの促進のための科学的・技術的能力の強化を支援する。

序章　SDGsとは何か

12. b 雇用創出，地方の文化振興・産品販促につながる持続可能な観光業に対して持続可能な開発がもたらす影響を測定する手法を開発・導入する。
12. c 開発途上国の特別なニーズや状況を十分考慮し，貧困層や影響を受けるコミュニティを保護する形で開発に関する悪影響を最小限に留めつつ，税制改正や，有害な補助金が存在する場合はその環境への影響を考慮してその段階的廃止を通じ，各国の状況に応じて，市場のひずみを除去することで，浪費的な消費を奨励する，化石燃料に対する非効率な補助金を合理化する。

気候変動とその影響に立ち向かうため，緊急対策を取る*。
Take urgent action to combat climate change and its impacts.

13. 1 すべての国々において，気候関連のハザードや自然災害に対する強靱性（レジリエンス）と適応の能力を強化する。
13. 2 気候変動対策を国別の政策，戦略，計画に盛り込む。
13. 3 気候変動の緩和，適応，影響軽減と早期警戒に関する教育，啓発，人的能力，制度機能を改善する。
13. a 重要な緩和行動の実施とその実施における透明性確保に関する開発途上国のニーズに対応するため，2020年までにあらゆる供給源から年間1000億ドルを共同で動員するという，気候変動枠組条約（UNFCCC）の先進締約国によるコミットメントを実施するとともに，可能な限り速やかに資本を投入して「緑の気候基金」を本格始動させる。
13. b 後発開発途上国と小島嶼開発途上国において，女性，若者，地方と社会的に疎外されたコミュニティに焦点を当てることを含め，気候変動関連の効果的な計画策定と管理のための能力を向上するメカニズムを推進する。
＊国連気候変動枠組条約（UNFCCC）が，気候変動への世界的対応について交渉を行う基本的な国際的，政府間対話の場であると認識している。

海洋と海洋資源を持続可能な開発に向けて保全し，持続可能な形で利用する。
Conserve and sustainably use the oceans, seas and marine resources for sustainable development.

14. 1 2025年までに，海洋ごみや富栄養化を含む，特に陸上活動による汚染など，あらゆる種類の海洋汚染を防止し，大幅に削減する。
14. 2 2020年までに，海洋と沿岸の生態系に関する重大な悪影響を回避するため，強靱

性（レジリエンス）の強化などによる持続的な管理と保護を行い，健全で生産的な海洋を実現するため，海洋と沿岸の生態系の回復のための取り組みを行う。

14.3 あらゆるレベルでの科学的協力の促進などを通じて，海洋酸性化の影響を最小限化し，対処する。

14.4 水産資源を，実現可能な最短期間で少なくとも各資源の生物学的特性によって定められる最大持続生産量のレベルまで回復させるため，2020年までに，漁獲を効果的に規制し，過剰漁業や違法・無報告・無規制（IUU）漁業と，破壊的な漁業慣行を終わらせ，科学的な管理計画を実施する。

14.5 2020年までに，国内法・国際法に則り，最大限入手可能な科学情報にもとづいて，少なくとも沿岸域と海域の10％を保全する。

14.6 開発途上国と後発開発途上国に対する適切かつ効果的な，特別かつ異なる待遇が，世界貿易機関（WTO）漁業補助金交渉の不可分の要素であるべきことを認識したうえで，2020年までに，過剰漁獲能力や過剰漁獲につながる漁業補助金を禁止し，違法・無報告・無規制（IUU）漁業につながる補助金を撤廃し，同様の新たな補助金の導入を抑制する。

14.7 2030年までに，漁業，水産養殖，観光の持続可能な管理などを通じ，小島嶼開発途上国と後発開発途上国の海洋資源の持続的な利用による経済的便益を増大させる。

14.a 海洋の健全性の改善と，開発途上国，特に小島嶼開発途上国と後発開発途上国の開発における海洋生物多様性の寄与向上のために，海洋技術の移転に関するユネスコ政府間海洋学委員会の基準・ガイドラインを勘案しつつ，科学的知識の増進，研究能力の向上，海洋技術の移転を行う。

14.b 小規模・沿岸零細漁業者に対し，海洋資源と市場へのアクセスを提供する。

14.c 「我々の求める未来」のパラグラフ158において想起されるとおり，海洋と海洋資源の保全および持続可能な利用のための法的枠組みを規定する「海洋法に関する国際連合条約（UNCLOS）」に反映されている国際法を実施することにより，海洋と海洋資源の保全及び持続可能な利用を強化する。

陸上生態系の保護，回復と持続可能な利用の推進，森林の持続可能な管理，砂漠化への対処，土地劣化の阻止及び逆転，並びに生物多様性損失の阻止を図る。

Protect, restore and promote sustainable use of terrestrial ecosystems, sustainably manage forests, combat desertification, and halt and reverse land degradation and halt biodiversity loss.

15.1 2020年までに，国際協定の下での義務に則って，森林，湿地，山地，乾燥地をは

じめとする陸域生態系・内陸淡水生態系とそれらのサービスの保全，回復，持続可能な利用を確保する。

15.2 2020年までに，あらゆる種類の森林の持続可能な経営の実施を促進し，森林減少を阻止し，劣化した森林を回復し，世界全体で新規植林と再植林を大幅に増加させる。

15.3 2030年までに，砂漠化に対処し，砂漠化，干ばつ，洪水の影響を受けた土地を含む劣化した土地と土壌を回復し，土地劣化に荷担しない世界の達成に尽力する。

15.4 2030年までに持続可能な開発に不可欠な便益をもたらす山地生態系の能力を強化するため，生物多様性を含む山地生態系の保全を確実に行う。

15.5 自然生息地の劣化を抑制し，生物多様性の損失を阻止し，2020年までに絶滅危惧種を保護し絶滅を防止するために，緊急かつ意味のある対策を講じる。

15.6 国際合意にもとづき，遺伝資源の利用から生ずる利益の公正かつ衡平な配分を推進するとともに，遺伝資源への適切なアクセスを推進する。

15.7 保護の対象となっている動植物種の密猟と違法取引を撲滅するための緊急対策を講じるとともに，違法な野生生物製品の需要と供給の両面に対処する。

15.8 2020年までに，外来種の侵入を防止するとともに，これらの種による陸域・海洋生態系への影響を大幅に減少させるための対策を導入し，さらに優先種の駆除または根絶を行う。

15.9 2020年までに，生態系と生物多様性の価値を，国や地方の計画策定，開発プロセスおよび貧困削減のための戦略と経済計算に組み込む。

15.a 生物多様性と生態系の保全と持続的な利用のために，あらゆる資金源からの資金の動員と大幅な増額を行う。

15.b 保全や再植林を含む持続可能な森林経営のための資金と，開発途上国にそうした経営を進めるための適切なインセンティブの提供のために，あらゆるレベルのあらゆる供給源から，相当量の資源を動員する。

15.c 持続的な生計機会を追求するために地域コミュニティの能力向上を図るなど，保護種の密猟と違法な取引に対処するための努力に対する世界的な支援を強化する。

持続可能な開発に向けて平和でインクルーシブな社会を促進し，すべての人に司法へのアクセスを提供するとともに，あらゆるレベルにおいて効果的で責任あるインクルーシブな制度を構築する。
Promote peaceful and inclusive societies for sustainable development, provide access to justice for all and build effective, accountable and inclusive institutions at all levels.

16.1 あらゆる場所において，すべての形態の暴力と暴力に関連する死亡率を大幅に減

少させる。
16.2 子どもに対する虐待，搾取，人身売買，あらゆる形態の暴力と拷問を根絶する。
16.3 国内・国際的なレベルでの法の支配を促進し，すべての人々に司法への平等なアクセスを提供する。
16.4 2030年までに，違法な資金と武器の取引を大幅に減少させ，奪われた財産の回復と返還を強化し，あらゆる形態の組織犯罪を根絶する。
16.5 あらゆる形態の汚職や贈賄を大幅に減少させる。
16.6 あらゆるレベルにおいて，有効で，アカウンタブルで，透明性の高い制度を発展させる。
16.7 あらゆるレベルにおいて，対応的で，インクルーシブで，参加型で，代表性をともなった意思決定を保障する。
16.8 グローバル・ガバナンス機関への開発途上国の参加を拡大・強化する。
16.9 2030年までに，すべての人々に出生登録を含む法的な身分証明を提供する。
16.10 国内法規と国際協定に従い，情報への公共アクセスを確保し，基本的自由を保障する。
16.a 特に開発途上国において，暴力を防止し，テロリズム・犯罪と闘うあらゆるレベルでの能力構築のため，国際協力などを通じて関連国家機関を強化する。
16.b 持続可能な開発のための非差別的な法規と政策を推進し，実施する。

実施手段を強化し，「持続可能な開発のためのグローバル・パートナーシップ」を再活性化する。
Strengthen the means of implementation and revitalize the Global Partnership for Sustainable Development.

資金
17.1 開発途上国への支援も含め，徴税やその他の歳入徴収の国内能力を強化し，国内資源の動員を強化する。
17.2 先進国は，開発途上国に対するODAをGNI比0.7％に，後発開発途上国に対するODAをGNI比0.15〜0.20％にするという目標を達成するとの多くの国によるコミットメントを含むODAに係るコミットメントを完全に実施する。ODA供与国には，少なくともGNI比0.20％のODAを後発開発途上国に供与するという目標の設定を検討することを奨励する。
17.3 多様な財源から，開発途上国のための追加的資金源を動員する。
17.4 状況に応じた負債による資金調達，債務救済，そして債務再編の促進を目的とした協調的な政策を通じて，開発途上国の長期的な債務の持続可能性の実現を支援し，重債務貧困国（HIPCs）の対外債務への対応により債務困窮を軽減する。

17.5　後発開発途上国のための投資促進枠組みを導入・実施する。

技術

17.6　科学・技術・イノベーションとこれらへのアクセスに関する南北協力，南南協力，地域的・国際的な三角協力を向上させる。また，国連レベルをはじめとする既存のメカニズム間の調整改善や，全世界的な技術促進メカニズムを通じて，相互に合意した条件において知識共有を進める。

17.7　開発途上国にとって，譲許的・特恵的条件を含む相互に合意した有利な条件の下で，環境に配慮した技術の開発，移転，普及，拡散を促進する。

17.8　2017年までに，後発開発途上国のための技術バンクと科学・技術・イノベーションの能力構築メカニズムを完全に運用し，情報通信技術（ICT）をはじめとする実現可能な技術の利用を強化する。

能力構築

17.9　すべての持続可能な開発目標を実施するための国家計画を支援するべく，南北協力，南南協力や三角協力を含めて，開発途上国における効果的かつ的をしぼった能力構築の実施に対する国際的な支援を強化する。

貿易

17.10　ドーハ・ラウンド交渉の結果を含めた世界貿易機関（WTO）のもとでの普遍的でルールにもとづいた，差別的でない，公平な多角的貿易体制を促進する。

17.11　開発途上国による輸出を大幅に増加させ，特に2020年までに世界の輸出に占める後発開発途上国のシェアを倍増させる。

17.12　後発開発途上国からの輸入に対する特恵的な原産地規則が透明で簡略的かつ市場アクセスの円滑化に寄与するものとなるようにすることを含む世界貿易機関（WTO）の決定に矛盾しない形で，すべての後発開発途上国に対し，永続的な無税・無枠の市場アクセスを適時実現する。

体制面

政策・制度的整合性

17.13　政策協調や政策の一貫性を通じて，世界的なマクロ経済の安定を促進する。

17.14　持続可能な開発のための政策の一貫性を強化する。

17.15　貧困根絶と持続可能な開発のための政策の確立・実施にあたっては，各国の政策スペースとリーダーシップを尊重する。

マルチステークホルダー・パートナーシップ

17.16　すべての国々，特に開発途上国でのSDGsの達成を支援すべく，知識，専門的知見，技術，資金源を動員し，共有するマルチステークホルダー・パートナーシップによって補完しつつ，「持続可能な開発のためのグローバル・パートナーシップ」を強化する。

17.17　様々なパートナーシップの経験や資源戦略をもとにした，効果的な公的，官民，

市民社会のパートナーシップを奨励・推進する。
データ，モニタリング，アカウンタビリティ
17.18 2020年までに，後発開発途上国と小島嶼開発途上国を含む開発途上国に対する能力構築支援を強化し，所得，性別，年齢，人種，民族，居住資格，障がい，地理的位置，その他各国事情に適した特性ごとの，質が高く，タイムリーかつ信頼性のあるデータの入手可能性を向上させる。
17.19 2030年までに，GDPを補完する持続可能な開発の進捗状況を測る尺度を開発する既存の取組を更に前進させ，開発途上国における統計に関する能力構築を支援する。

〈参考資料〉

SDGs市民社会ネットワーク編，2017，『基本解説――そうだったのか。SDGs――「我々の世界を変革する：持続可能な開発のための2030アジェンダ」から，日本の実施指針まで』一般社団法人SDGs市民社会ネットワーク。

蟹江憲史編著，2017，『持続可能な開発目標とは何か――2030年に向けた変革のアジェンダ』ミネルヴァ書房。

大橋正明，2014，「特集によせて：ポスト 2015の開発枠組みへの航路――ポストMDGsとSDGsのプロセスをマクロ的な視点から振り返る」『国際開発研究』23巻2号。

ローマ・クラブ，1972，『成長の限界――ローマ・クラブ「人類の危機」レポート』ダイヤモンド社。

United Nations, 2015, "Transforming our World: The 2030 Agenda for Sustainable Development," A/RES/70/1.

United Nations, 2014, *Report of the Open Working Group of the General Assembly on Sustainable Development Goals.*

OECD-DAC, 1996, *Shaping the 21st Century : The Contribution of Development Co-operation.*

WCED, 1987, *Our Common Future*: Oxford and New York: Oxford University Press.

（高柳彰夫・大橋正明）

第Ⅰ部
SDGsをどう理解するか
ゴール・ターゲットの解説

第 *1* 章　貧困と飢餓——SDGs 1, 2

■この章で学ぶこと

　ミレニアム開発目標（MDGs）と，それに続く持続可能な開発目標（SDGs）の両方の最初のゴールはどちらも貧困である。つまり貧困は，21世紀前半の世界において最も重要な課題であり，その早急な解決が目指されていることを示している。本章では，貧困とは一体どのような問題なのか，SDGs では別個のゴール2となった飢餓をどう理解すべきか，そして貧困と飢餓に深く関連する「持続可能な生産と消費」に関するゴール12の持つ意味を，それぞれ簡明に説明し検討する。続いてゴール2の農業に関するターゲットが，他のゴールのターゲットに負の影響を与えるという指摘を紹介し，SDGs の性格を顧みる。後半では，貧困に対してどのような解決が望ましいのか，日本の政府開発援助（ODA）はどう取り組んでいるのか，さらに日本政府は国内の貧困問題にどう取り組んでいるのかを概観していく。

1　貧困とはどのような問題なのか

(1)　MDGs と SDGs における貧困の扱いの違い

　MDGs のゴール1「極度の貧困と飢餓の撲滅」の貧困に関するターゲットは，「2015年までに1日の収入が1.25ドル未満で暮らす人口の割合を1990年水準（19億人）の半数に減少させる」ことであった。主には世界一の人口を抱える中国が急速な経済成長をこの期間に果たした結果，2010年にはその数は半分以下に減少し，ゴール1は達成された。

　しかしよく見れば，まだ数億人の貧者が主にサハラ以南アフリカの地域や南アジアに存在しているだけでなく，所得格差は世界各地で拡大した。国際的なNGO であるオックスファムは，世界で最も裕福な85人の総資産は，世界人口

の半分弱の35億人の総所得と同等であると指摘している。このような圧倒的な格差は，教育や医療，雇用などでも様々な問題を生み，多くの人々が安心できる暮らしを実現する可能性を阻害している。一方2006年にノーベル平和賞を受賞した貧困層向け金融機関グラミーン銀行の創設者ムハマド・ユヌスは，「貧困を博物館へ」と訴えた。私たちの強い意思があれば貧困は過去の出来事にできる，と主張しているのだ。

　こうしたこともあり，MDGsのゴール1にあった3つのターゲットはほぼ同様な表現で，SDGsではそれぞれ独立した3つのゴールになっている。具体的にはターゲットA.1がSDGsのゴール1に，二番目のA.2の雇用とディーセント・ワークがゴール8に，三番目のA.3の飢餓がゴール2になっている。さらに，MDGsの対象ではなかったが貧困に大きく関連する格差に関するゴール10も新設された。

　もう1つ大きく変わったのは，目指す目標の内容である。MDGsでは1990年水準の半減であったが，SDGsのゴール1は「あらゆる場所のあらゆる形態の貧困を終わらせる」と力強く宣言している。これは，SDGsがその一部を構成している国連総会採択の「2030アジェンダ」で強調された，「誰一人取り残さない」という考え方に則ったものである。以下で詳しく説明するが，MDGsでは主に途上国で問題だった絶対的貧困だけを対象としていたが，SDGsでは「あらゆる形態の」という表現で，先進国などにおける相対的貧困も対象とした点がMDGsとは明白な違いとなっている。

(2) 絶対的貧困

　SDGsゴール1の最初のターゲットは，「現在1日1.25ドル未満で生活する人々と定義されている極度の貧困をあらゆる場所で終わらせる」である。この1.25ドルは，世界の最も貧しい国々で生きていくために必要最低限とされるいくつかのモノを，米国で購入するために必要な金額（購買力）であり，これ未満の水準が絶対的貧困と呼ばれる。

　この1.25ドルを各国通貨の為替レートで換算した金額は，現地での本来の購買力を表さないことが多い。例えば日本で1米ドル＝110円だとすると1.25ド

ルは137.5円だが，物価の高い日本では米国より10％ほど実際の購買力が小さくなるで，購買力平価（Purchasing Power Parity: PPP）で換算すると1.25ドルは123.8円になる。これだと一家4人で495円なので，一日の一日の生活を賄うことは極めて困難なことは容易に想像できる。一人暮らしなら，満足に食べることもできない。

ところでSDGsが採択された時点では1.25ドルであったが，その後の国連文書では1.90ドルとなっている。また当初のMDGsでは，この金額は1.00ドルであった。つまり，1.00ドル→1.25ドル→1.90ドルに変わったのだ。この変化は，それぞれの採択後に世界的なインフレやドル安傾向などを考慮して世界銀行が計算し直した結果である。

この絶対的貧困は主に貧しい国々での問題とされ，SDGsの始まった段階では，世界人口の大よそ10.5％，約7億6700万人が対象である。2012年のデータだが，サハラ以南アフリカ地域ではこの貧困割合が人口の42.7％もあり，特にコンゴ民主共和国，モザンビーク，ギニアビサウ，中央アフリカ共和国，ザンビアなどで60％を超えている。続いて多いのが南アジア地域の18.8％で，その中ではバングラデシュが43.7％ととびぬけて高い。

(3) 相対的貧困

「各国定義によるあらゆる次元の貧困状態にある，すべての年齢の男性，女性，子どもの割合を少なくとも半減させる」は，MDGsにはなかったSDGsゴール1の新しいターゲットである。多くの国では，それぞれ独自に定めた一定の所得・消費水準に満たない人々を貧困者と定義している。

日本の貧困ラインは明確に示されていないが，日本を含めた自由主義経済の先進国の多くが加盟する経済協力開発機構（Organisation for Economic Co-operation and Development: OECD）では，等価可処分所得（税金などを差し引いたいわゆる世帯の手取り所得を，世帯員数が増えると生活費が安くなることを考慮して世帯員数の平方根で割って算出した金額）が全世帯の中央値の半分未満の世帯の世帯員を貧困者としている。例えば日本で2015年の日本の中央値は245万円だったので，その半分の122万円未満の世帯の人々が貧困ということだ。これはこれま

で説明してきた世界共通の絶対的貧困とは異なり，貧困ラインが中央値によって上下するので相対的貧困と呼ばれている。

こうした相対的貧困も2030年までに半減することを求めるSDGsは，先進国にも貧困問題でのアクションを求めている。日本政府の取り組みについては，この章の最後で詳しく論じる。

2　ゴール2の飢餓をどう理解すべきか

SDGsのゴール2は「飢餓を終わらせ，食料安全保障と栄養改善を達成するとともに，持続可能な農業を推進する」となっている。

読者の多くは，MDGsで1つのゴールだった貧困と飢餓がSDGsでどうして2つに分かれたのか，不可解に感じているかもしれない。別れた理由の1つは，MDGsでは最低限の食料確保が容易でない絶対的貧困だけを対象にしていたのに対して，SDGsではあらゆる形態の貧困もゴール1で取り上げているからだ。相対的貧困の人は飢えに直面することは一般に少ないが，安価なカロリーと脂質の過剰摂取による肥満といった新たな栄養問題に直面しており，SDGsはこのゴール2で幅広い栄養問題を，MDGsではなかった農業問題と一緒に飢餓に関連させて取り上げているのだ。

以下では，このゴールを飢餓と栄養，続いて食料安全保障，そして農業に分け検討を行う。

(1) 飢餓と栄養

飢餓とは，適切な量と質の食物摂取が長期間できないなどの理由により栄養不足となり，生活や生存が困難になっている状態を指す。国連は，2017年の飢餓が前年より連続して少し悪化して，世界人口の10.9％，8億2100万人になったと発表した。これは前の絶対的貧困の数より少し多い割合と数であり，飢餓と絶対的貧困が完全に合致しないことを示している。輸送やアクセスが困難な紛争地帯や避難先での食料不足や食料高騰，疾病などによる飢餓などが存在するからだ。

5歳未満の子どもに限ると事態は少し改善して，2017年にはその22％，1億5100万人が慢性的な栄養不足により年齢相応に背丈が伸びていない「発育不良」，7.3％が急激な栄養不足で身長に対して体重が不足する「消耗性疾患」に苦しめられている。南アジアの子どもは，この割合は2倍の15.4％に上っている。この「消耗性疾患」が長引くと，前者の「発育不良」に陥る。対照的に5.5％，3800万人の子どもが肥満であり，これも栄養改善の対象である。中期的には，この新たな栄養問題にもっと焦点が当たることになるだろう。

　なお限られた食材しか摂取できない貧しい人には，ビタミンAや鉄分，ヨードなど数種類の微量栄養素の不足も，重大な脅威であるが，紙幅の関係でここではこれ以上は踏み込まない。

　子どもの飢餓の原因は，特定の地域や難民キャンプなどにおける全般的食料不足が背景となっている。収入や配給の不足で適切な量や質の食料を入手できない，適切に料理されない，母乳や離乳食が適切に与えられない，疾病や寄生虫で食事や栄養の摂取が十分できないか失われる，といったことが主な原因である。換言すると，適切な雇用，最低賃金や生活保護，食料の管理や流通，育児環境，教育や知識，衛生的な環境，貧困層も利用できる医療保健などの政策や制度がこの問題を改善，あるいは予防する重要な鍵だ。

(2) 食料安全保障

　ゴール2で「食料安全保障」が取り上げられるのは，それが実現すれば飢餓が予防出来るからだ。元来「安全保障」は国家の独立に脅威が及ばないように手段を講じることを意味していたが，個人を念頭に置いた「人間の安全保障」が1990年代から国連などで使われ始め，日本の政府開発援助（ODA）の基本理念ともなっている。

　これを応用したこの「食料安全保障」は，必要とする食料が保障される重要性を訴えている。生存することが人権であるという前提に立てば，食料保障の実現も人権の一部であり，国家の責務でもある。

　ただこの部分に対応するゴール2の3番目のターゲットは，「小規模食料生産者の農業生産性と所得の倍増」であり，今後増々増加する都市住民，特にス

ラムに暮らす貧困層に言及されていないこと，さらに農業生産性や所得の倍増の手段も，土地やその他の生産資源などへの「アクセス」であって「（所有の）権利」でないこと，生産すべき食料の選択権に言及がないことなどは，気がかりである。

それゆえ主にアフリカでの先進国や新興国による農地争奪に対抗するNGOや農民組織などは，何を育て何を食べるかを決める権利を農民自身や地元のコミュニティーが有することをより明確に意味する「食料主権（Food Sovereignty）」を，この「食料安全保障」に対置させていることにも注目しておきたい。

(3) 持続可能な農業

ゴール2が言及する「持続可能な農業」とは，一般に農業に関する環境問題を意識した有機農業や自然農業を指す。こうした農業はかつて先進国だけのものであったが，現在では南の国々にも次第に広まっている。

ところでこの語の対語は，「緑の革命」のような化学合成された農薬や肥料などを大量投入する「慣行農業」であるが，これを「持続不可能な農業」とは表現しない。しかし化学物質漬けの慣行農業がいずれ持続不可能になる，と考えている人は多い。

当たり前の話だが，ある問題の原因が特定されなければ，それに適切に対応できない。しかしSDGsは，第二次世界大戦後に始まったこれまで現在の開発がなぜ「持続不可能」に陥ったのかという原因を明記していない。同様にこの「持続可能な農業」も，なぜどのようにそれまでの慣行農業が持続困難になったかには言及していない。特に気になるのは，3番目のターゲット「小規模食料生産者の農業生産性と所得を倍増」でいう農業のあり方は，SDGsの他のターゲットと下手をすれば矛盾した関係に陥ることが指摘されており，次々節で言及する。

さらに4番目のターゲットは，「斬新的に土地と土壌の質を改善させるような，持続可能な食料生産システムを確保し，レジリエントな農業を実践」と述べているだけであり，今後の世界の食料生産の在り方について，多様な解釈の余地を残している。これで果たして望ましい方向に進むのだろうか？

3　貧困にどのような解決を求めるべきなのか

　現在も数億人が直面している貧困の問題をどう克服するのかは，大きな挑戦である。これについてSDGsゴール1のターゲット1.3は「適切な社会保護制度と対策」の実施を，ターゲット1.4は貧困層や脆弱層，男女ともに「基礎的サービスへのアクセス，土地及びその他の形態の財産に対する所有権と管理権限，相続財産，天然資源，適切な新技術，マイクロファイナンスを含む金融サービスに加え，経済的資源についても平等な権利を持つ」と述べている。このターゲット4が，土地の権利に言及したことは極めて重要だ。その理由を説明しよう。

　土地に対して人口が多く，かつ農業中心の社会での貧困の原因は，耕作者の多くが自分の耕作地の所有権を有していないことが多い。農地を借りて耕す小作人や地主に雇われる農業労働者として働く貧困者たちは，高い小作料や安い賃金を通じて，地主に搾取されるがゆえに貧しさから容易に抜け出せないのだ。

　日本や韓国や台湾でも，かつては農村の貧困が大きな社会問題であったが，第二次世界大戦後間もなく，これらの国や地域では次々に「農地改革」が実施され，地主が保有する広い土地が政府によって接収され，実際に農地を耕す農民に譲渡された。これらの国々には，東西冷戦の当事者のアメリカを中心とするGHQ，南北に分断された半島の南部の反共独裁政権，そして共産党政府が支配する中国大陸から渡ってきた強権的な国民党政権があり，貧困層が支持することが多い共産主義の脅威に対抗する1つの重要な方策として，ほぼ同時期に強権的に農地改革を実施し，農村部の貧困層を自作農に転換することで共産化を防止した，と指摘されている。対照的にフィリピンでは，支配層に地主層出身者が多いことで効果的な農地改革は実施できず，貧困問題が今日まで続いている。

　つまり農民に土地の権利を保障する農地改革は貧困対策の特効薬だが，権力者側に強力な政治的意思や後押しがないと容易には実現しない。貧困問題は，

本質的には政治的課題であるともいえる。だからこそ、貧困問題を貧困層の権利実現に求めたゴール1のターゲット1.4は高く評価できるのだ。しかしこれまで述べたように貧困は政治的課題であるがゆえに、そしてSDGsは努力目標にすぎないので、為政者たちは自分たちの立場が根本から脅かされない限りそれに手を付けないし、外国政府や国連機関もこの内政課題には容易に踏み込まない。

実際日本の政府開発援助（ODA）の実施機関である国際協力機構（JICA）も、貧困を除いた「飢餓・栄養、健康、教育、水・衛生、エネルギー、経済成長・雇用、インフラ・産業、都市、気候変動、森林・生物多様性」の10のゴールをSDGsに関する重点項目としている。これも、この難しさを反映している可能性が高い。

さらにこの背景には、2015年2月に日本政府が定めたODA理念に関する開発協力大綱の重点課題の冒頭にある「『質の高い成長』とそれを通じた貧困撲滅」という考え方がある。そこで日本政府は、経済成長を通じて貧困に働きかけると主張しており、貧困に直接働きかけるべきとするSDGsのゴール1とは大きな隔たりがあるから、と推測できる。しかし経済の成長こそ豊富な民間企業の資金に任せ、ODAは貧しい国の市場や政府を通じてはなかなか実現しない公正な分配、社会開発や社会福祉などを支援することに注力すべきではないか。

こうした農地の所有権や、森林や水産資源への村人の権利を守る入会権や漁業権などといった自然資源に依拠して生産し暮らす人々の諸権利の実現は、持続する貧困対策として何よりも肝要である。加えて、貧しい人に住む場所を保障する借家権や居住権、食糧の管理制度、最低賃金と適切な雇用、女性のリプロダクティブ・ヘルスとライツ、適切な額の年金や生活保護や各種手当、そして充実した社会福祉制度などが、貧困や所得格差の解消に向けた根本的対策である。日本はこれまでこうしたものを多く実現して、しばらく前までは格差の小さなそれなりの暮らしを実現していたのだが。

4　ゴール12「持続可能な消費と生産」について

　SDGs のゴール1と2が扱う貧困と飢餓は，ある意味で生産と分配と消費の現在の主要なパターンの結果である。このゴール12「持続可能な消費と生産のパターンを確保する（Sustainable Consumption & Production: SCP）」は，その生産と消費，加工や流通の在り方を「持続可能」という視点から問い直すことを求めているという意味で，貧困と飢餓との関連性，そして地球環境の視点から見て極めて重要である。

　このゴール12のターゲット12.1は，「持続可能な消費と生産に関する10年計画枠組み（以下，10YFP）」の先進国主導とすべての国での実施を求めている。10YFP とは，SDGs をつくることを決めた2002年6月にブラジル・リオデジャネイロで開催された国連持続可能な開発会議（リオ＋20）で採択された，世界全体として低炭素型ライフスタイル・社会システムの確立を目指すことを目的にした "10-Year Framework of Programmes on sustainable consumption and production patterns" の略語である。

　この10YFP は，SCP への移行を目指す地域や国の政策支援，途上国への資金，技術，キャパシティビルディングの提供，及び知識，経験，ツール等の共有とパートナーシップの促進，という3つの目的を掲げている。具体的には，「持続可能な公共調達」，「消費者情報」，「持続可能な観光・エコツーリズム」，「持続可能なライフスタイル及び教育」，「持続可能な建築・建設」，「持続可能な食糧システム」の6つのプログラムが，国連機関と各国政府，NGO の協力で運営・実施される。日本の環境省はスウェーデン環境省と NGO の世界自然保護基金（WWF）とともに，「持続可能なライフスタイル及び教育」のリード機関となっており，国内でもマルチステークホルダーアドバイザリー委員会を開催している。

　また SDGs ゴール12のターゲット12.3では，食料廃棄物の半減を筆頭に，生産や流通段階における食料の損失の大幅削減を訴えている。これらはこれまであまり注目されなかったロスであり，これらを実現することで食料や資源の確

保が実現されよう。

　続くターゲット12.4では，「化学物質や廃棄物の環境に配慮した管理」と，それらの「大気・水・土壌へ放出の大幅削減」を求めている。日本にとっては，福島第一原発事故で今も大量発生が続く放射線の廃棄物や汚染水の処理が頭痛の種になっているが，このターゲットを十分尊重する必要がある。

　さらにターゲット12.6は，大企業や多国籍企業に対し「持続可能な慣行」を求め，持続可能性に関する情報をサステナビリティ報告やアニュアルレポートに盛り込むことを奨励している。次の12.7は「持続可能な公共調達」がターゲットであり，これも2020年の東京オリンピックで日本がどう実現するかが注目されている。これらは，生産や供給側の貧しい国々の貧しい人々の生計や人権に直結した課題でもある。

　さらにこのゴール最後の実施手段12.cは，「化石燃料の補助金の合理化」を求めており，エネルギーに関するゴール7とともに地球規模でのエネルギー政策とその消費の大変革を求めていることも注目される。

5　SDGsゴール2ターゲット2.3に見るターゲット間の負の相互作用

　日本学術会議は，日本の科学者の内外に対する代表機関で内閣府の特別機関である。この会議もSDGsに高い関心を寄せており，そのHPにはすべてのゴールに対して提言を掲げている。また日本を含めた世界各国の学術会議の連合体である国際学術会議連合 (International Council for Science, 以下ICSU) も同様な姿勢を見せており，2017年には「SDGsの相互作用に関するガイド」で，SDGsのゴールやターゲット間で正負の様々な相互作用が生じる可能性があることを指摘している。正の相互作用は好ましいことだが，負のそれはSDGsが持つ玉虫色的な性格の反映ともいえる。

　ICSUは，ゴール2のターゲット3「小規模食料生産者の農業生産性と所得を倍増」が慣行農業のままで目指された場合，いくつかの他のターゲットに負の影響が生じる危険があることと，それを避けるための政策を適宜指摘してい

る。以下ではその一部を紹介しておこう。

　ゴール1ターゲット1.5：気候変動における極端な現象や他のショックが貧しい国の貧困層の脆弱性を増す危険性があるので，小規模生産者の能力，エンパワメント，土地へのアクセスなどの強化が優先的に必要。

　ゴール3ターゲット3.9他：農業生産性増加のせいで土壌や水の汚染が増加し，危険な化学物質による死亡や疾病の減少を押し止める。危険な化学物資の投入を減らすために，農業の多様化を含む持続的農業の振興が必要。

　ゴール6ターゲット6.1他：農業生産性の増加が水への競争を強め，場合によっては安全な飲料水や適切な下水施設の阻害要因になりうる。持続可能な農業の振興が必要。

　ゴール15ターゲット15.1他：農業生産性の増加は，生態系の保護や回復と対立し，森林破壊と土地劣化を進める。持続可能な農業の振興が必要。

　ICSUの本文にはゴール2の他のターゲットが持つ正の相互作用がより多く述べられているのだが，農業の生産性増加だけは強く警戒されている。持続可能な農業を通しての小規模生産者の農業生産性や所得の増加を図ることが必須であることを，各国政府や国連などのSDGs関係者はもっと明確に強調すべきであろう。

6　日本政府の国内の貧困問題への取り組み

　先述したように，日本政府はOECDの「相対的貧困」の基準にそって，厚生労働省が「国民生活基礎調査」を，総務省が「全国消費実態調査」を定期的に実施している。両者間には多少の食い違いが存在するが，ここでは2016年7月の厚生労働省の調査結果を見よう。それによると貧困世帯が15.6％，5340万世帯中の779.5万世帯なので，平均世帯員数の2.38人を乗じると1,855万人前後となる。また17才以下の子どもの貧困率は13.9％，そしてひとり親世帯は50.8％で，いずれもOECD加盟の先進国36か国の平均より悪い。

　半数以上が貧困のひとり親世帯では，その多くが女性世帯主であり，非正規労働に頼らざるを得ないシングルマザーたちの労苦を反映している。また老齢

第Ⅰ部　SDGs をどう理解するか

表1-1：貧困率と中央値・貧困線の年次推移

年	85	89	91	94	97	00	03	06	09	12	15
相対的貧困率（％）	12.0	13.2	13.5	13.8	14.6	15.3	14.9	15.7	16.0	16.1	15.6
子どもの貧困率（％）	10.9	12.0	12.8	12.2	13.4	14.4	13.7	14.2	15.7	16.3	13.9
中央値（万円）	216	227	270	289	297	274	260	254	250	244	245
貧困線（万円）	108	114	135	144	149	137	130	127	125	122	122

出典：厚生労働省平成27年「国民生活基礎調査」。

世帯の貧困世帯増加も顕著で，不十分な額の年金だけが頼りの高齢女性単身の貧困世帯が今後しばらく増加するだろう。

　こうした貧困世帯の属性に目を向けることは大変に重要だが，同時にこの貧困水準自体が内包している問題にも目を向ける必要がある。表1-1に示したように，相対的貧困率も子どもの貧困も2012年頃が最悪で，6人に1人が貧困と表現された。2015年には，それらが僅かながら改善した。

　こうした貧困率以上に問題なのは，同じ表の下半分にある中央値とその半分である貧困線の数字に示されている。これらを見ると1997年が両方のピークで，297万円と149万円である。2015年はそれらが245万円と122万円である。基準になる中央値が18年間に15.0％の52万円，貧困線が18.1％の27万円も下がっているのだ。例えばある貧困世帯員の収入がこの間一貫して123万円だったとすると，2012年には自動的に貧困を脱したことになってしまう。その間はデフレであったが，穏やかなものにすぎないので，この説明要因にはならない。

　もし貧困線が97年の149万円に維持されていたら，15年の貧困率は15.6％よりもっと多い数字になっている。つまり日本の多くの人々の所得が，大きく減少しているのであって，12年から15年にかけての貧困率の僅かな減少は，まやかしにすぎない。つまり15年の貧困率15.6％は，それよりずっと大きな貧困層の存在を覆い隠す数字，ともいえよう。

　逆にいうとこのように貧困線が大きく下がっているのだから，それ以下の貧困世帯は減少するはずだ。しかし実際の貧困率は97年の相対的貧困率と子どもの貧困率がそれぞれ14.6％と13.4％だったのに対して15年はそれら両方が15.6％と13.9％に増加しているということは，この間に所得格差も拡大しているこ

44

とになる．日本の貧困問題がこのように深刻化していることが，この表に示されている．

　SDGs のゴール1は，この深刻化する日本の貧困率を2030年までに半減することを求めている．残りはもう10年間ほどしかないので，とても実現できるように思えない．なぜなら日本政府の SDGs 実施本部が2016年に定めた指針は，英語で P で始まる 8 つの優先課題を選んでいるのだが，その中に Prosperity（繁栄）を二番目に挙げているが，Poverty（貧困）は含んでいないからだ．

　さらにその下の「具体的施策」の長大なリストでは，国内の子どもの貧困に関して「子供の貧困対策に関する大綱」の実施が「1　あらゆる人々の活躍の推進」に，途上国の絶対的貧困に関して「国際農林水産業研究の推進」が「3　成長市場の創出，地域活性化，科学技術イノベーション」に言及されているだけである．冒頭に述べたように SDGs はすべての国に対応を求めているが，貧困問題を見る限り日本政府の対応はとても不十分に見える．

　ちなみに2017年12月に政府 SDGs 実施本部が発表した「SDGs アクションプラン2018」も同様で，そこで掲げた 8 つの優先課題の最初に「子供の貧困対策」と言及し，奨学金などの教育対策を掲げているだけに留まっている．

　ところでこの相対的貧困問題に対して，SDGs ゴール1のターゲット1.3は，「最低限の基準を含む適切な社会保護制度と対策を実施」することを提案している．換言すると日本では，生活保護を大胆に充実させることだ．しかし日本の生活保護制度は，それを必要としている人のカバー率（捕捉率）は不明のままだが，それがとても低いと推定されている．例えば2017年11月の時点で，日本では全世帯の0.2％の164万世帯，全人口の1.68％の212万人がこれを受給している．先に述べた相対的貧困世帯（779.5万世帯）には，資産を蓄えた世帯も含まれているだろうから全てが生活保護の対象ではないにせよ，現在の生活保護制度はこの相対的貧困世帯の僅か21.0％しかカバーしていないことになる．

　先に述べたように実態の一部しか反映しない相対的貧困率だけを調査・公表している日本政府は，この生活保護の給付水準にもとづいて全世帯調査を実施し，水準以下の実際の貧困者数とカバー率を発表し，カバーされていない世帯の割合を何らかの方法で2030年までに半分にすることを，日本の SDGs ゴール

1の目標の実現方法とすべきではないか。

大胆な方向転換をすぐにしない限り，日本政府は内外の貧困問題に対してSDGsで2030年までに求められた目標には到達できない。こんなことで，日本はいいのだろうか？

7　最後に

多数の政府の合意文書であるSDGsには含まれなかったが，貧困問題や格差問題に対する有効な対策として，巨大な多国籍企業や富裕層への大胆な課税強化や，膨れ続ける軍事防衛関連費用の大幅な削減，あるいはノーベル経済学賞受賞者ジェームズ・トービン教授が1972年に提唱した，国際通貨取引（外国為替取引）に低率課税するトービン税などの革新的資金メカニズムの導入などが考えられる。こうして政府の歳入を増やし，それを積極的に国内と世界の貧困問題に取り組むべきだ。

またSDGsで強調されている地球環境問題も，貧困問題にとっては極めて重要だ。自然環境が汚染されたり破壊されると，自然に依存して生活することの多い貧困層の暮らしを様々な形で直撃するからだ。飲み水が汚染されると遠くまで汲みに行く，森林資源が失われると薪や飼料を遠くまで取りに行く，といった形で貧しい人，特に女性の時間が損なわれ暮らしの質が低下し，往復の際の不安も増す。温暖化が続けば，自然災害が強大化し，貧しい人々の生活する斜面や低地などの場所が地滑りや洪水などで脅かされる。つまり同じ災害でも，貧しい人たちに対する影響はそうでない人たちより大きくて深刻なのだ。さらにSDGsの他のゴールである医療保健や教育，都市問題，法の支配なども，貧困問題に直結している。

その意味では，SDGsのゴールの大半が貧困問題に通じている。私たちが共に暮らす地球の一丁目一番地の貧困問題を，私たちはもっと重視し，そして直接にかかわることが求められている。

第 *1* 章　貧困と飢餓

〈参考文献〉

日本学術会議　2018　「SDGs から見た学術会議―社会と学術の関係を構築する―」
　http://www.scj.go.jp/ja/scj/sdgs/index.html
厚生労働省　2016　「平成28年国民生活基礎調査の概要」
　https://www.mhlw.go.jp/toukei/saikin/hw/k-tyosa/k-tyosa16/index.html
世界銀行　2015　「国際貧困ライン，1日1.25ドルから1日1.90ドルに改定」
　http://www.worldbank.org/ja/country/japan/brief/poverty-line
OECD 東京センター　「主要統計」
　http://www.oecd.org/tokyo/statistics/
OXFAM International　2018　"Richest 1 percent bagged 82 percent of wealth created last year‐poorest half of humanity got nothing"
　https://www.oxfam.org/en/pressroom/pressreleases/2018-01-22/richest-1-percent-bagged-82-percent-wealth-created-last-year
FAO and others 2018 "The State of Food Security And Nutrition in the World 2018",
　http://www.fao.org/3/I9553EN/i9553en.pdf
International Council for Science 2017 "A Guide To SDG Interactions: From Science to Implementation"
　https://council.science/cms/2017/05/SDGs-Guide-to-Interactions.pdf

（大橋正明）

第2章　保健・健康——SDG 3

■この章で学ぶこと

　保健医療は，人間の基本的なニーズとして最も大切なものであり，常に国際社会において優先度が置かれてきた。1980年代のプライマリーヘルスケア，2000年からのミレニアム開発目標（MDGs）の達成という国際保健の潮流の変化に沿ってSDGsの時代を迎え，その課題も非感染性疾患や交通事故などに変化してきており，それらの解決には医療だけではなく，社会セクターを含めた包括的な対策が必要である。

1　基本的なニーズとしての保健医療

　多くの国々が独立した第二次世界大戦後，途上国の独立国は，植民地を支配していた先進国から，自らが自分たちのために国をつくっていくことになった。農業や工業を基盤とした経済成長を目指すものの，保健医療の問題は大きなものであった。人々の栄養状態も悪いのはもちろん，病気にかかった時に，先進国のように，十分な医療を受けられないという状態であった。誰もが，病院にいき，病気を治してほしいと思うのは当然である。各国の保健省は先進国からの援助の申し出に対して，どのような要請をしたのだろうか。最近よくいわれるような地域の人々のための保健教育や水や衛生のことを要請したのだろうか。

　保健医療に関していえば，地域にもほとんど医療施設もなく，人々は，病気になると，民間医療もしくはアフリカで呪術医のような伝統医療にかかるのがほとんどあったといえる。病院どころか，農村部には，医療施設そのものがほとんど存在していなかったのである。

そのような中，保健省幹部は自分が留学中に経験した先進国の医療を望むのが当然である。各国の保健省は，「首都の大病院」と「医学生の各国への留学」を要請したのである。当然といえば，そうであり，都市に大きな病院が作られ，そこに，留学から帰ってきた医師が勤務することになる。

　しかしながら，そこに問題が起きてくる。独立したからといって，経済的な基盤が十分あるわけではない。国の予算の多くは，当然，農業，工業などの経済部門，また，まだ独立後の政治的に安定していない多くの国々では，軍事に回されることになる。都市部の病院では，新しい国の大病院の維持や留学帰りの医師らの給料の負担などのため，ただでさえ少ない保健省の予算を使ってしまい，地方の住民のための予算はない状況である。都会に住んでいない人びとは，国内では医療が受けられないわけである。

　これらに対して，国際社会，各国の政府内で，農村部の状況を放っておいて，都会の大病院の改善のみを続けていってよいのかという議論が起こってきた。最低限の医療を受けることはすべての人の権利であるが多くの途上国では全くそれが受けられていない状況であった。一方，1970年代，世界では社会主義政策も増えており，これらの国では，国民への公平性の立場から，すべての住民への平等的な保健医療の提供を行っていた。有名なのは，中国である。多くの人びと，また，貧しい人々が多い国において，毛沢東はこれを以下のようにいったといわれる。「中国の保健省は単に全人口の15％に奉仕しているに過ぎない。この15％というのは大半は恵まれた人々ばかりなのだ。底辺に広がる農民層は，医学治療も受けられないばかりか，医薬品ももらえない。保健省は人民のための省になってはいない。むしろ都市部公衆衛生担当省ないしは特権階級都市保健省とでも呼ばれるべきであろう」。こののち，毛沢東は，裸足の医者（赤脚医）制度をはじめて，村の人々への医療を提供したといわれている。また，中米のコスタリカ，アジアのスリランカでも同様な社会主義政策を取ることにより，地域の人々への医療のサービスを提供していた。アルマ・アタ宣言のための協議では，当時のWHOのハルフダン・マーラー事務局長は，「若くして死なねばならない国がある一方で，孫の成長を見届ける国もあるということ，都市のある地域では栄養不足が蔓延している一方で，その他の地区では

栄養過多を心配しているところがあること，技術や人間科学が著しく発達したにもかかわらず，世界中で5億人以上の人々が年間50㌦ほどの所得しかないということ，これらは全て矛盾だらけである。」

　このことは，40年たった現在も基本的には変わっていない。先進国と途上国の間の不平等，途上国の国内における不平等は，さらに拡大しており，SDGsにおいてもこの格差の減少をゴール10として掲げている。どうしたら，すべての人に保健医療を届けることができるのか，という問いに対し，1978年，ソ連のアルマ・アタ（現在はカザフスタンのアルマティ）に世界143カ国の地域と国，67の国連機関とNGOが集まり，国際保健の重要なイニシアチブとして，アルマ・アタ宣言，"Health for all by the year 2000" Primary Health Care が出され，先進国及び途上国を含む世界中の国や開発パートナーは，これを2000年までの国際目標としてその実現を目指すことになった。すべての人に公平に医療を提供するという画期的なイニシアティブといえる。当時，日本の援助は，途上国の保健省の意向を踏まえ，どちらかといえば，途上国の都市の病院の支援を優先していたが，その後，1990年代には，次第に病院協力から地域の公衆衛生に対しての協力，すなわち，プライマリー・ヘルス・ケアへの協力が中心となってくる。世界中で医療施設である保健センター，保健ポストが建設され，医療従事者が配置され，多くの人が，かかる病気を，身近の診療所，保健センター等で見てもらうことができるようになったのである。1970年代には，途上国では，存在しなかった村の診療所が，現在，どこの村でも見ることができるのは，このイニシアティブのおかげである。

2　保健分野における優先度の変遷

　1970年代に，優先された保健医療課題は何だったのだろうか。プライマリー・ヘルス・ケアの基本活動の中にも含まれているが，それは子どもの死亡である。当時，途上国，特にアフリカでは，多くの子どもが早くに死んでいた。当時の日本では，1000人生まれて1年以内の死亡が3人ほどだったのに対して，アフリカでは，200人近くの子どもが死んでいたのである。保健医療協

力は,「子どもの命を救う＝Child Survival」事から, 始まったといえる。その後, 2000年までは, 基本的には, このプライマリーヘルスケアを達成することを目的に様々な活動がされた。また, このプライマリー・ヘルス・ケアは, 単に保健医療に対しての画期的なイニシアティブというだけではなく,「開発」というものに新しい概念を提供した。プライマリー・ヘルス・ケア基本5原則は,「住民のニーズにもとづくもの（Based on people needs）」「住民参加（Community participation）」「地域資源の有効活用（Maximization of local available resources）」「多分野間の協調と統合（Inter-sectorial Collaboration）」「適正技術の使用（Appropriate technology）」であるが, この中の, 住民参加, 住民のニーズにもとづくという考え方は, 人間の基本的人権である保健医療に対してのアクセスを保証することのみならず, このPHCの中でいわれている, 自分たちのことは自分で決めるという自決の考え方が導入されたのである。SDGsでは, ユニバーサルヘルスカバレッジ（Universal Health Coverage）といわれて, プライマリー・ヘルス・ケアに加えて, さらにカバーする疾病をできるだけ多くすること, また, 提供する保健医療サービスの質を上げること, そのための人々の財政負担を負担可能するものにすることを目標の1つ（3-8）と掲げている。保健医療分野では, 1980年代より, プライマリー・ヘルス・ケアのもとにSDGでいわれている「誰一人取り残さない（Leave no one behind）」を目指してきており, それは, 今後のSDGsでも変わらない。ただし, 少子高齢化の時代, 特に日本のように医療に多くの財源を割いている国では, 今後, これをどのように維持していくかは課題である。

3　ミレニアム開発目標（MDGs）から持続可能な開発目標（SDGs）へ

　ミレニアム開発目標（Millennium Development Goals: MDGs）は, 長く国際目標として続けられたPHCの次の国際社会共通の目標としてたてられたもので, 2000年9月にニューヨークで開催された国連ミレニアム・サミットで採択された国連ミレニアム宣言を基にまとめられた。①貧困と飢餓, ②教育, ③

ジェンダー，④子どもの健康，⑤妊産婦の健康，⑥感染症の撲滅，⑦環境，⑧パートナーシップという8つの目標である。それまでと違い，共通の目標と指標が設定され，2015年までに，戦略的に資金が投入され，多くの成果を上げた。世界の指導者たちが2000年に行った画期的な誓約――「極貧というみじめで非人間的な状況から，仲間である男性，女性，子どもを解放するため，何ら努力を惜しまない：潘国連事務総長」MDGs は10億人以上の人々を極貧から救い，飢餓を減らし，学校に通える女の子の数を今までで最も増やし，地球を守るために役立ったといわれる。

　1990年以来，予防可能な病気による子どもの死者は50％以上減少，妊産婦の死者も全世界で45％減少した。HIV/エイズの新規感染者数も2000年から2013年にかけて30％減少したほか，620万人以上がマラリアから救われている。この素晴らしい進捗にもかかわらず，5歳の誕生日を迎えられずに命を落とす子どもは依然として600万人を超え，毎日，はしかや結核など，予防可能な病気で1万6000人の子どもが命を失っている。妊娠と出産によって生じる合併症で死亡する女性の数は1日数百人を数え，開発途上地域の農村部では，医療専門家の付き添いのある出産件数が全体のわずか56％に留まっている。

　依然として HIV が猛威を振るうサハラ以南アフリカでは，エイズが思春期の若者世代で最大の死因となっている。新しい課題への対応として，途上国においても感染症，母子保健から，慢性疾患といわれる非感染症もしくは慢性疾患（Non Communicable Disease: NCD）に移行している。だれもが，命を落としたくないわけであり，貧しい人も富んでいる人も，癌になったり，心筋梗塞になったりしても，治療を希望する。1980年代から2000年までは，基本的な感染症などの基本的疾患だけで十分と考えられていたが，現在ではそういうわけにはいかない。近年途上国では，NCD のがん，心臓病，脳卒中，精神疾患のみならず，増加中の交通事故による外傷への対策も必要になっている。そのためには，貧しい人に対してのこれらの医療を提供するための仕組み（医療保険等）が必要であり，これを達成しようというのが，ユニバーサルヘルスカバレッジ（Universal Health Coverage）である。

　MDGs では，課題別対策が中心であったが，SDGs では，包括的，統合的に

解決していく必要がある。日本においては、医療保険のもとに、基本的にはどのような疾患に関しても質の高い医療を、負担可能な負担で受けることができる。例えば、150を超える難病指定の疾患の診療費は無料、また、新生児医療の診療費もほぼ無償である。現在、例えば、400グラムの新生児医療には、月に700万、年間8000万以上の負担が必要であり、これは国が負担している。

　途上国では、これらの負担はほぼ無理であり、新生児医療はあきらめざるを得ない。人は病気になると、働けなくなり、そして、貧乏になり、そうなると、病気をなおすためのお金がない悪循環が起こっている。汚い水をのむと下痢になったり、病気になる。

　また、病気になると、教育が受けられなくなり、労働の機会も得られにくくなる。また、多くの途上国では、まだまだ、女性の地位は低く、幼児期の栄養の問題、思春期のドメスティック・バイオレンス、子どもを産むという大変な仕事、にもかかわらず、様々な労働をするということから、病気になっても医療にかかることが難しいという状況も存在する。貧しい人はさらに貧しくなり、国内、国際的な貧富の格差は拡大し、貧しい人は病気で簡単に死んでしまう。さらに、インフラ整備が十分整っていない大都会への人の集中は、貧しい人々の保健医療状況を悪化させる。気候変動により、マラリア、デングなどの感染症の地域の拡大、自然災害による保健医療供給状況が一時的に不十分となり、健康状態の悪化につながる。特にテロ、戦争の拡大は、保健医療に大きな影響をもたらす。戦争状況のもとでは、保健医療サービスの提供には限度があり、まずはこれに対処する必要がある。SDGsの他のゴール（ゴール1貧困、ゴール2飢餓、ゴール4教育、ゴール5ジェンダー、ゴール6水と衛生、ゴール7エネルギー、ゴール8雇用、ゴール10国内の不平等、ゴール11都市化、ゴール13気候変動、ゴール16平和構築）と、様々な形で関連しており、これらを包括的に解決していく必要がある。保健医療環境が改善し、死ななくてよい病気で死ななくなることが他のゴールの達成にも寄与し、反対に他のゴールの達成が、保健医療の改善に寄与することが期待される。

第Ⅰ部　SDGsをどう理解するか

4　課題別の目標

(1)　子どもの健康

　子どもは，いつも死にやすい。SDGs 3-2の「すべての国が新生児死亡率を少なくとも出生1000件中12件以下まで減らし，5歳以下死亡率を少なくとも出生1000件中25件以下まで減らすことを目指し，2030年までに，新生児及び5歳未満児の予防可能な死亡を根絶する。」に記載されているように，将来を担う子どもへの対策は最も重要であった。いつの世界でも子どもは大事であり，将来の地球を担うのは彼らである。また，戦争，災害，感染症で最初に犠牲になるのは，子どもたちである。子どもの死亡の中でも，生まれてから1カ月以内新生児の死亡率は変化がなく，SDGsの中では，「新生児死亡率を少なくとも出生1000件中12件以下まで減らし，5歳以下死亡率を少なくとも出生1000件中25件以下まで減らすこと」を目指している。

(2)　妊産婦の健康

　妊産婦がなぜ，途上国では死ぬのであろうか。日本では，現在，10万人出生に4人という率で全国でも年間40数名しか死なない。一方，アフリカなどの途上国では，未だに，10万人出生に対して，500人以上の母親が死んでいる。妊産婦が死ぬのは，3つの遅れがあるといわれる。出血などがおきても病院に行くことを自分で決めることができない国もある。イスラム圏では，女性が1人で外出することが困難な地域も多く，また，夫の許可がないと，病院にはいけない。次に搬送の問題である。道がない，川がある等，日本のように電話一本で救急車が来てくれるところは非常に少なく，また，料金の支払いが必要なところがほとんどである。また，救急車がないところもある。緊急事態とはいえ，どうしようもないのである。これが第2の遅れである。第3の遅れは，病院での遅れである。病院についても，医師が必ずしもすぐにいるわけでもなく，病院にもかかわらず，すぐに医師がこなかったり，適正な診療が受けられないことである。治療の遅れともいえる。これらの3つの遅れにより，死なな

くてよいのに妊産婦は死に至ることが多いといわれる。SDGsでは，2030年までに，世界の妊産婦の死亡率を出生10万人当たり70人未満に削減することを目標としている。サブサハラのアフリカの国々やインド，パキスタン，バングラデシュなどの南アジアの国々では，いまだに，出血，感染，妊娠中毒症で，10万人出生中，200人以上の妊産婦が死んでおり，これらを解決するために，帝王切開手術により子どもや母親を助けるための手術をできる施設の配備や輸血などの体制を整えることが必要である。

(3) 感染症

低所得でいまだに問題ともなっている感染症は，肺炎，下痢症，エイズ／HIV，マラリア，結核である。1980年代のプライマリーヘルスケアの時代には，子どもの死亡率減少のために，拡大予防接種計画を世界的に実施され，保健プログラムでは最も成功したものといわれている。現在行われているのは6種類のワクチン（BCG，ポリオワクチン，ジフテリア，破傷風，百日咳，麻疹ワクチン）であるが，これらに加えて，新しくB型肝炎ワクチン，インフルエンザ（Hib）ワクチンの接種が始まった。また新生児破傷風を予防するために妊婦への破傷風ワクチンの接種も行われている。予防接種の普及により，多くの子どもの命が救われるとともに，「治療より予防」という概念が定着した。2015年の死亡原因（WHO）の中で，エイズ，マラリア，結核は，いまだに上位をしめ，毎年300万人以上の人々に命が奪われている。（表2-1）感染症の病原体には，その大きさの順に寄生虫（マラリア），細菌（結核），エイズ／HIV（ウイルス）があるが，病原体が大きいからといって，より死亡率が高いわけではない。

特にエイズは，1980年代に不治の病として，世界中で流行し，人々を恐れさせているが，その病原体は，ウイルスである（表2-2）。この病原体であるHIV（Human Immunodeficiency Virus：ヒト免疫不全ウイルス）は，西アフリカのチンパンジーもしくはサルのウイルスが変異を起こし，人間に感染するようになったものである。主に性行為（セックス）を通じて人に感染するために，1960年代から1970年にアフリカのトラックドライバー，コマーシャルセックス

第Ⅰ部 SDGs をどう理解するか

表 2-1 目標・ターゲット・指標
SDG ゴール 3 あらゆる年齢の全ての人々の健康的な生活を確保し、福祉を促進する

ターゲット	SDGs オフィシャル指標	SDSN index and Dashboards	ザンビア	ホンジュラス	カンボジア	日本	SDG ターゲット (2030)
3.1 妊産婦死亡率の削減	3.1.1 妊産婦死亡率	妊産婦死亡率	224	129	161	5	70/10万出生
	3.1.2 専門技能者の立会いの下での出産の割合						
3.2 5歳未満及び新生児死亡の減少	3.2.1 5歳未満児死亡率	5歳未満児死亡率	64	20.4	28.7	2.7	25/1000出生
	3.2.2 新生児死亡率	新生児死亡率	21.4	11	14.8	0.9	12/1000出生
3.3 エイズ、結核、マラリア及び顧みられない熱帯病といった伝染病を根絶するとともに肝炎、水系感染症及びその他の感染症に対処	3.3.1 非感染者1,000人当たりの新規 HIV 感染者数 (性別、年齢及び主要集団別)	HIV 有病率	6.9	0.2	0.6	0	0.2/1,000人
	3.3.2 100,000人当たりの結核感染者数	結核感染者数	391	43	380	1.7	10/10万人
	3.3.3 1,000人当たりのマラリア感染者数						
	3.3.4 10万人当たりの B 型肝炎感染者数						
	3.3.5 顧みられない熱帯病 (NTDs) に対しての介入を必要としている人々の数に対しての介入を必要としている人々の数						
3.4 非感染性疾患による若年死亡率を、予防や治療を通じて3分の1減少させ、精神保健及び福祉を促進する。	3.4.1 心血管疾患、癌、糖尿病、又は慢性の呼吸器系疾患の死亡率	非感染性疾患 (NCD) 死亡率	18.1	15.7	17.7	9.4	15/10万人
	3.4.2 自殺率						
3.5 薬物乱用やアルコールの有害な摂取を含む、物質乱用の防止・治療を強化	3.5.1 薬物使用による障害のための治療介入 (薬理学的、心理社会的、リハビリ及びアフターケア・サービス) の適用範囲						
	3.5.2 1年間(暦年)の純アルコール量における、(15歳以上の)1人当たりのアルコール消費量に対しての各国の状況に応じて定義されたアルコールの有害な使用 (ℓ)	家庭及び環境汚染による死亡率	214.2	53	71	24	25/10万人

第 2 章　保健・健康

目標	指標番号	指標名					
3.6 道路交通事故による死傷者を半減	3.6.1 道路交通事故による死亡率	道路交通事故による死亡率	24.7	17.4	17.4	4.7	8.4/10万人
3.7 家族計画、情報・教育及び性と生殖に関する健康の国家戦略・計画への組み入れを含む、性と生殖に関する保健サービスをすべての人々が利用	3.7.1 近代的手法に立脚した家族計画のためのニーズを有する出産可能年齢（15〜49歳）にある女性の割合	若年妊娠	87.9	64.3	52.2	4	25/1000出生
	3.7.2 女性1000人当たりの青年期（10〜14歳；15〜19歳）の出生率	専門医療者による分娩介助	64.2	82.9	89	NA	98%
3.8 ユニバーサル・ヘルス・カバレッジ（UHC）を達成	3.8.1 必要不可欠な公共医療サービスの適応範囲（一般及び最も不利な立場の人々について、生殖、妊婦、新生児及び子供の健康、伝染病、非伝染病、サービス能力とアクセスを含むトレーサー介入を基とする必要不可欠なサービスの平均的適応範囲と定義されたもの）	予防接種率	90	85	81	90	90%
	3.8.2 家計収支に占める健康関連支出が大きい人口の割合	UHC指数	74.5	67.3	58	91	80
		主観的福祉指数	4.3	5.6	4.5	6	6%
		健康余命	53.7	64.9	58.1	75	65歳
3.9 有害化学物質、ならびに大気、水質及び土壌の汚染による死亡及び疾病の件数を大幅に減少	3.9.1 家庭内及び外部の大気汚染による死亡率						
	3.9.2 不衛生な施設、不衛生のための水の安全ではない水道と衛生不足（全ての人のための安全な上下水道と衛生（WASH）サービスが得られない環境に晒されている）による死亡率						
	3.9.3 意図的ではないい汚染による死亡率						
3.a たばこの規制に関する世界保健機関枠組条約の実施を適宜強化	3.a.1 15歳以上の現在の喫煙率（年齢調整されたもの）	15歳以上喫煙率	NA	NA	NA	20	20%
3.b ワクチン及び医薬品の研究開発及びアクセスの提供	3.b.1 各国ごとの国家計画に含まれる全ての薬によってカバーされているターゲット人口の割合						
	3.b.2 薬学研究や基礎的保健部門への純ODAの合計値						
	3.b.3 必須である薬が、入手可能かつ持続可能な基準で余裕がある健康施設の割合						

第Ⅰ部　SDGsをどう理解するか

		指標					
3.c 保健財政及び保健人材の採用、能力開発・訓練及び定着	3.c.1 医療従事者の密度と分布							
3.d 健康危険因子の早期警告、危険因子緩和及び危険因子管理のための能力を強化	3.d.1 国際保健規則(IHR)キャパシティと衛生緊急対策							
目標1 貧困を終わらせる。		一日の収入が1.9ドル以上の家庭率	54.2	17.3	0.2	0.5	2%
目標2 飢餓を終わらせる。		低栄養率	47.8	12.2	14.2	1.2	7.50%
目標4 質の高い教育を確保		小学校終了率	87.4	93	88.6	100	98%
目標5 ジェンダー平等を達成		パートナーを持つ女性の避妊への必要度	36.3	23.5	49.6	30	20%
目標6 水と衛生の確保		安全な水へのアクセス	65.4	91.2	75.5	100	98%
目標7 エネルギーへのアクセスの確保		電気へのアクセス	27.9	88.7	56.1	100	98%
目標8 経済成長と雇用		GDP成長率	-5.7	-8.3	-2.8	4.7	0%以上
目標9 インフラとイノベーション		インターネット使用率	21	20.4	19	93	80%
目標10 不平等の是正		ジニ係数	55.6	50.6	30.8	32	30%以下
目標11 都市及び人間居住を実現		都会の水道整備	36.2	97.4	75.3	99	98%
目標16 平和な社会		他殺数	5.8	74.6	1.8	0.3	1.5以下/10万人
目標17 パートナーシップの活性化		保健と教育への支出	NA	14.6	7.7	14	16%

出典：総務省仮訳、UNDP、SDSN index and Dashboards 2017を参照して筆者作成。

注記：SDSN index and Dashboard は、SDGsオフィシャル指標の一部が分決定されていなかったり、いまだ、手に入れられないことから、その代替の指標として2016年から、SDSNから公表されることとなった。すべての国のデータとしては得られていることもあり、現在、SDGsの指標としてしばしば引用されている。

第 *2* 章　保健・健康

表 2-2　世界の三大感染症

	エイズ/HIV	結核	マラリア
死亡者数（年間）	100万	150万	60万
病原体	ウイルス 20-450 ナノメーター	細菌 2000-4000 ナノメーター	寄生虫 10000 ナノメーター
感染経路	性行為，血液，母子感染（胎盤，乳汁）	空気感染	蚊の媒介
治療法とその期間及び対策	抗レトロウイルス療法 一生	抗生物質（DOTS療法 直接監視下治療法） 6-8か月	抗マラリア剤 薬剤処理済蚊帳普及 5日
地域	世界中（アフリカサブサハラでは10％以上のHIV陽性率）	世界中	熱帯地域（アフリカでは2歳以下の子ども一番の死亡原因）

出典：WHO 2015, UNAIDS Report 2016 and World Malaria Report 2016.

ワーカーを通じて，アフリカに広がり，南アフリカの国々では一時HIVの陽性率が30％を超えていた。また，当初は，MSM（Men sex to Men）の人々にも多くの感染者があり，これらの人々への偏見を助長したともいえる。また，HIVは，アフリカの各国の歓楽街のコマーシャルセックスワーカーや，そこに集まってくる軍隊などの人々を通じて，世界に広がった。20世紀末を迎えており，終末論に拍車をかけたともいわれている。もともとは，西アフリカでは，「だんだん，やせていき，死んでいく奇病」として認識されていたが，「アフリカの奇病」としてこれに対しての研究は行われなかった。1981年にロサンゼルスのゲイの患者さんの血液中にこれらのウイルスが発見されるまで，「アフリカの奇病」として，30年もの間放置された疾患である。もし，最初にこれらの疾患への研究をしていれば，このような事態にはならなかったともいわれている。「アフリカだから，奇病はある」と途上国への差別の表れの1つといえる。マラリア，結核は治療法もわかっており，基本的にはどの国でも無料で治療は受けられる。

　これらの感染症とともに，SDGsでは，死亡率は高くないものの長い間人々を苦しめるNTD（顧みられない熱帯病：Neglected Tropical Disease）への対策も目標として挙げている。WHO（世界保健機関）が「人類の中で制圧しなければ

ならない熱帯病」と定義している18の疾患があり，主に熱帯地域における寄生虫病である。希少疾患であり，薬剤会社にとっても薬の開発をしても対象とする患者が少なく，収入の見込みがないため，薬の開発をしないことが課題とされていたが，これらを推進するためのNPO等や財団も結成され，対策が進められている。また，近年，世界中の人に恐怖に与えているのがエボラ出血熱などの新興感染症である。Emerging Disease（新興・再興感染症）といわれ，「最近新しく認知されるか，新たに発生したか，もしくは以前流行していたものが，発生数が増加し，局地的にあるいは国際的に公衆衛生上の問題となる感染症」であり，毎年，新たに発生しており，地球規模課題として世界全体として取り組もうとしている。

(4) 非感染性疾患（NCD）と交通事故

今後の国際保健の課題として重要かつ対策の中心となるのが，非感染性疾患である。定義としては，「非感染症で，長期間にわたるゆっくりとした経過をたどる慢性疾患をいい，心疾患，脳卒中，癌，喘息，糖尿病，慢性腎疾患，骨粗しょう症。精神疾患，白内障などを含む」といわれている。東南アジアでは，2000年の時点ですでに大きな問題となっていたが，現在では，アフリカを含む低所得国でも大きな問題となっている。必ずしも裕福な人々ではなく，低所得の人々の油中心，ジャンクフードなどにより，貧困層にもNCDは広がっている。途上国の問題として，感染症対策と合わせて，二重負担（Double Burdens）といわれており，対策が必要とされている。その中でも糖尿病は，この疾患により，心疾患，脳卒中，腎臓疾患のリスクも高いため，その治療，コントロールをすることにより，他の疾患の予防につながるため，対策を取ることが進められている。この分野では，日本の経験はとても重要である。

途上国の死亡原因で上昇傾向にある特徴的なものが，交通事故である。かって，日本が経験した道路網の発達による速度超過，また，酒酔い運転のためのように，今，多くの途上国で交通事故死が増加している。時々，旅行中の邦人のバスの転落，車の正面衝突で亡くなっていることが報道されるが，交通事故の減少のためには何をすればよいのであろうか。交通事故の後の体制を整えれ

ばよいのであろうか。当然，救急体制を整えることは重要であるが，それでは十分ではない，交通事故をおこさないような道路の整備，アルコール摂取者の取り締まり，罰則の整備が必要である。また，脳挫傷による死亡を防ぐには，バイクのヘルメット装着は最も簡単で有効な方法である。保健医療セクターといっても医療ではない対策も重要になってくる。

(5) リプロダクティブ・ヘルス（女性の健康）

世界では，まだまだ，女性の立場は弱い。ゴール5でもあげられているジェンダーの問題の1つの典型的な例としてあげられている。「リプロダクティブ・ヘルスとは，人間の生殖システムおよびその機能と活動過程のすべての側面において，単に疾病，障害がないというばかりでなく，身体的，精神的，社会的に完全に良好な状態にあることを指す。」1人の女性が，女の子として生まれるが，いまだに女の子というだけで，十分に食事を与えられなかったりすることもある。また，成長しても，母親と同じように水くみ，畑仕事に従事しなければならない。子どもを産むことが最も大事だと考えられ，自ら，子どもを産むことや何人産むかを決めることはできない。パートナー，夫がそれを決めるのである。産後もすぐに仕事を始めることが要求されている。健康な子どもを産むためにも適正な数，また，お産の間も十分な期間を取ることが重要である。リプロダクティブ・ヘルスという考えのもと，だれもが，これらのことを決める権利がある。一方，現在では，先進国，中進国では，少子高齢化も問題になっている。アジアのタイやベトナムでは，平均の子どもの数が2を切っており，少子化が問題となりつつある。日本と同じように，希望する女性が子どもを産めるような社会体制，環境を整えることも必要といえる。

(6) 環境汚染とたばこ

SDGsでは，大気汚染や有害な化学物質による疾患も対策を取ることが示されている。かって日本が犯してきたあやまち（工業地帯におけるスモッグ，化学工場の廃液の垂れ流しによる水俣病，イタイイタイ病）を多くの国で繰り返されないように，対策を取っていくことが目標とされている。疾病にかかってからで

は遅いので，この大気汚染対策，産業廃棄物に関する設定，これらの遵守などを総合的に行う必要がある。日本から，多くの途上国への協力も可能かと考えられる。

たばことアルコール摂取も対策をとることとなっている。現在のガンの死亡数の中でも肺がんの占める率は高く，死因の上位をしめる肺がんや閉そく性肺疾患（肺気腫）の原因は喫煙であり，その予防には禁煙が必要であることは明白である。

5　日本における実施

日本では，ユニバーサル・ヘルス・カバレッジを1961年にすでに達成しており，子どもの死亡率，妊産婦死亡率も世界の中でもトップのレベルである。保健医療関連では，多くの分野で目標を達成しているが，さらなる改善を目指している。2013年の閣議決定された日本再興戦略において，2020年までに国民健康寿命を1年以上延伸することやメタボ人口を2008年比で25％削減する事，健診受診率を80％に引き上げることなどがうたわれている。また，こころの健康の維持が必要不可欠と考えられている。我が国の自殺者は毎年2万人から3万5000人の間で推移してきており，このような心の病や自殺者を大幅に減らしていくためには，個人での対策のみでは限りがあり，社会全体として取り組むことが必要である。感染症の対策では，HIVの新規感染者対策が必要である。現在のHIV感染率は，0.02％と低いが，今後の増加が予想されている。結核は，現在の日本でも大きな問題であり，大阪や東京の貧困地域（釜ヶ崎，山谷）における結核対策は必要である。また，日本で働いている在日外国人，特に在日資格を持っていない人々，査証が切れている人々の保健医療へのアクセスは必ずしも十分ではない。多くの途上国に比較して，日本では，基本的に国民皆保険のもとに医療サービスを十分に享受できている。しかしながら，公平で質の高い介護サービスの確保は課題である。これらは，地域の包括ケアの推進の中で，達成しようとしている。課題は，医療・介護を担う人材及びその財源の確保である。

〈参考資料〉

JICA SDGs ポジションペーパー，2017．

POST2015 プロジェクト（環境省 S-11），2015，SDGs 達成に向けた日本への処方箋：健康12-17．
    http://www.post2015.jp/

United Nations General Assembly, 2015，われわれの世界を変革する：持続可能な開発のための2030アジェンダ（仮訳）．
    http://www.mofa.go.jp/mofaj/files/000101402.pdf．

国連ミレニアム開発目標報告，2014，大崎敬子

SDG-Index-and-Dashboards-Report, 2017．

（仲佐　保）

第3章　質の高い教育——SDG 4

■この章で学ぶこと

　教育を受ける機会は，すべての人に保障されている。日本に暮らす私たちの多くにとって，それはとても当たり前のことに感じる。しかし，果たして，この世界のすべての人がそのように感じているのだろうか。今日の世界には，開発途上国（以下，途上国）と呼ばれる地域に暮らす人々がおり，そのなかには十分な教育の機会を得ることができない人たちも多い。また，学校へ通ったり，大人向けの識字教室などで学んだりすることで，教育機会へのアクセスがある人たちでも，そこで受けている教育の質はどうであろうか。残念ながら，日本の学校教育に慣れ親しんだ私たちの目からみると，必ずしも十分な質の教育が実践されているとはいえないケースが非常に多い。さらには，そもそも日本の中でも，本当にすべての人たちが，十分な質の教育を受けることができているのだろうか。

　「持続可能な開発目標（SDGs）」のゴール4には，「すべての人に対して，インクルーシブかつ公正で質の高い教育を保障し，生涯学習の機会を向上させる」ことが必要であると謳われている。本章では，このゴール4の特徴を概説したうえで，とくにアジア地域における教育の現状を紹介したい。さらに，ゴール4をより身近な問題として捉えるために，日本におけるゴール4の達成状況について検討したい。これらの議論を通して，「すべての人々に質の高い教育を」という理念と，私たち1人ひとりがどのように向き合って行けば良いのかを考えることが，本章の目的である。

1　SDGsにおける教育目標とターゲット

　ゴール4は，「すべての人に対して，インクルーシブかつ公正で質の高い教育を保障し，生涯学習の機会を向上させる」ことが，持続可能な社会を実現していくうえで不可欠であると強調している。そのために，①無償かつ公正で質の高い初中等教育の普遍化，②質の高い就学前教育への平等なアクセスの確

保，③技術・職業教育と大学などの高等教育への平等なアクセスの拡大，④技術的・職業的スキルを獲得した若者，成人の大幅な増加，⑤教育におけるジェンダー格差の解消並びに脆弱層（障害者，少数民族，等）の教育機会へのアクセスの確保，⑥青年及び成人識字能力の向上，⑦持続可能な開発のために必要な知識やスキルの習得とそのような社会の構築に必要な価値観・態度の醸成に資する教育の促進，という7つのターゲットを2030年までに達成することが必要であるとしている。

　また，教育を通した人材育成や，教育を通して推進される研究開発や技術革新などは，SDGsに掲げられている17のゴールのいずれを実現するうえでも，必要不可欠なものである（UNESCO 2016）。

　ただし，教育の重要性は，SDGsの議論を通していきなり認識されるようになったわけではない。歴史を振り返ると，18世紀から19世紀にかけて西欧諸国を中心に国民国家が成立してくるなかで，国民を育てるための教育が重要であるという認識が生まれ，公教育制度が整備されるようになった。19世紀半ば以降の日本でも，教育の普及が国家の近代化を推し進めるうえで重要な役割を果たしたことは，論をまたない。さらに，第二次世界大戦の終了後，植民地支配から独立を遂げた多くのアジア・アフリカ諸国において，国家建設と経済成長を実現するための国民教育が重視され，近代的な学校教育制度の構築が目指された。1960年代からは，工業化を通じた経済成長のための有効な投資先として，特に技術教育・職業訓練や高等教育への投資が活発化した。その後，人間が人間らしく生きるためのベーシック・ヒューマン・ニーズ（BHN）の充足や，人々の自由と潜在能力（ケイパビリティ［capability］）の拡大を生み出す人間開発の重要性が多くの国で意識され，教育のなかでもとりわけ初等教育を通じて基礎的能力や識字能力をすべての人々に保障することが重視された。

　こうした基礎教育を重視する国際的な議論を背景として，1990年3月に世界の150以上の国から代表が集まり，「万人のための教育（Education for All: EFA）世界会議」という国際会議がタイのジョムティエンで開催された。この会議では，「初等教育の普遍化（＝すべての子どもが就学すること［Universal Primary Education: UPE］）」を中心とする国際目標（EFA目標）が合意された。さらに，2000

年4月にセネガルのダカールにおいて開催された「世界教育フォーラム（World Education Forum）」においても，「万人のための教育（EFA）」の理念の重要性が改めて確認され，①幼児教育と保育の拡充と改善，②初等教育の完全普及，③成人識字の改善，④青年・成人の教育とスキル，⑤教育における男女間格差の是正，⑥教育の質の改善，という6つの項目からなる，新たなEFA目標が採択された。加えて，EFA目標の中でも，「初等教育の完全普及」と「教育における男女間格差の是正」は，2000年9月の「国連ミレニアムサミット」で採択された「国連ミレニアム開発目標（Millennium Development Goals: MDGs）」にも取り入れられた。

このように，国際社会では1990年代から途上国を中心に教育の普及と質の向上を実現するために，政府，国際機関，市民社会組織（NGO等）が様々なアプローチで努力を積み重ねてきた。その結果，例えば1999年には約1億1000万人の子どもが小学校に通うことができずにいたのが，2015年には6100万人程度までへ約半減されるなど，一定の成果を上げることができた（UNESCO 2016）。しかしながら，多くの子どもが学校へ通うことができるようになっても，いまだに途上国で行われている教育の質は低く，先進国や中進国でも障害をもった子どもや少数民族の子どもなどが，必ずしも十分な教育を受けているとはいえない状況がある。さらに，近年は難民や移民の子どもたちが，教育機会へのアクセスを得ることができずにいる。こうした状況を踏まえ，2015年にSDGsが採択された際に，ゴール4として教育目標が掲げられることになった。

2　ゴール4の特徴

前節で紹介したように，ゴール4はEFAやMDGsといったこれまでの国際目標を引継ぎつつ，それらを発展させたものになっている。とりわけ，ゴール4に盛り込まれた理念として，持続可能な社会の実現へ向けた包括的な教育の必要性を強調している。そこで本節では，ゴール4とEFAならびにMDGsとの相違を明らかにすることで，ゴール4の特徴について考えてみたい。（なお，MDGsについては，8つのゴールのうち教育に関する2つの目標を検討の対象とす

る。）EFA・MDGsとの比較で明らかになるゴール4の重要な特徴は，以下の4点にまとめることができる。

　第1に，ゴール4ではMDGsの教育目標と同様に，教育の量的拡充を掲げながらも，同時に，学習者が具体的に何を，どのように学び，とりわけその「成果」としていかなる能力を身につけるのかという観点から，「教育の質」をこれまで以上に深く追求している。これまで，とくに途上国においては教育機会へのアクセスをいかに高めるかという関心が強かったため，実際の教育の内容や教育を受ける環境などに関した「質」への意識が十分であったとはいえない。また，教育の質を測るにあたっては，教員の数や教材の整備といった側面や，各教育段階をどれだけ修了したかといったことをみるのみで，実際に学習者がどのような能力をどれだけ身に着けたかという観点が不十分であった。その結果，小学校を卒業しても基礎的能力も身に着けていない層を大量に生み出してしまったという反省が，ゴール4では「教育の質」を重視する背景にはある。

　さらに，ゴール4では，ターゲット7として，「2030年までに，学習者が持続可能な開発を促進するうえで必要とされる知識やスキルを身につける」とともに，「持続可能なライフスタイル，人権，ジェンダー平等，平和の文化と非暴力，グローバル・シティズンシップ，文化の多様性などに関する教育を促進する」と謳っている。これは，単に学力試験で測定できる個人の認知能力の向上のみを目指すのでなく，教育によってどのような個人や社会の変革を促すのか，といった非認知的能力も含めた多様な側面を据えようとする視点が，これまで以上に強調されていることを意味する。

　このように「教育の質」を問い直す動きの背景には，グローバル化が進展するなかで人類の社会経済活動がかつてない程までに拡大し，人・モノ・資本・情報が国境を越えて活発に移動するなか，環境問題をはじめ食糧，資源エネルギー，紛争などの諸問題が人類社会の存亡を脅かす事態を招いており，社会のあり方に対する根源的な問いかけを多くの人が検討するようになったことがある。

　これに関してゴール4では，1992年の「環境と開発に関する国連会議」（地

球サミット）で採択されたアジェンダ21の第36章において提唱された「持続可能な開発のための教育（ESD）」及び「地球市民教育（Global Citizenship Education: GCED）」が欠かせないと指摘している。ESDは，「環境と開発に関する世界委員会」（国連ブルントラント委員会）」が1987年に発表した報告書「Our Common Future」で示された「世代間・世代内の公正」という理念に基づき，「将来の世代が自らのニーズを充足することを損なうことなく，今日の世代のニーズを満たすような開発」を実現するために，「環境，貧困，人権，開発」といった様々な複雑な事象を自らの課題として捉え，学際的・体系的に思考し，共通の未来のために行動する力を育むための教育」である。このESDという新しい教育のアプローチは，2002年の「持続可能な開発のための世界サミット（ヨハネスブルグ・サミット）」において世界が目指すべき新しい教育のあり方として日本政府と日本の市民社会団体によって提案され，同年12月の第57回国連総会決議として採択された。

また，GCEDは，2012年にパン・ギムン国連事務総長（当時）の呼びかけによって立ち上げられた「世界教育推進活動（Global Education First Initiative: GEFI）」のなかで，教育のアクセスや質の向上などとともに優先課題として掲げられた概念であり，平和で持続可能な開発の実現を目指して，国際社会において共通する価値観，態度，コミュニケーション・スキルを育むための教育である（北村 2015）。

第2に，ゴール4では，すべての人が享受すべきとする「質の高い教育」の対象とする教育段階を，初等教育などの基礎教育だけでなく，中等教育，高等教育，職業教育・技術訓練へと拡大し，教育を包括的に捉えて「生涯にわたる学び（life-long learning）」を重視している。このように教育分野の全体を包括的に捉えようとする視点は，EFA・MDGsの成果によって初等教育や前期中等教育（＝中学）の修了者が増加したことで，後期中等教育（＝高校），さらには高等教育を拡充することが欠かせないという認識にもとづく。加えて，持続可能な社会の構築を担う人材の育成やイノベーションの創出のためには，基礎教育（＝初等教育＋前期中等教育）だけでは不十分であるとの認識もあった（UNESCO 2016）。

第3に，ゴール4では，周辺化された人々があらゆる教育段階へアクセスできることに加えて，そうした人々が学習成果を上げることの重要性を，公正さ(equity)の観点から強調している。MDGsでは教育における格差に関して，前述のとおりジェンダー格差のみが取り上げられた。しかしながら，実際にはジェンダー以外にも，貧困，障害，少数民族・言語，居住地域など，様々な社会的格差が教育の格差につながっている現状がある。そのため，教育の公正さを確保するためには，こうした多面的な格差の是正に対して，より真剣に向き合うことが必要である。こういった考え方にもとづき，ゴール4ではアクセス面の公正さのみならず，学習の質やそのプロセスに関する包摂性（インクルーシブネス）や公正さの確保も目標とされている（吉田 2016）。

　第4に，EFAやMDGsが基本的には途上国を対象とした目標であったのに対して，ゴール4は先進国の人々も対象としている。教育における公正さの問題や，ESDやGCEDといった教育アプローチにもとづく持続可能な社会の実現に資する人材の育成は，日本などの先進国でも大きな課題とされている。そのため，SDGsの他のゴールと同様に，ゴール4もすべての国や社会のあらゆる人を対象としたゴールであることを，改めて指摘しておきたい。

3　EFA・MDGsの達成状況とSDGsに託された課題
——アジアの教育状況を中心に

　ここまで，教育の普及や質向上のために国際社会でどのような議論がなされ，目標が設定されてきたかについて，ゴール4を中心に概観してきた。本節では，ゴール4の背景をより深く理解するために，EFA・MDGsが採択された2000年からSDGsが採択された2015年の間に，教育分野で何が達成されて，何が実現できなかったのかをみることにする。その際，とくに日本も含めたアジア地域に着目したい。（なお，ここでいう「アジア」とは，東アジア，東南アジア，南西アジア，中央アジアに大洋州の国々も含めたアジア太平洋地域である。）

(1) 初等教育の完全普及

1990年に最初のEFA目標が採択されて以来，初等教育の普遍化（UPE）へ向けて国際社会は努力を重ね，大きな成果を上げてきた。多くの途上国政府が初等教育の無償化政策（＝授業料の不徴収）を採用したことなどもあり，先述のように1999年代後半に約1億1000万人と推計された不就学児童数が，2015年には6100万人まで約半減した（UNESCO 2016）。なかでもアジアは，他の地域よりも初等教育の普遍化（UPE）へ向けて着実な進展を遂げてきた。東アジア・大洋州地域では，2012年には純就学率が95％を超えるなどUPEをほぼ達成しており（UNESCO 2015），南西アジアも1999年から2012年にかけて，純就学率が78％から94％へと顕著な伸びを示した（同上）。しかし，多くの子どもが小学校に通えるようになったアジアにおいても，2013年時点で1730万人以上が不就学の状態にあり，その数は世界の不就学人口のおよそ29％を占める。そして，アジアの不就学児童の約6割が人口の多い南西アジアに集中している。

また，多くの子どもたちが小学校に入学できるようになったとはいえ，図3-1が示すとおり，2014年時点においても，中退などにより小学校を卒業できない子どもが依然として数多く存在している。初等教育修了率の低さは，とりわけサハラ以南のアフリカ地域において深刻である。アジアにおいては，初等教育段階の最終学年時における残存率は，中央アジアと東アジア・大洋州では世界平均を上回るまでになった。しかし，南西アジアでは，ほぼ3人に1人が小学校を中途退学している状況にあり，残存率も2011年時点で64％に過ぎず，1999年以降ほとんど変化の兆しがみられない（同上）。

教育における男女間格差の是正に関しては，初等教育段階に限れば，多くの地域でジェンダー平等が達成されつつある。しかし，中東・北アフリカやサハラ以南アフリカ地域においては，未だに女子の初等教育修了率が男子を下回っている。その他の地域においても教育段階が上がるにつれ就学におけるジェンダー格差が広がる傾向にあり，2012年時点で高等教育段階におけるジェンダー平等を達成した国の割合は4％に過ぎない（同上）。

アジアでは，すでに2000年の時点で初等教育就学率におけるジェンダー平等をほぼ達成していた中央アジアと東アジア・大洋州がそれを維持しているだけ

第3章 質の高い教育

図3-1 世界における初等教育修了率の推移［男女別］（2000年・2014年）

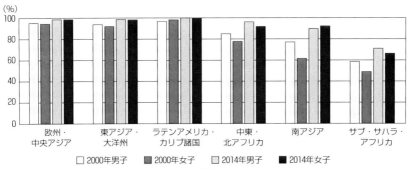

出典：ユネスコ統計研究所（UIS）データベースより筆者作成。

図3-2 アジアにおける初等教育粗就学率と純就学率（2015年）

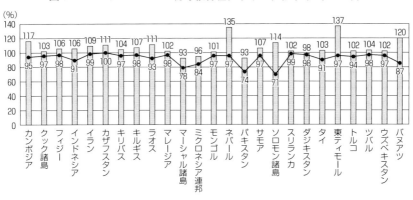

出典：ユネスコ統計研究所（UIS）データベースより筆者作成。
注記：1） 2015年の粗就学率と調整後純就学率の両方が入手可能な国のみを示している。
　　　2） 調整後初等教育純就学率とは，公式の初等教育就学年齢に属しており実際に初等教育または中等教育を受けている子どもの数を当該年齢層の総人口に対する割合で示したもの。

でなく，南西アジアにおいても地域平均値ではジェンダー平等を達成するなど目覚ましい改善がみられた。しかし，アフガニスタン，パキスタン，ラオス，パプアニューギニアなどでは，依然として貧しい家庭の女子の初等・中等教育の就学が困難な状況が続いている（同上）。

　また，性別だけでなく，家計所得，居住地域（都市部・農村部），民族，障害

の有無なども複雑に絡み合い，就学格差が生まれている。さらには，内戦や自然災害なども，就学の大きな阻害要因となっている。

(2) 就学前教育

幼児期の就学前教育に関しては，「学校教育への準備（レディネス）」を重視するアプローチと，生涯学習の基盤として幼児期を位置づけ，ケアや養育に重きを置くアプローチがある。国や地域によってどちらのアプローチをより重視するかは異なっているが，いずれにしても何らかの就学前教育に参加した子どもの数は1999年から2012年までの間に64％増加し，全世界で1億8400万人になったと報告されている（UNESCO 2015）。

アジアでも，2000年以降，就学前教育への参加率が劇的に向上し，東アジア・大洋州諸国の総参加率は2012年時点で68 ％，南西アジア諸国でも55％に達し，大洋州諸国では93％にも上っている（同上）。ただし，域内格差が大きく，データが入手可能な域内諸国においても，カンボジア，ラオス，ミャンマー，バングラデシュ，ブータン等の国の就学前教育参加率は依然30％を下回っている。

また，就学前教育に関しては，何らかのプログラムに参加している子どもの割合が比較的高い国でも，所得水準や居住地域（都市部あるいは農村部）によって参加率の格差が大きいことや，教員の人数が不足していること，児童の年齢と発達に応じたカリキュラムが未整備であること，教材の質の向上が必要であることなど，課題が山積している。

(3) 中等教育・職業訓練・成人識字

EFA ゴールのなかでも MDGs に取り入れられたゴールは，「初等教育の完全普及」と「教育における男女間格差の是正」のみであったことから，中等教育や職業訓練，成人識字などへの取り組みは相対的に軽視されてきた。しかしながら，初等教育修了者の増加に伴い中等教育へのアクセスも2000年代以降急速に向上しており，今後は中等教育の改善が多くの途上国で重要な課題になってくると考えられる。

例えば，中等教育の粗就学率は低所得国で29％（1999年）から44％（2012年）に，中所得国では56％（1999年）から74％（2012年）に上昇した（UNESCO 2015）。こうした中等教育の普及の背景には，多くの低・中所得国において前期中等教育（＝中学校）を初等教育とともに「義務教育」として位置づけたり，授業料を無償化したこと，さらには私学の参入が増加したことなどの諸要因をみることができる。他方，多くの途上国で，貧困層や農村地域に居住する人々，女子などが，その恩恵から取り残されていることを忘れてはならない。

アジアでも，2000年代以降，中等教育の就学率が上昇傾向にある。ただし，国ごとの差が大きく，純就学率が相対的に低い国の多くは主に南西アジアや東南アジア諸国に集中している。

また，中等教育段階において重要なテーマの1つが，教育から職業への接続である。その観点からも，近年，産業技術教育・職業訓練（Technical and Vocational Education and Training: TVET）に世界的な関心が集まっている。TVETの形態は多様であるが，世界的な関心にも関わらず，中等段階におけるTVET履修学生の数は，2015年時点で世界の中等教育就学者の10％程度に留まっている（UNESCO 2016）。アジアにおいては，その割合は，大洋州（25.8％），中央アジア（19.8％），東・東南アジア（16.1％）において世界平均を上回っているが，南アジアでは2.2％に留まり世界最低レベルであるなど，ここでも域内の多様性が見られる（同上）。

さらに，15歳以上の成人識字率については，2000年の81.5％から2016年には86％に微増するなどの改善がみられたものの，EFAで掲げられた「2015年までに成人（とくに女性）の識字率を50％改善する」という目標を実際に達成した国は極めて少なく，サブ・サハラ・アフリカでは識字率は依然65％に留まっている。その結果，2016年時点で少なく見積もったとしても約7億5000万人の成人が基本的な識字能力を持たず，そのうち3分の2が女性である（UNESCO 2016）。

アジアに目を向けると，中央アジア地域の識字率はほぼ100％，東・東南アジア地域は約96％であるのに対して，南アジアでは約72％と低く，成人の3割が非識字者である（UNESCO 2015）。ちなみに，南アジアの非識字人口は3億

690万人で世界最大であり、世界の非識字者の半数近くを占めている。また、成人識字率の男女間格差はサハラ以南のアフリカと並び南アジアで最も大きい（同上）。

識字率に関しては、アジア地域の多くの国で都市と農村の格差も大きな問題である。

なお、現在は識字率の低い国でも、カンボジア、東チモール、ネパール、インド、バングラデシュといった初等教育の普及が着実に進んでいる国々では、今後、成人識字率も改善していくものと期待される。ただし、学校教育で習得した識字能力は卒業後に活用しなければ失われてしまうため、初等教育の普遍化に向けた努力とともに、生涯学習の観点から公共図書館の整備や活字媒体の普及といった努力も求められている。

(4) 教育の質の向上

ここまでみてきたように、2000年代以降、「初等教育の完全普及」や「中等教育へのアクセス向上」などで一定の成果がみられる一方、教育機会の急激な拡大の陰で「教育の質」向上への取り組みは十分に積み上げられてこなかった。例えばユネスコ統計研究所（UIS）の最新の調査によれば、初等教育への就学年齢にある子どもたちのうち、56％にあたる3億8700万人が基礎的な読解能力を身につけていない（UNESCO 2016）。さらに、驚くべきことにそのうちの3分の2に相当する約2億6200万人は、小学校に通っていながらも最低限の学習基準に到達していないという。その一因には、児童・生徒数の急激な増加に対して、教室の増設や教員養成・配置・訓練、教材整備が間に合っておらず、十分な学習ができていないことがあると考えられる。

また、近年、学習成果を図るうえでもっとも広く参照されているのが、国際学力調査である。とくにOECD生徒の学習到達度調査（PISA）と国際教育到達度評価学会（IEA）による国際数学・理科教育動向調査（TIMSS）は代表的な調査であり、アジアからも一定数の国が参加している。これらの国際学力調査の結果をみると、アジアの多様性が明確にみられる。

例えば、TIMSS（2015年）に参加した国々のうち、小・中学校の算数（数学）

と理科のどちらにおいても，上位5カ国・地域中4カ国・地域をほぼアジアの高所得国・地域が占めている。しかし，それ以外のアジア諸国では，全体の中で低位につけている国が多い。これらの国際学力調査だけでなく，近年は各国レベルでも政府だけでなくNGOなどによっても様々な学力調査が行われている。それらの結果をみると，例えばパキスタンのバロチスタン州では，小学校5年生で簡単な物語も読むことができる割合は33％，単純な割り算ができる割合が24％に留まっている一方で，裕福な層が多く住むパンジャブ州では，それらの割合はそれぞれ63％，50％に上るなど，経済格差や地域格差が学力格差に現れ出ている状況が窺える（UNESCO 2015）。

これらの学習成果に関するデータを概観すると，アジアにおける国家間ならびに各国内の地域間で教育格差が大きいことがわかる。このことは，教育の質を向上させることで，学習成果の「格差」を解消していくことが，SDGs時代のアジアの教育において非常に重要な課題であることが窺える。

本節で概観したように，比較的順調に教育状況を向上させている東アジアや中央アジアに対して，南西アジアは多くの課題に直面しており，域内格差が大きいという状況がある。また，成人識字や就学前教育の問題が象徴するように，一国内における地域間や階層間の格差も明らかに存在している。さらに，アジア各国で教育機会の拡充が進んでいるものの，障害者，最貧困層，少数民族，僻地に住む人々などの社会的弱者は，いまだ十分かつ良質な教育機会を得ることができずにいることを忘れてはならない。

4　日本におけるゴール4の実現に向けて

ゴール4で掲げられている教育の質の向上や公正さの確保は，何も途上国だけの問題ではない。日本の状況をみても，近年，家庭の所得水準によって教育格差が拡大していることは，広く知られている。例えば，2013年度の文部科学省によるお茶の水女子大学への委託研究である「学力調査を活用した専門的な課題分析に関する調査研究」によれば，世帯年収が高いほど学校外教育支出が多く，全国学力・学習状況調査の正答率も高い傾向が示されている。また，

2007年に東京大学大学院教育学研究科大学経営・政策研究センターが発表した「高校生の進路追跡調査　第1次報告書」は，両親の年収が高いほど4年制大学への進学率が高くなり，高校卒業後に就職する割合が低くなる傾向があることを明らかにしている。つまり，これらのデータは，日本においても，家庭の経済状況が子どもたちの学力や進学状況に影響を及ぼしている可能性が高いことを示唆している。

　こうした問題の原因の1つに，日本の国民総生産（GDP）に占める教育部門への公的支出の割合の低さがある。経済協力開発機構（OECD）によれば，2014年の日本のGDPに占める教育機関への公的支出の割合は3.2％であり，OECD加盟国34カ国中の最下位であった（加盟国平均は4.4％）。このため，日本では幼児期から大学までの教育にかかる費用のうち，授業料などを家計から支出する割合が他の先進諸国に比べて高い。このように教育費の家計負担が大きいことは，保護者の経済力によって大学等への進学が左右される状況につながっており，少子化の最も大きな要因の1つともなっている。その意味で，教育が社会の格差を縮小させるのではなく，むしろ助長するのであれば，社会の持続可能性を実現していくうえで，多様な人材を十分に活用することができず，社会の不安定化のリスク増大にもつながりかねない。

　こうしたなか，広がり続ける教育格差を是正するために，政府は幼児教育と高等教育の段階的な無償化に向けて議論を積み重ねている。しかし，無償化の議論のみが独り歩きし，どのような質の保育・幼児教育や高等教育を提供していくのか。そのために，教員や保育士の確保や専門的能力の向上と働き甲斐の確保を，どのように行っていくのか。このような教育の「質」や「内容面」に対する視点が，政府によって行われている議論のなかで十分に検討されているとはいえない。

　確かに，「誰一人取り残さない」ために教育を提供していくことは重要である。しかしながら，質が伴わない無計画な量的拡大は，公立学校への不信感を引き起こし，経済力のある家庭は私立校を選択することによって，教育格差が一層拡大する危険もあることに留意する必要がある。

　そして，このような家庭の経済状況だけでなく，親の子どもに対する接し方

や教育意識といった，いわゆる「文化資本」の多寡も，子どもの学力に影響を与えていることを忘れてはならない。前出の文部科学省による全国学力・学習状況調査においては，正答率が高い層の保護者の方が，正答率の低い層の保護者と比べて，「子どもに本や新聞を読むようにすすめている」，「子どもが小さい頃，絵本の読み聞かせをした」，「テレビゲームで遊ぶ時間を限定している」，「子どもと社会の出来事やニュースについて話をする」，などの回答をしている割合が高いことも示されている。

　加えて，日本においては，障がいを持つ子どもや若者の教育にも，課題が山積している。障がいのある人が教育制度から排除されないことを保障する「インクルーシブ教育」の考え方は，2006年に第61回国連総会において採択された障がい者の権利に関する条約第24条において明記されており，日本は2014年に同条約を批准している。

　日本では，特別支援学校のほか，一般の小中学校に通う児童・生徒を対象とした特別支援学級や，通常の学級に在籍する軽度の障がいがある児童に対して，各教科等の授業は通常の学級で行いつつ，障がいに応じた特別の指導を行う通級指導の制度等も整備されている。しかし，特別支援教育の枠組みを希望する児童・生徒の急増に対して，施設面や教員等の人的面での整備が追いついていない状況である。

　さらには，共生社会の実現に向けて，近年，日本においても急増している外国にルーツを持つ子どもたちの教育の充実や，先進諸国と較べて圧倒的に少ない難民の受け入れなど，さまざまな課題に直面していることも指摘しておきたい。外国にルーツをもつ子どもたちの多くは定住し，将来，地域社会を構成する住民として共に生活していく可能性が高い。「子どもの権利条約」では，外国にルーツを持つ子どもたちの学ぶ権利を保障しており，日本でも公立の小中学校に就学を希望する子どもたちは無償で受け入れることが原則とされている。しかし，こうした子どもたちの背景や置かれている状況は複雑で，日本語教育を含むきめ細やかな対応が求められているが，国レベルでも，自治体レベルでも，十分な体制が整備されているとは言い難い。

5　ゴール4の課題と展望

　第1節で述べたとおり，ゴール4はEFAやMDGsで積み残された課題に対応しつつ，持続可能で公正な社会の実現に向けて，質の高い教育をすべての人が受けることの重要性を強調している。その一方で，ゴール4は教育の「成果」を重視し，すべての国を対象とする「普遍的な国際目標」であるがゆえの課題も抱えている。

　第1に，SDGsでは「持続可能な社会」の実現を掲げ，教育をそのための個人や社会が変容していくうえでの基礎と位置づけているにもかかわらず，ゴール4の教育観は基本的に従来の学力観を踏襲しており，学力試験で測ることのできる認知能力を前提としたものとなっている。そこからは，持続可能な社会の構築に向けて，既存知や現在の社会のあり方を問い直すような，教育の転換を目指すといったメッセージを読み取ることは難しい。とりわけ，ターゲット4.1から4.6は，「質の高い」就学前教育から技術教育・職業教育に至る「生涯教育」を目標としているが，そこで言及されている「教育の成果」を測る指標は，読解能力や計算能力，ITスキルなどに限定されている。もちろん，認知能力と非認知能力は単純に二律背反的に捉えられるものではない。しかし，こうした従来型の指標は，既存の社会・経済システムを維持しつつ，経済発展を促進するために必要な個人の認知能力の伸長として「教育」を捉える考え方から脱しきれていない。

　持続可能なライフスタイルや人権，平和，多様性を促進するための教育としてターゲット4.7も掲げられているが，このターゲット4.7と，ターゲット4.1から4.6までに示されている「教育の質」との関係は，明確ではない。

　第2に，ゴール4は教育を通じてどのような能力や態度を獲得したかという教育の「成果」を強調し，EFAやMDGsでは言及されなかった「教育成果（learning outcomes）」という言葉を用いている。その一方，「学習成果」とその測定を強調することは，教育を定量的に測定可能なものとして矮小化したり，個人が学力試験で良い成績を取ることを教育の一義的な目的としてしまうと

いったリスクを伴うことに注意が必要である。とくに，教育の成果は必ずしも短期的かつ定量的に評価できるものではないことを忘れてはならない。

　例えば，持続可能なライフスタイルを実現するための教育としてターゲット4.7に掲げられているESDでは，定量的に測定可能な体系的な「知」の構築ではなく，地球規模課題が起こる問題の根底には，既存の社会システムの影響があるのではないかという批判的視座を持つことが目指されている。そのためESDは，環境，開発，貧困，平和，人権などのさまざまな課題を学際的・全体論的に捉え，体系的な思考で理解し，自己や社会の変容のための行動につなげることを，学び手に促している。

　第3に，SDGsはすべての国が2030年までに達成することを目指しているが，それぞれの国・地域における歴史的・経済的・社会的・文化的な違いを考慮せず，目標や達成期限を一律に設定することへの懸念を挙げたい。加えて，それぞれの社会の価値観，歴史，宗教，文化などによって国・地域によって形作られるものが「市民性」であるにもかかわらず，「グローバルな市民性」といった概念を通して画一的・均質的・普遍的な視点が強調され，例えば西欧中心主義が文化相対主義的な考え方を凌駕してしまうといったリスクがあることに留意しなければならない。

　第4に，文化相対主義の観点から，ゴール4の理念や目標をその社会の文脈に即した具体的な実施計画や指標作成へと落とし込んでいくことが欠かせない。その際，多様な市民社会組織の参加を得ることが重要である。例えば，途上国においても私立校が台頭するなど，教育の格差がさらに拡大しつつあるなか，NGOなどの市民社会組織が教育の質や公正さについて政府や開発援助機関の説明責任を問うことによって，既存の社会システムのなかで十分に意見表明をすることができない人々の「声」を代弁していくことも求められている。すでに，ケニアなどの東アフリカ地域で活動するUwezoやインドのPrathamなどが，家計調査を踏まえた教育の質や公正さのデータにもとづき，政府の説明責任を追及していることは心強く，こうした取り組みを一層広めていくことが期待される。

　ゴール4の内容や指標を策定していく過程においては世界中の教育分野で活

動する市民社会組織の世界的ネットワークである「教育のグローバル・キャンペーン（Global Campaign for Education）」などが，各国政府や国際機関とさまざまな議論を交わしてきた。しかし，市民社会組織の声が十分かつ真摯に反映されたか（とくに途上国の市民社会組織の声が十分に反映されたか）という点については検証する必要があるであろう。

本章で論じたように，持続可能な社会の担い手となる人々を育てるためには，すべての人が質の高い教育を受けることが欠かせない。そのためには，ゴール4をそれぞれの社会で具現化していくための努力を，立場を越えて私たち1人ひとりが「（他人事ではなく）自分事」として積み重ねていかなければならないことを指摘して，本章の結びとしたい。

*本章は，北村友人・興津妙子，2014，アジアにおける教育開発の進展と課題」『アジ研ワールド・トレンド』No. 230, pp. 9-13, 日本貿易振興機構アジア経済研究所，及び，北村友人・興津妙子，2015，「サステナビリティと教育──『持続可能な開発のための教育（ESD）』を促す教育観の転換」『環境研究』第177号，日立環境財団，pp. 42-51に大幅な加筆修正を行ったものである。

参考資料

吉田和浩，2016，「EFA ステアリング・コミティーの活動からみた「教育2030」」『国際教育協力論集』第19巻第1号，広島大学教育開発国際協力研究センター，pp. 1-15。

北村友人，2015，「グローバル・シティズンシップ教育をめぐる議論の潮流」『異文化間教育』第42号，異文化間教育学会，pp. 1-14。

北村友人，西村幹子，マーク・ランガガー，佐藤真久，川口純，荻巣崇世，興津妙子，林真樹子，山﨑瑛莉，2014，「持続可能な社会における教育の質と公正──ポスト2015年の世界へ向けた国際教育目標の提言」『アフリカ教育研究』第5号，アフリカ教育研究フォーラム，pp. 4-19。

UNESCO, 2017, *Global Education Monitoring Report 2017/2018 Accountability in Education : Meeting our commitments,* UNESCO.

UNESCO, 2016, *Global Education Monitoring Report 2016 Education for People and Planet ─ Creating Sustainable Futures for All,* UNESCO.

UNESCO, 2015, *EFA Global Monitoring Report 2015 Education for All 2000-2015 : Achievements and Challenges,* UNESCO.

（北村友人・興津妙子）

第4章　ジェンダー平等，女性と女の子のエンパワーメント——SDG 5

■この章で学ぶこと

「日本ではジェンダー平等が実現している」と思っている人は多いのではないだろうか。しかし，2017年のグローバル・ジェンダー・ギャップ報告書によると，世界144カ国中日本は114位である。本章では，ゴール5の基本概念，ターゲットとインディケーター（指標）を紹介し，日本でこれらを活用するヒントを提示する。

1　背　　景

世界経済フォーラムは，経済，教育，健康，政治の4分野の指数をもとに「グローバル・ジェンダー・ギャップ報告書」を発行している。2017年に第1位となったアイスランドでも，総合指数は男性1に対して女性は0.877であり，完全に男女平等が達成された国はないことがわかる。

(1)　基本概念の確認

① ジェンダー

ジェンダー（gender）は，ヨーロッパ言語で性称を指す用語として使われていたが，1970年代頃から，生物学的な性別（sex）に対して社会的・文化的につくられた性別の意味で用いられるようになった。「男は仕事，女は家庭」といった性別役割分業や，「男は度胸，女は愛嬌」といった性別による「らしさ」の強調，また男女の非対称的な扱いの根底には，人々の行動様式や意識に埋め込まれた性別による固定的な考えや偏見からなる「ジェンダーバイアス」がある。生物学的な性差だけでなく，性自認，年齢，障害の有無，婚姻歴，家族構

成，就労状況，民族，宗教の影響によって集団内での立場や役割は異なる。これらの違いによって異なるニーズを「ジェンダーニーズ」と呼ぶ。

「ジェンダー平等」とは，男女とも性別によって差別されず，人権が守られ，尊厳を持って生きることができる状態を指す。男女を区別せず同等に扱うといった「機会の平等」だけでは，ジェンダー平等は達成できない。男女の違いを一切失くすことや女性の権利だけを拡大させるのではなく，例えば，夫婦の関係性を変えることで，家事労働の負担が均等になるような「結果の平等」をもたらす取り組みが求められている。

政策立案や社会分析にジェンダー概念を取り入れることは，次の4つの点において有効である。

第1に，女性であれ，男性であれ，同性内の多様性を理解できる点である。年齢や家庭内での立場，就労状況など，社会的・文化的にもたらされた違いによって同性間でも生じる格差や力関係の違いを見極め，女性や男性をそれぞれ1つの集団としてとらえることの問題について理解できる。

第2に，「ジェンダー平等」の実現にとって不可欠な男性や男の子の参加の理解を得やすい点である。固定観念を打ち破ることは，女性が家事労働から解放されるだけでなく，男性も一家の稼ぎ手であらねばならないという呪縛から自由になる。男女ともに人生の選択肢を増やし，その関係性が変われば，1人ひとりが潜在能力を開花させ，自分らしく生きることができる社会につながる。

第3に，問題を可視化し，政策に反映できる点である。性別や年齢別など属性別にデータを収集する「ジェンダー統計」を用いることによって格差が可視化される。労働分担や資源の分配，決定権の違いを明らかにする「ジェンダー分析」を，教育や労働，災害，環境，平和などジェンダー差が生じやすい分野での施策に役立て，対象や効果の表出を明示した「ジェンダー予算」を配分することができる。「女性政策」という取り上げ方ではなく，あらゆる分野で，結果としてのジェンダー平等をもたらす取り組みを「ジェンダー主流化」と呼ぶ。

第4に，性別二分法を越えた理解が深まる点である。出生時に割り当てられ

た身体的特徴としての性別と，性の自己意識（Gender Identity，性同一性）の違いや性の多様性を理解することにより，男女いずれかであることを迫る二分法を越えてジェンダーやセクシュアリティを分析できる。

② エンパワーメント

エンパワーメントとは「抑圧された個人が尊厳を回復し，ありのままの自分を受け入れ，本来もっている力を発揮できるよう自信をつけること」を意味する。個人の変化だけでなく，差別を受けてきた先住民などが相互に連帯し，不平等を克服するような社会変革に取り組むことなど，集団的エンパワーメントを指すこともある。なお，外務省仮訳ではエンパワーメントが「能力強化」に置き換えられているが，これは capacity building の訳である。個人や組織にとって必要とされるリーダーシップやマネジメント力を強化することを指し，個人の権利の主張や権限の強化とは関連がない。以下，本章では，英語のエンパワーメントをそのまま用いる。

(2) MDGs におけるジェンダー平等の達成度

MDGs では，ゴール3で「ジェンダー平等の推進と女性のエンパワーメント」が掲げられていた。「可能な限り2005年までに，初等・中等教育における男女格差を解消し，2015年までに全ての教育レベルにおける男女格差を解消する」というターゲットの下，「3.1) 初等・中等・高等教育における男子生徒に対する女子生徒の比率，3.2) 非農業部門における女性賃金労働者の割合，3.3) 国会における女性議員の割合」の3つが指標として立てられていた。

3.1) の就学率における男女格差は，初等教育においては改善が見られ，東アジアや南アジアの一部では，女子の就学率が男子の就学率を上回った国もある。しかし，中等・高等教育においては地域差が見られた。3.2) に関しては，非農業部門の賃労働者割合のうち41％を女性が占め，1990年と比べて35％上昇した。東アジアや南米などは達成度が高いが，北アフリカや南アジアの一部は達成が難しく，地域間格差が見られた。3.3) 国会における女性議員の割合は，1995年の11％から2015年の22％へと倍増したものの，その数は男性議員の5分の1にすぎない。女性議員が1人もいない国もあり，全地域において達成水準

は低かった。MDGsのもとでは，教育以外の分野における男女平等の実現は達成できなかった。特に，政策や予算など意思決定の場である議会で女性議員の割合が低いことは，女性のニーズを反映させる上で障壁である。

2　ゴール5のターゲットと指標

　ジェンダー平等は，ゴール10「国内および国家間の不平等を是正する」にも含まれているが，他の課題の一部としてジェンダー平等に言及するだけでは，これまでの成果も後戻りしてしまう懸念があることから，ゴール5が別に設けられた。他のゴールと異なり「2030年までに」といった達成期限が記されておらず，「直ちに」これらの課題に取り組むことが求められている。

　以下，ゴール5の内容について解説するが，英語原文でGirlsと表記されている箇所のうち，就学年齢未満の子も含むと考えられる場合は「女の子」，それ以外は「少女」とする。

(1)　ターゲットと指標
①　法制度上のジェンダー差別の撤廃

　女性差別撤廃条約（CEDAW）が1981年に発効して30年以上経過したが，その批准国の中にも差別的法制度が残っている国は少なくない。ターゲット5.1「あらゆる場所におけるすべての女性と女の子に対するあらゆる形態の差別を終わらせる」は，ジェンダー差別の根絶を目指すための基盤となるもので，指標として「性別に基づく平等と差別撤廃を促進，実施およびモニターするための法的枠組みの制定」があげられている。

　日本は1985年にCEDAWを批准したが，夫婦同姓規定がある。世界では別姓を選択できる国が多く，同姓を法律で強制する国はほとんどない。国連女性差別撤廃委員会の日本政府報告審査で改善が勧告されているが，改正されていない。差別がある状態では，女性の参加や活躍は望めない。差別撤廃を促進し，その実施と経過監視のための法的枠組みは，日本においても必要である。

② 人身売買など暴力の排除

ターゲット5.2「人身売買や性的，その他の種類の搾取など，すべての女性と女の子に対する，公共・私的空間におけるあらゆる形態の暴力を排除する」は，成人女性だけでなく女の子も対象とした暴力を廃絶するためのゴールである。「5.2.1 パートナーがいたことがある女性と15歳以上の少女のうち，過去12カ月間に現在または以前の親密なパートナーから身体的・性的・精神的暴力を受けたことのある女性や女の子の割合（暴力の形態および年齢別の内訳）」と「5.2.2 パートナーがいたことがある女性と15歳以上の少女のうち，過去12カ月間に，親密なパートナー以外からの性的暴力の対象となった女性や少女の割合（年齢別および発生場所別の内訳）」が指標になっている。

1993年に国連が「女性に対する暴力の撤廃に関する宣言」を採択してから20年以上過ぎたが，世界保健機関によれば，世界の女性の35％が暴力を経験しており，暴力の廃絶は急務である。

③ 伝統的慣習

ターゲット5.3「未成年者の結婚，早期結婚，強制結婚および女性性器切除（Female Genital Mutilation: FGM）など，あらゆる有害な慣行を撤廃する」は，伝統的な慣習を暴力として取り上げている。FGMとは，女性の通過儀礼として外性器の全部もしくは一部を切除し，時に縫合もする慣習である。出血や化膿などのリスクが高く，精神的なトラウマも与える。児童婚やFGMは女性に対する暴力というだけではなく，ゴール3のターゲット3.7で述べられているリプロダクティブ・ヘルスと深くかかわるリスク要因でもある。「5.3.1 15歳未満もしくは18歳未満で結婚又はパートナーを得た20歳から24歳の女性の割合」と「5.3.2 女性性器切除を受けた15歳から49歳までの少女や女性の年齢別の割合」の2つが指標とされている。

20歳から24歳の既婚女性のうち，18歳未満で結婚した女性は2000年時点では3人に1人いたが，2015年には4人に1人に減少している。さらに15歳未満で結婚した少女については2000年の11％から2015年は8％へと減っている。進捗は見られるものの地域差は大きく，南アジアとサハラ以南のアフリカでは，3人に1人の女性が18歳未満で結婚している。一方，FGMを受けた人の数の把

握は難しいが，アフリカ以外にアフリカ系移住者が暮らす欧米などでも実施例があり，世界で約2億人の女性や女の子がFGMを経験している。しかし，撤廃に向かう国もあり，15歳から19歳の少女のうち，2000年には2人に1人がFGMを受けていたが，2015年には3人に1人へと減っている。

④ 家事労働

無償の家事労働や介護労働は，女性の教育や有償労働への参加の障壁になっている。ターゲット5.4「公共のサービス，インフラ，社会保障政策の提供，並びに各国の状況に応じた世帯・家族内における責任分担を通じて，無報酬の育児・介護や家事労働を認識・評価する」は，家庭内での性別役割分業，とりわけ再生産労働に焦点を当てている。「5.4.1　無償の家事やケア労働に費やした時間の割合（性別，年齢別，場所別の内訳）」が指標とされている。

83カ国で行われた調査によれば，女性は男性の3倍も無償の家事やケア労働に時間を取られている。特に育児中の女性の負担は大きい。

⑤ 政治参加

ターゲット5.5「政治，経済，公共分野でのあらゆるレベルの意思決定において，完全かつ効果的な女性の参画と平等なリーダーシップの機会を保障する」は，法律などジェンダー平等実現のための制度環境づくりのために不可欠である。MDGsの指標では国会における女性議員のみをとりあげていたが，SDGsでは「5.5.1　国会及び地方議会に占める女性議員の割合」として地方議会も対象としている。また「5.5.2　管理職の女性の割合」では，民間企業の取り組みも求めている。

2017年現在，世界の国会における女性議員比率は23.4％となり微増傾向にあるが，女性の政治参加が進んでいる大洋州や中南米においても女性議員の比率は3分の1以下である。その是正のため75カ国で，議席の一定数を女性に割り当てるクォーター制度が導入されている。67カ国における2009年から2015年にかけての調査では，中間・上級管理職に占める女性の割合は3分の1に満たない。雇用者人口全体に占める女性の割合の上昇に比べて管理職比率が低いことは，性別を理由に昇進を阻まれる「ガラスの天井」の存在を意味している。

第4章　ジェンダー平等，女性と女の子のエンパワーメント

⑥　セクシュアル／リプロダクティブ・ヘルス／ライツ

セクシュアル／リプロダクティブ・ヘルス／ライツ（Sexual and Reproductive Health and Right: SRHR）は，①人々が身体的・精神的・社会的に性の健康を享受できる状態である「性に関する健康」（Sexual health），②性行動を選択する権利である「性に関する権利」（Sexual rights），③生殖の仕組みや機能について疾患がないだけでなく身体的・精神的・社会的に良好な状態を指す「生殖に関する健康」（Reproductive health），④すべてのカップルと個人が子どもをもつか否か，その数，出産間隔などを自由にかつ責任を持って決める権利を指す「生殖に関する権利」（Reproductive rights）の4要素を合わせた概念である。

SDGsのターゲット3.7においてセクシュアル／リプロダクティブ・ヘルスサービスへのアクセスの保障を取り上げているが，ターゲット5.6「国際人口・開発会議（ICPD）の行動計画，北京行動綱領，そしてこれらの検証会議の成果文書に従い，セクシュアル／リプロダクティブ・ヘルス／ライツへの普遍的アクセスを保障する」は権利にも言及している点が異なる。

「5.6.1　15～49歳の女性のうち，性的関係，避妊，リプロダクティブ・ヘルスケアについて，自身の知識をもとに決定できる人の割合」は，自己決定権に関わる指標である。「5.6.2.　15歳以上の女性と男性がセクシュアル／リプロダクティブ・ヘルスケアや，情報，教育に完全で平等なアクセスを保障するための法律や規則がある国の数」は，5.1.1同様，権利保障のための法的枠組みを取り上げている。

2007年から2015年の間に，15歳から49歳の女性のうち性的関係，避妊，ヘルスケアについて自己決定をした女性の割合について45カ国のデータがあるが，最も高いヨーロッパの平均で71.3％，最も低い中央アフリカ地域の平均は26.8％と地域差が大きい。

(2)　実施手段

①　資源への平等なアクセスを保障するための法改正

143カ国のうち26カ国の相続法において，男女は異なる扱いになっている。例えば，女性が親の土地を相続できないと，農地で自分の食料を確保できな

87

い，担保とする土地がないため貸付など金融サービスを受けられないことなどから，貧困に陥りがちである。5.a「女性に対し，経済的資源に対する男性との同等の権利を与え，並びにオーナーシップや土地その他の財産，金融サービス，相続財産，天然資源に対するアクセスを与えるための改革に各国法に従い着手する。」は，女性の貧困化を防ぎ，男性への経済的な依存を弱めることができる。

その指標として「5.a.1(a) 総農業人口に占める農地に対する所有権，または確実な権利をもつ者の割合と，その性別の内訳，(b) 農地の所有者もしくは権利者のうち女性の割合とその土地保有権の種類別の内訳」と「5.a.2 土地の所有権と／もしくは管理権に関して，女性の平等な権利を保障する（慣習法を含めた）法的枠組みがある国の割合」が掲げられている。農地には，個人に帰属しない共有地など，所有権や借地権といった保有形態に分類できない利用法があるためである。農地について煩雑な書き方がなされているが，いずれにせよ，女性が平等に利用できるよう制度環境が整っているか否かが重要になる。

法制度を変えることによって，女性の土地所有率が上がった例として，ネパールが挙げられる。夫婦が妻名義で土地を買うと不動産取得税が半額になるという法律を導入したところ，女性の土地所有率が増加した。法改正は土地など資源への平等なアクセスを保障するために有効な手段だといえよう。

② 情報通信技術の活用

情報通信技術（ICT）は，それを使いこなす人と使いこなせない人の間に生じる格差「デジタル・ディバイド」を生み出した。しかし，5.b「女性のエンパワーメント促進のため，情報通信技術をはじめとした実現技術の活用を強化する」ことはゴール5の達成に寄与すると考えられている。指標としては「5.b.1 携帯電話を所有する個人の割合とその性別内訳」が挙げられている。

バングラデシュのグラミン銀行は，携帯電話が普及していなかった1990年代後半，農村の女性たちが携帯電話を購入する資金を融資し，その電話を公衆電話がわりに利用する村人から通話料を徴収することで女性の生計向上を行った。世界中で携帯電話が普及した現在，携帯電話を所有するだけでジェンダー

平等を達成することは難しいが，携帯電話を通じて農産物の市場価格を調べてより利益を生むように出荷調整を行うことで，女性の収入は向上する。また，インターネットを通じて医師による診療を受けることや電子処方箋を入手できることによって，移動が困難な女性も家族に頼らず自分で医療サービスにアクセスできるようになり，健康状態の改善が期待できる。ICTを活用して利用できるサービスが広がることは，経済的な便益をもたらすだけでなく，女性の自己決定権の拡大などエンパワーメントをもたらす可能性を秘めている。

③ ジェンダー平等政策およびジェンダー予算

5.c「ジェンダー平等の促進，並びにすべての女性および女の子のあらゆるレベルでのエンパワーメントのために適正な政策と拘束力のある法規を導入し強化する」ことは，ゴール5の達成において直接効果がある。指標として挙げられている「5.c.1 ジェンダー平等及び女性のエンパワーメントのための公的資金を監視し，配分される仕組みをもつ国の割合」は，「ジェンダー予算」の導入を示唆している。誰に効果をもたらす支出かを明示した予算措置をジェンダー予算と呼ぶが，公的支出の監視以前に，施策の対象人口を男女別に分けたジェンダー統計が必要である。こうした統計があってはじめて，男女格差の現状を把握し，資金配分が必要な対象人口が算出できる。

3　市民社会の視点から見た課題

(1) SDGsから「取り残された人びと」

ゴール5は最初に差別撤廃を取り上げ，法制度整備を指標としており，女性団体などから一定の評価を得ている。無償の家事やケア労働にも目を向け，「議員や管理職に占める女性の割合が注目される目標はエリート女性のためにしかならない」という批判を克服しようとしている。「誰一人取り残さない」ことは，SDGsの最も重要な理念であり，子ども，若者，障がい者，HIV/エイズとともに生きる人々，高齢者，先住民，難民，国内避難民，移民が「脆弱な人々」として明記され，女の子のエンパワーメントが盛り込まれたことも前進である。

しかし，性的マイノリティについては明言されなかった。世界には同性婚が合法の国から同性間の性行為に死刑を科す国まであり，国家間の合意が取れなかったことから性的マイノリティという用語は入らなかった。SDGsの前文のパラグラフ19（人権）「我々は，すべての国が国連憲章に則り，人種，肌の色，性別，言語，宗教，政治又は信条，国籍又は社会的出自，貧富，出生，障がいやその他の違いに関係なく，すべての人の人権と基本的な自由の尊重，保護及び促進責任があることを強調する」という文中の「その他の違い」が唯一「性的マイノリティ」など列記された違い以外についても含めて考えることを担保している。性的マイノリティの当事者団体は「性的マイノリティ」という文言が入らなかったことは残念であるとしつつも，「誰一人取り残さない」という理念を活かし，自分たちの課題をSDGsの中に位置づけようとしている。

　不平等や差別の分析には，前文のパラグラフ19で列記されたような「違い」が個別に作用する場合だけでなく，これらがもたらす抑圧や差別が同時に，また多層的に交差する「インターセクショナリティ」（社会的抑圧の交差性）の視点が欠かせない。障がいを持つ女性，移住女性など複合差別を受けやすい人たちの課題を掘り下げ，可視化させる必要がある。市民社会は「取り残された人々」を生み出さないよう，SDGsの文書で明記されていない違いや差別に目を配り，当事者団体と連携しながら，問題を可視化する役割を負っている。

(2)　他のゴールにおけるジェンダーの視点

　SDGsの策定過程において，「ジェンダー平等の推進と女性のエンパワーメント」を個別ゴールとするのではなく，他のゴールにも共通する課題であることから，横断的に入れてはどうかという議論があった。しかし，個別ゴールにしなければMDGsの成果すら後戻りするのではないかという懸念があり，ゴール5が設定された。その上で，他のゴールにもジェンダーの視点を入れることになった。17のゴールは，個別課題として達成が期待されているのではなく，相互のつながりを考えながら，全体の達成に近づくことが求められている。ジェンダーの不平等を撤廃することは，他のゴール達成の原動力にもなり得る。

しかし，ゴールによってその扱いは異なる。全般的にジェンダー視点を取り入れたゴール，ターゲット毎に扱いに差があるゴール，ほとんど入っていないゴールの3つに大別できる。1つ目は，ジェンダーに配慮した政策に言及し，ジェンダー統計を指標に求めているもので，ゴール1「貧困の根絶」，ゴール2「食料安全保障及び栄養改善，持続可能な農業促進」，ゴール4「インクルーシブかつ公平で質の高い教育の保障と生涯学習の機会促進」，ゴール8「経済成長とディーセント・ワークの促進」，ゴール16「平和の促進，司法アクセス」である。

2つ目は，ターゲットごとに差があるものである。ゴール3「健康的な生活の保障と福祉の促進」はリプロダクティブ・ヘルス分野を中心に性別のデータを求めているが，非感染症やユニバーサル・ヘルス・カバレッジ（UHC）に関しては言及していない。ゴール6「水と衛生」は，衛生設備へのアクセスに関して女性や女の子のニーズに注意を払うとしているが，それ以外にジェンダーの視点が見られない。多くの地域で水汲みが女性の労働であることや，水資源管理への女性の参加が不十分であることを考えると，ジェンダー視点が不足しているのではないか。ゴール10「国内および国家間の格差是正」はジェンダー不平等全般を扱ったゴールではあるが，「国際人権法下で禁止された差別を報告した人口」という指標においても性別の内訳を求める必要があろう。ゴール11「都市と人間居住，災害対策」では，公共交通機関へのアクセスや公共スペースの利用，ハラスメントの被害者については性別の内訳を求めているが，災害による死者や被災者については求めていない点が不十分である。ゴール13「気候変動」では女性に焦点を当てた施策が必要であると述べているが，気候変動や自然災害がもたらす影響のジェンダー差については言及していない。ゴール17「グローバル・パートナーシップの活性化」は，性別，年齢，民族などの属性別データの入手可能性の向上を取り上げている。これは「ジェンダー統計」の徹底を示唆するものだが，その他はマクロレベルの課題が中心である。

3つ目はジェンダー平等の促進や指標としてのジェンダー統計に触れていないものである。ゴール7「近代的エネルギーへのアクセス」，ゴール9「イン

フラ構築，産業化，イノベーションの推進」，ゴール12「持続可能な消費と生産パターンの確保」，ゴール14「海洋資源の保全と利用」，ゴール15「生態系保護，森林資源管理，生物多様性の保全」がそれにあたる。燃料の確保や森林資源など女性に関わる課題もあり，ジェンダー平等への言及は不可能ではないと思われる。

　ジェンダー視点に乏しいゴールが生まれた背景には2つの理由が考えられる。まず，民間企業にもSDGsの実施を求めたために，企業活動に対する根本的な挑戦が少なくなったことを女性団体は批判している。包摂的な経済成長を掲げるSDGsは，経済優先から人権や社会優先へのパラダイムシフトを示唆しているが，企業活動と関連が深いゴールはいずれも「取り残された人びと」への言及が足りない。市民社会組織，特に女性団体のなかにも，これらの分野に詳しく策定過程に関わる人が少なかったのではないか。エネルギーやインフラ分野で活動する市民社会のなかでも，ジェンダー不平等の克服なしに持続可能な開発は不可能であるという主張が十分理解されていなかったともいえるだろう。

　ゴールの指標としてジェンダー統計が求められたことは，MDGsより前進している。しかし，17ゴール，169のターゲットと課題が多いなか，各アクターの取り組みは選択的になりがちで，ジェンダー統計まで求められるターゲットは後回しにされることが懸念される。「ゴール5が別にあるのだから，自分たちが取り組むゴールのなかでは，ジェンダー配慮までしなくてもいいのではないか」という言い訳も想定できる。市民社会は，個別ゴールの実施にのみ着目するのではなく，他のゴールにもジェンダー視点を取り入れ，その成果を可視化するためにジェンダー統計が不可欠であることを伝えていく必要がある。

4　日本における実施の現状と課題

(1)　政府の取り組み

日本政府は2016年末に「SDGsに関する実施指針」を，2017年末に「アク

ションプラン2018」を発表した。「実施方針」の「実施のための主要原則」で，「ジェンダー平等の実現」，「ジェンダーの視点の主流化」並びにそのための「ジェンダー統計の充実」の重要性が明記された点を日本の市民社会は評価しているが，実施のための資金について言及しておらず，実効性が担保されていない。以下，これらの文書を手がかりに対外的な開発協力と国内施策に分けて検討する。

① 開発協力

日本政府は2016年５月，G7伊勢志摩サミットにあわせて「女性の活躍推進のための開発戦略」（以下「開発戦略」）を発表した。この文書の英語版表題は「Development Strategy for Gender Equality and Women's Empowerment」だが，日本語では「平等」と「エンパワーメント」を用いず，国内政策で用いる「女性の活躍推進」をあてている。日本政府は，エンパワーメントを，MDGsでは「地位向上」，SDGsでは「能力強化」と訳している。これらの表現は女性や女の子を主体として想起させない点に，問題がある。

「開発戦略」は，①女性と女の子の権利の尊重と脆弱な状況の改善，②女性の能力発揮のための基盤整備，③政治・経済・公共分野，平和構築や防災における女性の参画とリーダーシップの向上を重点分野として支援するとしている。

「実施指針」では「開発戦略」の３分野に加えて，④国連安保理決議1325の実施のために策定された「女性・平和・安全保障に関する行動計画」にもとづき，国内外における女性の意思決定の参加と，女性の人権やジェンダー視点を平和・安全保障の課題に盛り込むこと，⑤国際女性会議を通じた女性の活躍推進の５つをゴール５の関連施策とした。

2017年７月，日本政府は自発的国家レビュー（Voluntary National Review: VNR）に合わせて「国連ハイレベル政治フォーラム報告書」（以下「VNR報告書」）を発表した。人間の安全保障の実現に向けた国際協力を重視していると記載されたが，例示されているのは，女性行政官の研修や女子教育，マイクロファイナンス機関への投融資である。「アクションプラン2018」でも，世界銀行に設置された女性起業家資金イニシアティブへの5000万ドルの拠出のみが取

り上げられている。いずれの文書でも，差別撤廃のための権利保障や暴力の根絶への協力など，SDGs に則した新たな取り組みは見当たらない。

　②　国内施策

　「実施指針」の具体的施策では，2020年度末を期限とする「第4次男女共同参画基本計画」の達成を挙げているが，従来の政策の延長線上の取り組みだけでは不十分であろう。2030年を見据えた長期計画の策定が期待される。

　日本政府は，まず CEDAW の勧告を受けている女性差別を助長する法律などの改正に着手する必要がある。2017年のグローバル・ジェンダー・ギャップ報告書では，日本は教育と健康分野に関しては男女格差が比較的小さいものの，政治分野は144カ国中123位である。2018年に「政治分野における男女共同参画推進法（候補者男女均等法）」が成立したが，政党に努力を求めるのみで罰則規定はない。議員を男女同数にするためには，女性が立候補しやすい環境整備と政党への監視が必要である。経済分野は114位で，管理職への登用などが低いほか，同一労働における賃金が男性1に対して女性は0.67で依然として格差が大きい。SDG ゴール8にある同一価値労働同一賃金の実現が求められる。

（2）　企業の取り組み

　国連が企業への要請事項をまとめた「国連グローバル・コンパクト」と UN Women が中心となって，SDGs の策定前に企業の行動原則「女性のエンパワメント原則（Women's Empowerment Principles: WEPs）」を策定し，2010年から賛同企業の署名を集めている。2018年1月現在，世界で1703社が署名しており，うち234社が日本企業である。①トップのリーダーによるジェンダー平等の促進，②機会の均等，包摂，差別の撤廃，③健康，安全，暴力の撤廃，④教育と研修，⑤事業開発，サプライチェーン，マーケティング活動，⑥地域におけるリーダーシップと参画，⑦透明性，成果の測定，報告の7つの原則があり，企業の取り組みや経営を診断するツールも開発されている。WEPs の紹介映像は「女性や少女に投資することは持続可能な開発の鍵である」という台詞で始まる。包摂も原則に入っているとは言え，「投資」である以上，見返りが高い女性が対象として好まれるのではないか。障害をもつ女性は排除されて

いないだろうか。こうした枠組みについても、施策の詳細や運用を検証する必要がある。

　日本では2015年に成立した「女性の職業生活における活躍の推進に関する法律（女性活躍推進法）」に基づく「情報公開」や「行動計画の公表」の一環として、企業の取り組みが「女性の活躍推進企業データベース」で公開されている。管理職に占める女性の割合などの他、男女別の育児休業取得率などが公表されている。2018年1月現在、行動計画の公表企業が1万63社、データ公開企業が8569社あり、業種別に調べることができる。採用における男女別の競争倍率など、就職活動をする学生にとって役立つ情報も掲載されている。

　企業は雇用以外の分野でもゴール5に寄与できる。洗剤の広告には女性が、車の広告には男性が登場するといった性別役割分業や偏った女性・男性らしさを強調するステレオタイプを広報活動によって再生産してきた。2017年、ユニリーバ社は国連ウィメンと共に「アンステレオタイプ（固定概念にとらわれない）・アライアンス」を立ち上げ、偏見を助長するような性別描写を排除する企業連携を始めた。マイクロソフトやフェイスブックなどが加盟しており、性別の固定観念を失くす取り組みを広げようとしている。日本には、女性だけに外見上の美しさや若さを求め、女性を追い詰める商法であるとして、CMが批判を受けた化粧品会社もある。企業が性差別を助長しないようガイドラインなどをつくって対応するとともに、消費者もステレオタイプがもたらす性差別に敏感になり、企業のジェンダーバイアスを正していくことが求められている。

(3) **課題**

　日本でも取り組みはあるもののジェンダーの課題に関しSDGsの理念やゴールを直接実現する施策が打ち出されないのはなぜなのか。問題の背景を考えるために、開発における女性の位置づけの変遷を振り返る。

　1946年、女性の地位向上を目指すため国連に女性の地位委員会が設置されたが、男女平等の達成が世界共通課題となるには時間を要した。第二次世界大戦の終結から間もない1950年代までは、戦争で夫を失くした女性が少なくなかったこともあり、母や妻としての女性を保護の対象や救済すべき弱者とみなした

「福祉アプローチ」が主流であった。

　1975年の国連の国際婦人年の頃，女性を開発の担い手として認め，開発のすべての段階に女性が参加し，その果実を享受できるよう配慮する「開発と女性」(Women in Development: WID) という概念が登場した。この流れを受けて登場した，女性の経済的自立を支援する「(反) 貧困アプローチ」や，女性の地位を男性なみにする「公正アプローチ」，人的資源としての女性を効果的に働かせるために教育や訓練の機会を与える「効率アプローチ」は，いずれも国家が女性を活用するためのトップダウンのアプローチである。これらの手法による開発は，収入向上など局所的な介入は行っても家事など無償労働には目を向けず，女性の地位や生活状況に大きな改善をもたらさなかった。「能力が低いのは女性個人の問題である」とみなし，性別役割分業や意思決定など男性との関係性を変える取り組みは不足していた。WID は女性の貢献を認めつつも，女性を国家の経済開発の資源として動員するという発想を越えず，格差を生み出す社会構造や男女の関係性の変革には目が向けられなかった。

　こうした問題点を克服すべく1980年代に入って登場したのが「ジェンダーと開発」(Gender and Development: GAD) という概念である。社会的に構築された男女の関係性のあり方を問い直し，その解決を個人に委ねるのではなく構造的な問題と捉え，男女の不平等な関係や女性差別を生み出す社会，それを支える法制度などの改革を目指した。開発全体の潮流も経済開発から社会開発へ，トップダウンからボトムアップへと変化する中，女性たちの主体性を重視し，草の根の女性たちの連帯を促すようなネットワーキングなど，「エンパワーメント・アプローチ」が取り入れられた。また女性を一括するのではなく，民族や階級などによる差異を重視し，1人ひとりの自己決定を重視するようになった。

　1995年の北京世界女性会議後に広がったのが「ジェンダー主流化アプローチ」である。ジェンダー平等を推進するために別途事業や施策を行うだけではなく，あらゆる分野の政策にジェンダーの視点を取り入れ，その実施組織の運営や意思決定においてもジェンダー平等が実現することを推進する動きである。

ここで紹介した初期のアプローチも，現在行われなくなったわけではなく，今なお続いているものもある。それでも，世界の潮流は，WID から GAD，ジェンダー主流化へと動いたが，日本政府の取り組みは，どのように位置づけられるだろうか。男性の育児参加の促進などによって性別役割分業に変化の兆しはあるものの，打ち出されている施策は経済開発の色合いが強い。WID の頃に行われていた女性を国家の資源としてみなす動員政策ではないだろうか。

世界的潮流からの逆行は，他の側面からも指摘できる。「実施指針」の「具体的施策」では「1人でも多くの若者たちの結婚や出産の希望を叶える」としているが，人口問題という国家の視点からの発想である。ターゲット5.6で目指す「セクシュアル／リプロダクティブ・ヘルス／ライツへの普遍的アクセスの保障」は，個人の多様な生き方や自己決定権の尊重を重視しており，日本の施策との間には齟齬がある。

5　私たちはSDGsをどう活用できるか

ここまでゴール5や関連ゴールと実施の現状について，主に不足点を指摘してきたが，課題が山積しているジェンダー分野の課題に取り組むには市民社会がすべきことも多い。不十分とはいえ，世界の女性の運動家たちが粘り強い交渉によって勝ち取ったものを活かすために，私たちは何をすべきだろうか。

第1に，私たち自身が実態を把握し，課題を可視化するために，ジェンダー統計の徹底を促すことができるだろう。性別など属性別の統計が不足している行政やNGO，企業に対して，データの開示を請求するのは市民の役割である。予算や人員不足を理由に対応できないという回答の多いことが予想されるが，そこでSDGsの指標を提示し「ジェンダー統計がなければSDGsの進捗をモニタリングできない」と交渉することが，SDGsの活用法の1つであろう。WEPsや女性の活躍推進企業データベースなど，雇用の実態について企業ごとにデータが入手できるようになったことは朗報である。就職活動中の学生だけでなく，私たちが消費者の目線でデータを分析し，ジェンダー平等に資する経済活動をしている企業を見極め，消費行動の中で活かすことができるだろ

う。2012年から経済産業省が，女性の活躍推進に優れた上場企業を「なでしこ銘柄」に選定しているが，こうした行政「ものさし」だけに頼るのではなく，真にジェンダー平等に貢献している企業を見つけることも可能ではないか。

　第2に，SDGsを身近なところで実践する「ローカル化」にも取り組める。国連の開発目標と言うと，日常生活から遠いイメージを持つが，SDGsを日常生活に反映させるのは私たちの役割である。「女性活躍推進法」が「見える化」を推進していることから，地方自治体も「特定事業主行動計画」を公表している。自分が暮らす自治体における議員や管理職に占める女性の割合や，男性職員の育児休業取得率も内閣府男女共同参画局のホームページの「見える化」サイトで検索できる。不足している予算措置については，自治体が「ジェンダー予算」という考え方を取り入れることや，地方版SDGs実施計画を作るよう働きかけることができるだろう。学校や地域のグループでセクシュアル／リプロダクティブ・ヘルス／ライツを学ぶための教育を実践することも可能だ。政府に実施を求めるだけでなく，自分で取り組みを作っていくことが私たち自身のエンパワーメントにつながるのではないか。

　第3に，従来の男女共同参画施策の流れを越え，取り組みに発想転換をもたらすために，各国のVNR報告書などから好事例を学ぶことができる。南アジアは，MDGs下ではジェンダー分野の進捗が最も遅れた地域であったが，VNR報告書を見ると，ジェンダー関連施策への取り組みに力を入れていることがわかる。インドの報告では，暴力の排除の一環として女性警察によるパトロールが強化されたことや，女性の金融サービスへのアクセス向上の例として自分名義の銀行口座を保持する女性が2005年から2015年の10年間で15％から53％に増加したことなどが紹介されている。また，ネパールの女性団体や先住民団体は，各地でSDGsに関するワークショップを行い，市民の意見や，国内指標の整備に関する提案を市民社会の報告書としてまとめている。こうした当事者団体の巻き込みは日本の市民社会が大いに学ぶべき点であろう。

　第4に，開発援助においてジェンダー主流化を徹底するための制度構築を目指すことが考えられる。イギリスでは，2014年に「国際開発におけるジェンダー平等法」が制定され，長期的な開発援助だけでなく緊急救援であっても，

あらゆる事業にジェンダー視点を入れることが，法律で定められている。日本には開発協力に関する法がないため困難ではあろうが，ジェンダーの視点がSDGsのすべての分野で取り入れられるよう，日本が行う開発援助事業でのジェンダー主流化を日本と被援助国の市民社会がともに求めていく必要があるのではないだろうか。

〈参考資料〉

田中由美子・大沢真理・伊藤るり編著，2002，『開発とジェンダー　エンパワーメントの国際協力』国際協力出版会。

森田ゆり，1998，『エンパワメントと人権　こころの力のみなもとへ』解放出版社。

Esquivel, Valeria and Caroline Sweetman, 2016, "Gender and the Sustainable Development Goals", *Gender and Development* 24, pp. 1-8.

Mills, Elizabeth, 2015, *'Leave No One Behind' : Gender, Sexuality and the Sustainable Development Goals,* Institute of Development Studies.

UN Women 日本事務所，n. d.「女性と持続可能な開発目標」
　http://japan.unwomen.org/ja/news-and-events/in-focus/sdgs

WHO, 2013, *Global and regional estimates of violence against women : prevalence and health effects of intimate partner violence and non-partner sexual violence.*

（田中雅子）

第5章　成長，ディーセント・ワーク，格差
——SDGs 8, 10

■この章で学ぶこと

　SDGsのゴール8は，経済成長及び働きがいのある人間らしい雇用の促進である。また，ゴール10は，国内及び各国間の不平等の是正である。17の主ゴールのなかで，これら2つはどのような位置を占めるか，また，これら2つが本章で結びつけられて議論される理由は何か，を最初に見ておこう。

　次いで，これら2つのゴールが，前MDGsではどのような位置づけとなっており，近年の進展状況がどのように捉えられているか，を検討する。

　第3に，これらのゴールを構成する諸ターゲット（小目標）の意味，相互関連，実現の可能性を議論する。

　最後に，これらのゴール，ターゲットの分析を通じて，2030年に諸主ゴール（特にゴール8，10）がどの程度実現可能か，可能とすれば，その実現の条件は何か，を調べることにしよう。

　これらの検討を通じて，日本での実施指針の意義，日本が2030アジェンダにいかに貢献できるか，を考えたい。

1　成長，雇用はどう実現され，不平等はいかに是正されるか
——2030アジェンダの位置付け

　経済成長と雇用が相互に関連していることは当然のように見える。また，成長と不平等（格差）の関連についても，新古典派の経済学に従えば，成長は投資から生まれるので，成長の果実の配分が資本家や地主の手ににぎられることは当然のこととなり，不平等は成長の前提となる。

　だが，ゴール8，10をよく読むと，ことはそう簡単ではない。

　第1に，成長は「包摂的（inclusive）かつ持続可能な（sustainable）」それと述

べられている。「包摂」(inclusion) とは、「排除」(exclusion) の反対語である。経済成長や資本蓄積の結果として、資本が国境を越えるグローバリゼーションに導かれるが、まさにその過程で、経済支配や格差の拡大等を理由として、経済社会過程から特定地域や特定階層の人々の排除が起こる。2030アジェンダのキーワードである「誰一人取り残さない」(leave no one behind) という発展は、このような排除をなくす発展、包摂型 (inclusive) 発展であることを示している。また、「持続可能」とは、この30年来、その必要性が認識されてきた経済成長と環境保全を両立させる発展であることを意味する。

　第2に、雇用とは「生産的かつ完全」であり、同時に「働きがいのある人間らしい仕事」(ディーセント・ワーク。以下DWと略称) が求められている。たんなる機械的な、または「雇用のための雇用」ではなく、「働きがいのある人間らしい仕事」を地球規模で実現することが展望されている。DWは、1999年に国連の国際労働機関 (ILO) がうち出した考え方で、グローバリゼーション下に人間が容易に商品として扱われ、雇用のクッションや下支え（非正規労働、奴隷労働等）となる傾向に抗し、まず仕事があることが基本だが、その仕事は、「権利、社会保障、社会対話が確保されていて、自由と平等が保障され、働く人々の生活が安定する、すなわち、人間としての尊厳を保てる生産的な仕事」(ILO駐日事務所HPより) であることを目指すとされる。DWは今では、ILOの主目標の1つとされている。ゴール8で扱われる成長、雇用はいずれもグローバリゼーションと関連しており、SDGsの17のゴールのなかでも重要な位置を占めている。

　第3に、「不平等」とは、富、所得、分配、機会等、また絶対的、相対的など、様々な用法があるが、SDGsのコンテクストではとりわけ、脆弱者（経済的・社会的・文化的不平等）に対する差別の是正、国際的、国内的弱者の包摂を意味しているようである。つまり「誰一人取り残さない」というキーワードに対応している。

　このように、SDGsの用法を解釈すると、ゴール8の成長、雇用はSDGs全体をつらぬく衣食住、衛生、教育等の基本的人権を保障する条件であることが知られるし、また、ゴール10の不平等の是正は、2030年へと向けてSDGsを推

進していく平和の条件であることが，理解される。つまり，SDGsは全体として，人権と平和を目指して人間開発，社会開発，文化開発を進めていこうとする思考に立っている。これは，1970年代以来，国連のグローバル問題会議を通じて育まれてきたグローバル思考を受け継ぎ，発展させようとするものである。

SDGsのなかでのゴール8，10の位置がわかったので，次に，両ゴールの内容を見ていこう。

2　両ゴールの内容

2030アジェンダの採択の前に，各目標に関して国連諸機関は「SDGsファクトシート」などとして関連するデータを示している。

ゴール8に関するデータは問題の重要性の割には少ない。これは，経済成長が雇用を牽引するとするトリクルダウン説がそのまま受け入れられているからだろうか。

- 22億の人口が依然として1日2ドル以下の貧困線以下の収入しか得ておらず，貧困削減のためには安定した雇用が必要だ。
- 2007年から12年の間に，世界の失業は1億7000万人から2億人以上に増えたが，その約3分の1，7500万人は男女の若者である。
- 2030年に向けて，毎年3000万人の新規雇用が必要となる。しかし，世界経済の3％成長にもかかわらず，失業率は増えているので，失業者2億人を吸収するためには，毎年4000万の雇用創出が必要になる。
- 総雇用の半分近く，46％の15億人が脆弱雇用者（不安定な雇用者）であり，その数は向う数年内にさらに増えると見越される。南アジア，サハラ以南のアフリカでは労働者の7割以上が脆弱雇用者である（ILO『世界の雇用及び社会の見通し』2016年版）。

これらのほか，後発開発途上国（LDCs）の経済成長が，国連の目標成長率年7％の半分にも満たないこと（2010～2014年），南の労働生産性が低いため，投資や貿易等で生産性を高める必要があること，労働市場でのジェンダー格差

が激しい（特に西アジア，北アフリカ）こと，途上国庶民の信用・金融アクセスが限られていること，などが指摘されている。

　これらの厳しい現状認識から，ターゲット8.1 LDCsの年7％成長，ディーセント・ワーク創出，「仕事に関する世界協定」等，本書冒頭（序章）に掲げたゴール8に関する12のターゲットが引き出されている。

　これら12のターゲットはそれ自体大きな目標であり，掲げてはみたもののなかなか手がかりの難しいものも多いが，国連諸機関やNGOの開発協力の指針となる可能性はある。だが，市場メカニズムとの関連，諸国政府間の矛盾等を考えると，個々のターゲットごとに一定期間内に何をどこの地域でどこまで実現するか，のめどを立てることが重要だ。しかしSDGsにおける根本問題は，それぞれの国での限られた援助調整のメカニズムは存在するが，ここで描かれたようなグローバリゼーションとそれを推進する市場メカニズムと，国際機関，各国政府を調整するようなガバナンスのシステムは存在しないということである。

　ゴール8に関しては，①上述の諸ターゲット間の整合性，②これらのターゲットがある程度実現するとして，それがどの程度成長と雇用に関するゴール実現に寄与するか，という問題がある。ゴール10の検討に移る前に，この2つの問題を眺めておこう。第1に，諸ターゲット間の整合性だが，これらを整理すると，①途上国一般に関する目標と，②LDCs，また途上国内の「後進」地域・部門・階層に関する目標とに分かれる。

　①は，ターゲット8.2, 8.3, 8.4, 8.5, 8.10等が南北問題一般に関して，南の生産性向上，ディーセント・ワーク，持続可能な消費と生産，同一労働に対する同一賃金，金融アクセスの改善等を掲げている。

　②について，ターゲット8.1はLDCsの成長，8.3で零細・中小企業振興，8.5でジェンダー配慮，若者や障がい者の雇用，8.6でニート（Not in Education, Employment or Training）対策，8.7で人身売買，奴隷労働や児童労働（子ども兵を含む）の廃絶，8.8で移民労働者対策，8.9で地方経済・観光振興，8.10で低所得層の金融アクセス，8.aでLDCs貿易，8.bで若者の雇用戦略，等がそれぞれ示されている。

　これら①②のターゲットを見ると，②のLDCs対策，若者・少年労働対策，

移民労働者の立場改善，金融アクセス改善等，世界経済及び途上国における後進部門に力を入れることによって，南北関係の改善に役立てようとする戦略が浮かび上がってくる。

諸ターゲットのなかで，ディーセント・ワーク，若者雇用関係はILO，貿易関係はUNCTAD，ジェンダーや少年労働対策はユニセフ，移民労働者は国際移住機関（IOM）が，国連システム内でそれぞれの分野を主管する機関だが，これらの間の調整，また，究極的には各国の政策が，これらのターゲット，そしてこれらを構成する主目標（ゴール）をどの程度進めるか，に関わってくることになろう。そして，各国の政策はいうまでもなく，国内世論，メディア，市民社会の提言や活動に左右されることになる。

ゴール8の分析からは，その実現には，各ターゲットへの取り組みが重要であることが知られた。それでは，ゴール10はどうだろうか。

ゴール10は「各国内及び各国間の不平等を是正する」と簡単にいってのけているが，じつはこれは17のゴールのなかでも大変重い課題である。

ゴール10の関連データとしては，次のような「事実と数字」が挙げられている。

- 1990年から2010年間に，途上国では平均して所得不平等は11％増した。
- 途上国家計の4分の3以上が，1990年代よりも不平等の増した社会に住んでいる。
- ある時点から，所得不平等が経済成長と貧困削減をそこなうことが経験上知られている。公共空間や政治面での人間関係を悪化させる。個人の満足感や自尊感情もそこなわれる。
- 所得不平等が必ず増大するという主張には根拠がない。成長を高く維持し，所得不平等を改善した国もある。
- 国連開発計画の調査によれば，世界の多くの国の政策決定者たちは，自国の不平等度が高く，社会経済発展をそこなうと認めている。
- 途上国の最貧20％層の子どもたちの5歳未満死亡率は，富裕20％層の子どもよりも3倍高い。
- 世界的に社会保障制度が進展しているが，障がい者の医療支出は，国民平

均と比べて 5 倍以上である。
・途上国の多くで，妊産婦死亡率は低下しているが，農村部での出産時の母親死亡率は都市部と比べて，3 倍高い。

　これらの「事実と数字」なる議論は，国連システム内にグローバリゼーションや格差問題を扱う専門機関が欠けていることもあり，おおざっぱで，他アジェンダとの整合性もあまり考慮されていない。例えば，不平等がいちがいに悪いという前提で議論が行われているようだが，これではクズネッツ曲線のように，経済成長のある段階までは不平等が進むが，ある段階を越えると平等度が増すという議論を論駁できないだろう。また，不平等や格差の問題は，グローバリゼーション下に提起されてきたのだが，グローバリゼーションの評価はまるで不在である。これは，国連システムのなかにも，IMF―世界銀行グループのように，ワシントン・コンセンサスの立場を守り，グローバリゼーションを推進する立場の機関が存在し，必ずしも国連全体としての意見の統一が図られていない（図り得ない）という問題に関連していると思われる。

　だが，不平等の問題は，南の途上国ばかりでなく，北の先進国でもグローバリゼーション下に進展しており，ここに掲げられた南のデータからは，なぜゴール10が提起されているかも判らない。また，不平等は経済成長のどの時期を問題とするか，不平等（inequality）と経済社会格差（economic and social gaps/disparities）とはどう違うか，についても綿密な議論が必要である。

　ここで，不平等と格差の違いについて一言しておこう。不平等とは立場が異なることで，それ自体は人間社会では当たり前のことだが，立場の異なることを利用して，特定の国，民族，階層，集団等が，他国，他民族，他階層，他集団等に富や所得や資源，機会等の配分で不利な立場を押し付けるから問題なのである。もともとは，西欧の市民革命の時代に，中世の階層社会を打ち破るために「自由，平等，連帯」のスローガンが提起されたことに始まる。人間社会の始原的な状態では，人間は平等であったと想定されるので，このような自然法的な平等を回復する必要がある，という市民社会の仮説（ジョン・ロックやジャン＝ジャック・ルソーらが構築した論理）に由来した。平等の思考は，市民たちが権利の平等をうったえる際に使ったレトリックで，平等とは，市民権（人

権)の平等を指した。今日，国連等の場でも inequality が通常使われているが，この不平等は，今の状況は正しくない，という価値観（「不公平」）を含む用法である。

　これに対して，日本語では不平等が「格差」と無差別に訳されているが（本書序章末尾のゴール，ターゲットの表が準拠した外務省仮訳でも同じ），格差とは，富や所得や資源，機会等の配分に違いがある（均等 parity ではない）という客観的な事実（disparity）を指している。もちろん，不公平と格差が重なり合うことは事実だが，格差がすべて不公平であるとはいえない。一軒家の住人とマンションの一室の住人は住居格差があるが，両者が住居に関して不公平と感じているわけではない。大学卒とフリースクール卒業者は教育格差があるが，教育に関して不公平を両者が感じているわけではない。このように，格差と不平等とを使い分けるならば，2030アジェンダで述べられている不平等は，「現状は正しいものではなく，是正が必要だ」という意味で用いられていることが知られよう。

　さて，ここでゴール10で用いられている「データ」に戻ろう。このデータは間違いとまではいえないが，事実の一面を強調したプロパガンダ色の強いデータで，その意味では「フェーク」データである。扱いには注意が必要だ。例えば，所得不平等が増すことは根拠がない（上述104ページ），または所得不平等は経済成長をそこなう（同）といった言明は「データ」というよりは「仮説」の部類に属し，ある条件の下でそうなることはあり得るものの，その条件を特定しないかぎりフェアなデータ提示とはいえない。経済成長と共に所得不平等が増していることは多くの国で知られている（OECD 2011）し，所得不平等が経済成長の前提だということは，先に述べたとおり，経済学主流の定説なのである。これらの点は，さらに次節で立ち入って検討しよう。

　このゴール10の議論はそれぞれ専門機関が準備した他のゴールと比べて，国連での議論としてはかなり粗雑で落胆させるが，今はそれは措いて，次にゴール10を構成している10.1〜10.7及び10.a〜10.cの10のターゲット（序章末尾のリスト参照）を検討することにしよう。

　ゴール8の諸ターゲット整理にならい，これらゴール10関連のターゲット

を，A. 途上国一般に関連した目標，B. 特定の国，階層に関する特恵的な項目，の二種に区分してみよう。Aには，10.2から10.6に至る平等拡大やエンパワーメントに関するターゲット，Bには10.1低所得層，10.7及び10.cの移民政策，10.a及び10bのLDCs特恵，等が入る。

このように区分してみると，ゴール10では，国内不平等と国際不平等の2つの不平等是正が掲げられているにもかかわらず，国内不平等が圧倒的に弱く，国際不平等では，途上国の従来の主張（IMF・世界銀行等，国際金融機関の意思決定システムへの参加）をのぞけば，LDCs特恵，移民労働の保護が挙げられるにとどまり，これで「国内的，国際的不平等」の是正がどのようにして可能となるのか，よくわからない。相互の関連性にも目が届いていない。これは国内的，国際的不平等を生むグローバリゼーションのメカニズムの分析が欠けているためで，そこからLDCsに投資を誘致したいというような実現の筋道のはっきりしない願望が表現されることになる。いいかえれば，グローバリゼーションの引き起こす排除現象に対し，2030アジェンダは「誰一人取り残さない」発展／開発を掲げて「包摂型」発展を提起したものの，その実現の筋道に関してはあいまいさを残している，ということができる。

国内不平等にしても「所得下位40％層の所得増加率を全国平均よりも高く維持する」（10.1）といった願望が，どのように実現されるのかも定かではない。政府はどのように市場に介入して，所得下位層に有利な所得の増加を達成できるのだろうか。所得上位層へ課税をするのだろうか，下位40％層（その根拠は，国によって，下位所得層の特定，また対象社会層への公共政策の効果は異なるにちがいない）への補助金や優遇税制を通じてだろうか。おそらく国によってずいぶん異なる事情が，ここでは無視されて，大きなスローガンとして掲げられているが，どの国で，またいかなる条件の下で，所得下位層の所得増加を高く維持できるのか，不明である。また，LDCs特恵や差別禁止等は，貧困削減のアジェンダに置かれても不思議はないので，ゴール10がかなりおざなりにつくられていることがわかる。

それでは，ゴール8の成長，雇用とアジェンダ10の不平等是正をどう統一的に理解することができるかを，次に見よう。

3　成長，雇用，不平等是正の相互関係

　格差と成長の関係については，経済学のなかで色々な議論があることを先に見た。通説では，資本の蓄積のためには特定階層（資本家，あるいは地主）の手元への余剰の蓄積が必要である。主要経済アクター間への所得配分の不平等は，経済成長の当然の前提となる。しかし，特定階層が成長の果実を独占するようでは，資本蓄積によって生み出された生産物を誰が購入するのか，という厄介な問題が出てくる。資本家や地主の消費はやたらに大きいわけではなく，かれらの消費に限界があるとすれば，生存水準ぎりぎりの所得しか得られない（労働者は過剰人口で，賃金が生存水準に張り付く傾向がある，と仮定される）労働者も絶えず増えていく生産物を購入できるほど賃金を得ることはできない。それゆえ，資本主義では過剰生産の問題が発生する。イギリスの経済学者ロイ・ハロッドは，経済成長の条件を調べて，資本蓄積と社会的消費のバランスを保って成長が実現することはきわめて難しいとして，このバランスを「ナイフの刃」の上の均衡と表現した。

　だが，大恐慌時に政府の介入により社会に余剰を注入できると考えたジョン・メイナード・ケインズは，資本家の「アニマル・スピリット」が経済を活性化すると考え，余剰配分の特定階層への集中が，経済成長を導く投資にとってやむを得ないと述べた。これは，同じ時期に経済成長が技術や生産システムの新機軸（innovations）に由来するとする発展理論を構築したヨーゼフ・シュンペーターも同様である。かれらは，第二次世界大戦後の西欧世界成長を導いた混合経済の理論家となった。つまり，成長は，特定階層（資本家）の投資に由来するが，この投資は国家が設定した枠組みのなかで行われるのである。だから，国家は成長から起因する分配の不公平，そこから発達する社会的不満，階級対立を抑えるために福祉国家政策をとる。混合国家は，成長，雇用に責任を持つと同時に，所得の再分配と福祉政策により社会の不平等感をなくし，社会的一体感を保全する役割を担う。

　だが，1970年代以降の世界経済の激変により，この国民国家＝混合経済＝福

祉国家の位置付けが大きく変わった。

　第1に，南北関係の激変，南の諸国の台頭，そして環境問題の出現により，福祉国家の前提であった安価な原燃料の無限供給という条件がくずれた。

　第2に，経済のグローバル化が進み，投資が必ずしも先進国内で行われるとはかぎらず，国境を越えて行われるようになった。政府が赤字を積み重ねても，国内成長に結び付くとはかぎらない。むしろ，先進国政府の財政赤字が世界に流動性をばら撒き，格差を増大させ，環境を破壊して，経済の「持続可能性」(sustainability) を危うくさせるという問題を生み出した。

　第3に，これは現下の日本経済で典型的に現れていることだが，「デフレ」と呼ばれる構造的な低成長に対して，政府は，伝統的な財政金融政策により景気回復をはかろうとする。すなわち，政府は国債を無限発行し，財政赤字分を積み増して経済に投入する。金融を大幅緩和し，市中にマネーをだぶつかせる。だが，政府の赤字が積み重なるほど，人々の将来不安という黒雲が増え，人々は消費を抑えて将来の破局に備えるようになる。他方で，グローバリゼーションにより，労働市場は合理化され，不正規労働が増え，人々の消費は制限され，成長回復の見通しはいっこうに立たない。

　福祉国家政策は明らかにグローバリゼーションの時代にくずれたのである。

　こうして，2030アジェンダにおける成長，雇用と持続可能性への配慮，世界的な不平等是正という問題意識が出てくる。

　だが，現状では国際的なガバナンスが必ずしも整備されているわけではないため，これらの問題にどう取り組むかは，SDGsでは定かとはいえない。

　不平等の前提となる「格差」の進展についても，SDGsではいくつかの数字が列挙されるが「なぜそうなるか」の分析が欠けている。だから，不平等是正の道筋も示されない。

　国際機関で「格差」問題に熱心なのは経済協力開発機構（OECD）だが，OECDは2011年の報告『格差拡大の真実　二極化の要因を解き明かす（Divided We Stand: Why Inequality Keeps Rising）』で，加盟国，新興国における不平等（ここでも邦訳は問題意識なく「格差」という言葉を使っている）拡大の要因の分析に取り組んでいる。

このOECD報告は，加盟国及び新興国での近年における所得不平等拡大の傾向を確認している。不平等拡大の主要な理由は，グローバリゼーションを通じて技術革新が伝播し，その恩恵にあずかる部門や地域，階層とそうでない部門や地域，階層間の所得の伸びに開きが出てきたからである。グローバリゼーションによる競争の激化は，雇用市場の姿をも変え，合理化，ロボット化等を通じて，経済成長が実現しても雇用労働力は伸びず，不正規労働が増えている（これは2030アジェンダの認識と一致している）。1980年代以降，政府の規制緩和，小さい政府の実現が政治アジェンダとなって，政府の再分配効果が限られている事情もある。反面，最高位所得1％層の所得は，この40年間に大きく伸びて，例えばアメリカの例でいうと，所得の8％から18％へと2倍以上に増えた。

この傾向は，アメリカの大統領経済報告でも確認されており，2013年オバマ大統領（当時）の報告来，高額所得者の所得占有率の拡大，それに比例した中間諸層の没落傾向が述べられている。これが，2016年米大統領選挙で「アメリカ第一」主義をうち出したトランプの勝利と結び付いたことはよく知られている。

所得格差の拡大傾向については，フランスの経済学者トマ・ピケティが主要国のマクロ経済を調べ，利子・地代収入の伸びがGDP増加率を上回る傾向を検出した。経済学の理論どおりであるならば，この傾向は世界的な景気回復に貢献するはずだったが，21世紀に入り，2つの傾向が強まり，先進国は逆に経済危機，国家債務危機におちいることになった。

この2つの危機とは，第1には，1980年代ころから先進国政府が原燃料価格の高騰による経済不振の対策として，財政赤字を増やし，経済成長を維持しようとして，マネーを乱発したことがある。こうして，アメリカをはじめとする先進国政府は，財政赤字，国家債務を累積させた。第2に，この過剰流動性を追い風として，先進国大企業が多国籍化し，海外投資を進めた。いまや世界経済の成長拠点が，北の先進国から南の世界に移り，新興国を生み出すようになった。

この間，南北格差は平均して常に1対10だが，南の新興国だけとれば，南北格差は縮小した。また，北の世界，南の世界双方で，上位所得層と下位所得層

間の格差は拡大した。そして，北では中間諸層が没落し，南では新しく中間階層が台頭してきた。格差問題はこのように，南と北の内部まで入らないと理解が難しい。

こうして，格差・不平等の拡大は必ずしも先進国の成長回復にはつながらず，むしろ新興国の台頭を導き，世界規模での不平等の拡大へとつながった。北の世界では労働市場が脆弱化し，不正規・不安定な雇用が増えた。特に若者はロボット，AIに雇用を奪われ，安定した雇用機会に乏しい。また，投資は常に条件の整った箇所に集中する傾向があるので，南の世界でも格差・不平等が増大した。資本移動に恵まれないLDCsでは，貧困が増大する傾向が明らかになった。

このように見ると，2030アジェンダとその一部であるSDGsでは，世界的な不平等拡大，失業と貧困，雇用市場の脆弱化の一面が述べられているが，それを導いたメカニズム，資本主義延命のための過剰流動性の乱発，多国籍企業の巨大化とグローバル化の流れを明らかにしないと，効果的な不平等対策，ディーセント・ワークの実現に結び付かないことが知られる。

最後に，それでは不平等の克服のためには，成長をとるか分配を重視するか，という論点を見ておこう。

経済成長が不平等を克服するというクズネッツ的観点は，成長の一面にすぎない。歴史的条件によって，成長の恩恵が社会各層に均霑して，平等主義的な時代を導き得ることは確かである。第二次世界大戦後，重化学革命の時代の欧米，日本はそのような時代を享受した。だがそれは，重化学革命による生産性の上昇と耐久消費財普及，冷戦時代に社会主義への労働者の傾斜を防止するための福祉国家化，そして南の世界が戦前のブロック経済から開放されて原燃料が豊富に先進世界に提供されたこと，等の歴史的条件によって実現した。だが，1970年代以降，歴史的事情が変わり，先進国（OECD諸国）は，南の諸国の台頭の前に構造的な低成長の時代へと移行することになった（つまり，たんなる景気循環上のデフレとは異なる）。そして，これらの国では低成長から起こる社会問題を回避するためにマネー経済化，国家債務の累積が進んだ。このマネー経済化が南の世界の工業化に活路を求める企業の多国籍化を後押しし，グ

ローバリゼーションの時代を迎えたことは先に述べたとおりである。市場経済ベースのグローバリゼーション時代には，人間の商品化も進み，労働市場の不安定化が目立つようになり，ディーセント・ワークの思考がうち出されるようになった。

　従って，経済成長は雇用を生み出し，人間社会の利便性を高め，基本的人権を強める上で必要なことだが，同時に，グローバリゼーションのもたらす格差や不平等，そして人権をそこなう環境破壊の問題に取り組んでいかないと，それだけでは「誰一人取り残さない」社会の実現に結び付かない。ここに環境と同時に社会的な配慮を掲げる「持続可能な開発」の意味がある。

　経済成長は，ある条件の下で不平等の是正に効果があることがわかった。だが，経済成長を誰が実現するか。伝統的な経済学ではそれは資本家・企業者・経営者が実現するもので，国家がそれを後押しした。

　だが，今日の時点では新たに分配論に注目する経済危機突破の展望が現れている。つまり，政府が再分配政策をとり，消費者・勤労者としての民衆が基本的な人権の保障の上に安心して，資本蓄積のイニシアチブをとる後押しをする。この「分配を通じる」経済成長の道は同時に，企業の巨大化，多国籍化により損なわれがちな民主主義の再建をはかる道筋でもある。「分配を通じる経済成長」は，分配によって，ハロッドが指摘した生産と消費間の「ナイフの刃」の均衡を保障しようとするが，それは同時に，すべての人が基本的人権を保障されることによって，福祉国家の動揺によりグローバリゼーションの荒波に放り出された人びとの社会に対するコミットメントを再建し，民主主義的な社会をつくっていこうとする動きである。

　これは，イギリスではミハウ・カレツキに始まるポスト・ケインズ派，ケンブリッジ学派と呼ばれる流れの議論で，北欧諸国における福祉と住民参加の考え方とも結びつき，今日，グローバリゼーションの下で揺らぎがちな民主主義を再建する経済思考の流れを形作っている。1990年代以降のイギリスでは社会学者アンソニー・ギデンズ，アメリカでは経済学者でクリントン政権の下でクリントノミクスを提起したジョセフ・スティグリッツやロバート・ライシュらがその代表である。分配を通じる経済成長は，所得の再分配，すべての人の生

活保障，タックス・ヘイヴン等の租税回避地の規制，社会的な投資促進等の「ポジティブ・ウェルフェア」「ワークフェア」（仕事を通じて福祉を実現する）概念を提起し，構造的不況の打破，国際連帯の下での成長を掲げている。ここから，私有に固執することなく分かち合いの経済運営を重視する共有型経済や，すべての人に基本的な所得を保障して経済再建につなげようとする「ベーシック・インカム」の思考も生まれる（西川 2018）。

　これら成長論の現段階の分析までは必要ないし，国連当局は，成長の具体的な様相は各国でのSDGsに委ねるという立場をとるだろう。しかし，2030アジェンダは少なくとも，グローバリゼーションの下での経済成長，格差や排除の是正，ディーセント・ワークの関連の分析を行わないと，先に見たように，議論の矛盾や願望の提示に終わる曖昧さを残すことになる。そして，今日，成長と不平等の関連の議論も，成長優位でおこぼれの社会均霑を待つトリクルダウン理論か，それとも分配を重視して，社会の底上げによる民主主義的な経済再建を展望するのか，この両派の議論に収斂してきていることを確認しておきたい。前者は「排除」を進める議論であり，後者は「包摂」を展望する見方である。この点を指摘した後に，最後にゴール8，10から見た日本のSDGs実施指針の検討に移ろう。

4　SDGsと日本の実施指針

　日本政府は，2015年国連サミットでのSDGs採択に伴い，翌2016年末にその日本での実施指針を，内閣府に置かれたSDGs推進本部で決定している。これは，「ニッポン一億総活躍プラン」「日本再興戦略」ほか，安倍内閣や各省庁の既存政策を，SDGsの関連項目に合わせて配列したもので，残念ながらSDGsから出発して日本の課題を洗い直すという発想には立っていない。そのため，SDGsという国際公約をタテマエ上では尊重する姿勢を見せながらも，SDGsの実現に日本としてどう貢献できるか，という積極的な発想は見られない。

　実施指針は8項目から成り，ゴール8，10に関連深いのは，3「成長市場の創出，地域活性化，科学技術イノベーション」，7「平和と安全・安心社会の

実現」にいくつかの関連ターゲットに重なる政策が並べられている。もちろん，8「SDGs実施推進の体制と手段」も重要だ。だが，ディーセント・ワーク，不平等についてはほとんど言及がない。わずかに1「あらゆる人々の活躍の推進」で，長時間労働の是正，若者雇用対策，子育て支援，女性活躍，等が挙げられている程度である。

これらの政策で目につくのは，現状の分析よりも，政府，省庁の政策がそのまま掲げられていて，それをどう実効ある形で総合的に推進する（推進できる）のか，という切実な問題への目配りが欠けていることである。例えば，子育て，子どもの貧困，女性活躍等，いずれも重要な貧困除去政策だが，実施指針後2年目に入り，保育所増設，ニート支援，女性の役職登用にしても，その多くは民間，NPO任せであり，国内外から批判の声があがっていることは周知のとおりである。

実施指針の大きな問題点は2つある。第1は，SDGs推進本部がアドホックな機関で，総合的に国内外の人権と平和に取り組んでいく視点を持たないことである。雇用にしても，大学新卒の就職状況はよいが，雇用市場から脱落した多くの人びとをどう救い上げるのか，という視点はない。労働力不足を埋めるために導入された外国人労働者の労働権，労働条件は劣悪のままで，日本人労働者を大きく上回る労働災害が出ているが，指針はなんら触れるところがない。人身売買やDV，子どもの性的搾取，刑務所の劣悪な状況，報道の自由への懸念等もアメリカ政府の国別人権白書（2016年度）で，指摘されている。

平和は，JICAの平和構築等，既存の国益優先型政策の枠組みのままで，どう南北格差や南南格差を是正し，国際平和に貢献するか，というグローバルな視点は欠けたままで，安保法制や防衛予算の増額，沖縄への新基地押し付け，北朝鮮に対する「圧力」政策等，緊張を強める政策をとっている。難民が世界的に激増しているにもかかわらず難民の受入は在留許可者百余名（2016年）という情けない状態にとどまっている。安倍内閣は「積極的平和」を掲げるが，その実体は2015年「開発協力大綱」の国益優先主義そのままで，2030アジェンダやSDGsの視点とは反対の方向を向いている。

第2に従って，モニタリング状況が不透明である。政府は，実施指針の実現

について、「マルチステークホルダー」の参加を謳い、市民社会や民間企業がパートナーとして参画する有識者会議を発足させている。もちろん、民間の意見をあらゆる機会に聴取し、フィードバックするようであれば、それは望ましい方向である。だが、このパートナーシップ実現の指標が「円卓会議の開催回数」というのはあまりにお寒いかぎりだろう。政府がもし、真剣にSDGsに取り組むのであれば、人権機関のような恒常的機関を設立し、しかるべき責任者を任命し、それなりの予算をつけて、実施指針の項目の選定、各省庁間の調整、政策実行のモニタリング、民間企業やNGO/NPOの参加促進、職員の相互交流等に取り組むべきである。このように国民の実質的な参画が保障されてはじめて、日本の国際的に有効な貢献が生まれ得ると考える。

これら2点を指摘した後に、実施指針の背景にある「哲学」が、SDGsの国際協力哲学とは異質であることについて述べておこう。

SDGsは、国際的・国内的な格差の拡大、気候変動の深刻化、民間部門の役割増大等の現状認識を踏まえて、国際的な排除問題に取り組むこと（「誰一人取り残さない」社会の実現）を呼びかけている。このような格差拡大、環境問題、多国籍企業の展開等を踏まえた国際的・国内的な平和と人権悪化の問題については、すべての国が責任を持つと考えるのが妥当だろう。とりわけ日本は、アメリカへの資金環流やTPP等の自由貿易体制により、世界規模でのグローバリゼーションとその結果としての排除をつくり出す立場に立っている。しかし、この点に関する自省はない。

実施指針では反対に、始めの「現状の分析」で、日本は着実な経済成長、環境への取り組み、男女共同参画、国際協力等の結果、「きわめて高い水準の発展を持続的に達成してきた」と自画自賛している。発達した先進国に到達したので、応分の国際協力をしてやる、という姿勢である。

だが、世界の評価は必ずしもこのような尊大な態度を支持していない。

この点で参考になるのは、OECDが2年ごとに行っている対日審査である。これは、加盟国中交代で、2国が対象国の経済社会発展状況を評価する。直近2015年、2017年の対日審査報告書で、日本についてどのような問題点が指摘されているかを見ることにしょう（OECD 2015A, 2017A）。

先ず，2009年来日本政府は経済成長2％の目標を掲げているが，1990年代の半ば以降，GDP成長率は下がっており，2010年代半ばに至る平均年成長率は1％程度で，日本の潜在的な成長率は下がったままである。人口減もあり，成長の余地は少ないため，構造改革，財政改革，生産性の引き上げ，ワークライフ・バランス，労働市場の開放が急務であるのに，政府は赤字財政を積み重ねて便々と日を過ごしている。日本はこうして先進国でもトップの債務国となった。

だが，国民の生活満足度はOECD諸国中でも低く，日本はOECD良い暮らし（well-being）の尺度で見ると，ワーク・ライフ・バランス，居住，社会的なつながり，市民的交際と参加，環境，仕事と所得，科学・イノベーション等多くの指標で，OECD平均に後れを取っている。

日本の相対的貧困率（家計の可処分所得の中央値の半分に満たない人びとが総人口に占める比率）は16％で（2012年時），OECD平均の12％を顕著に上回り，OECD34国中6番目の貧困国である。日本の生活水準と生産性は上位のOECD諸国をかなり下回っている。赤字財政と引き換えに企業セクターは多額の現金を保有しているが，それが構造改革，生産性の引き上げに有効に使われていない。日本企業の法人ガバナンスは不透明の度合いが高く，世界標準から遅れている。中小企業に対する支援は手厚いが，それが構造改革を遅らせている。

労働市場では非正規就労など二極化が進み，社会の一体性を保持することが課題である。日本の勤労者の実質所得はこの20年間増えないままなのだ。

ここにはSDGs実施指針やその下敷きとなった日本再興戦略とは異なった日本像が描かれていることに注意したい。ゴール8，10のコンテクストからいえば，成長再興の条件がないのに国家は債務を積み増し，財政投入や金融緩和の「異次元の」大盤振る舞いをしながら，企業はだぶついたカネを海外投融資や不動産購入，また予備金の積み増しに使い，生産性の向上，企業ガバナンスの改善，構造改革を進めるに至っていない。そこから近年，タカタや東芝の海外事業の破たん，三菱，日産，トヨタ等大自動車会社の燃費や検査不正や大規模リコール，神戸製鋼所等の検査データ改ざん等の不祥事が相次いで表面化する

ようになった。

　また，ゴール8では「すべての人の金融アクセス拡大」について述べているが，日本の金融市場は不透明度が高く，情報の開示も十分行われず，「金融排除」性に関する懸念も示されている。これは，日本の金融システムをリードする3大メガバンク（三菱UFJ，三井住友，みずほ）がもともと，6大企業集団のメインバンクとして発達してきたこと，取引が系列企業を相手とし，近年では国債引き受けと海外融資を主業務としてきたこと，による。その他の金融集団も含めて，小口の社会的融資は眼中にないというのが，実情である。もし，日本が2030アジェンダから始めて，日本の体制を見直す場合には，金融面での政府との二人三脚，仲間内取引，安定志向（米国債での運用）を再検討し，国内の社会的必要に融資の道を開くべきである。バングラデシュのグラミン銀行が，日本進出を準備中（『朝日新聞』2017年9月23日付）と伝えられるので，こうした動きが日本の金融界の中で心ある人の眼を覚まさせるのに多少の効果を持つことを祈りたい。

　勤労者の生活向上を二の次とした大規模組織，企業優位の社会的仕組みから，国民は自己防衛のための貯蓄を増やし，消費を増やすに至らない。こうして，1990年代初めのバブル期，2010年前後の世界経済・金融危機の際にばら撒かれた資金から生まれた過剰生産デフレはいつになっても解消しない。国民に生活改善の実感が生まれないのは当然である。

　これらの「世界から見たもうひとつの日本像」を見ると，借金のない成長，ディーセント・ワーク，不平等の是正は，先ず日本自身の課題であることが理解される。

　日本はこれら国内の貧困，不平等の是正に始まり，人間らしい働き方，社会の一体性の回復を進めることにより，生活の満足度を高め，一部の人間がバブルに浮かれることのない豊かな生活を手に入れることが可能となろう。それが，世界的にいえば，成長のトリクルダウンに空しい期待をかけるのではなく，人々の間の分配と分かち合いを通じて，良い暮らしを実現する方向への流れを強めることに結び付くにちがいない。SDGsに日本が賛同したことは，けっしておためごかしではなく，日本自身の良い暮らしの再建に結び付き得る

行動であることを，ここで確認しておきたい。2030アジェンダはこのように考えると，お付き合いでもなければ義理でもなく，自分自身の課題解決を通して，グローバル問題の解決を進め得る，そしてグローバル問題の解決が日本に好循環をもたらし得る，そのよいきっかけとなることが知られるのである。

5 結びに

　SDGsのゴール8，10は経済成長，ディーセント・ワーク，経済的社会的平等の相互関係を指摘している。これらは，飢餓，保健，教育等，他の基本的人権の実現を支えつつ，国連が人権と平和に基く「誰一人取り残さない」世界の実現を目指していく重要な目標である。

　だが，同時に経済成長と環境（持続可能な成長），すべての人の参加を保障する包摂的な発展，国際的及び国内的な不平等性の進展に留意し，これを是正するような発展は，口でいうほどたやすい課題ではない。2030アジェンダやその一部であるSDGsはこの点では先ず，遅れた地域や階層，差別や不平等に悩む人々や地域に取り組むことから始めるべきだとの戦略を立てている。諸ターゲット中可能なものの着実な実現から，主ゴールの実現の方向が多かれ少なかれ見えてくる。そして，ターゲット実現には，各国での取り組みが重要である。それは，各国での人権と平和を強化する道につながるだろう。

　しかし，2030アジェンダでは，今日の世界の困難，不平等を生み出すメカニズムの分析までは立ち入っていない。それは各国での解釈，実施の体制に委ねられている。今日の世界の生態系悪化，社会の不平等拡大についてはグローバリゼーションの分析が必須だが，それも行われていない。

　日本の場合は，国内の実施指針は既存の政府，各省庁の政策や計画を配列する形で行われ，これらの政策を見直し，新しい方向をこの機会にうち出すという姿勢が弱い。だから，安倍内閣のトリクルダウン政策がそのままちりばめられている。アベノミクスはこれまで強い者（アメリカ，巨大企業）を支え，グローバリゼーションに肩入れし，排除をつくり出す方向に作用してきた。これは2030アジェンダの包摂型発展とは矛盾する方向である。

今日の時点では，経済成長，雇用，ディーセント・ワーク，不平等の関連については，トリクルダウン（豊かな者が先ず肥り，その恩恵を貧困者にばら撒く）説と，これでは不平等は決して解消されず，むしろ，成長が環境を悪化させ，不平等を拡大して，民主主義をそこなうとする観点から，分配と市民参加を重視して，成長と社会の発展につなげるとする考え方が対立している。

どちらをとるかは，国民の選択だが，日本政府が日本に抱いている「成功者」イメージと，国際的な「転落者」イメージとの間に，大きなギャップがある。日本が国連ビジョン等が示す国際協力の方向に歩み出すためには，不平等や格差の是正に真剣に踏み出す必要がある。このことをここで確認しておくべきだろう。

現在の実施指針では，政府の設定した一億総活躍プランや日本再興戦略，観光立国政策のワク内で多少の見栄えのする数字が出てくるかもしれない。だが，SDGsをきっかけとして日本自体のあり方を国際的に見直すという視点もあってよいのではないか。そのような方向への議論が，本書によって多少なりとも進むことを筆者としては期待したい。

〈参考資料〉

西川潤，2018，『2030年　未来への選択』日本経済新聞出版社。

OECD, 2015, 2017, *How's Life ? Measuring Well-being.*（2015年版の邦訳は西村美由起訳『OECD幸福度白書3』明石書店，2016）。

OECD, 2015A, 2017A,『対日審査報告書』
　http://www.oecd.org/eco/surveys/Japan-2015-overview-Japanese-version.pdf
　https://www.oecd.org/eco/surveys/Japan-2017-OECD-economic-survey-overview-japanese.pdf

U. S. Department of States, 2016, *Country Reports on Human Right Practices.* 最新版2016年の「日本」の項は，要約の邦訳をアメリカ大使館のWebsiteで見ることができる。
　https://jp.usembassy.gov/ja/hrr-2016-ja/

Prsident of the United States, 2012〜, *The Annual Report of the Council of Economic Advisers*（毎日新聞社編『米国経済白書』毎日新聞社，2008）。

OECD, 2011, *Divided we stand. Why inequality keeps rising*（小島克久・金子能宏訳『格差拡大の真実　二極化の要因を解き明かす』明石書店，2014）。

（西川　潤）

第6章　都市・人間居住，水，衛生環境
── SDGs 6, 11

■この章で学ぶこと

　SDGゴール11は，都市をはじめとする居住地を扱う。目指すのは，誰にでも居場所があり（inclusive），安全で（safe），災害や衰退からも立ち直りやすく（resilient），次世代への環境を維持できる（sustainable）「地域」をつくること（development）である。さらにゴール6は，公正で持続的な居住地の要素として，すべての人が清潔な水と衛生設備を利用できる環境の整備を掲げている。この章で学ぶのは，こうしたゴールの背景となる社会状況や人権概念の台頭，実際に居住環境を改善している地域の動き，そしてそれを支えるために私たちがもつべき視点である。

1　人間居住をめぐるグローバルな変化

(1)　「人間居住」という領域

　国際開発分野で，農業・教育・保健・観光などの個別領域は「部門（sector）」と呼ばれるが，開発の一部門としての「人間居住」（human settlement）は，住宅や仕事場や施設（道路・上下水道・学校その他）などの物的環境（built environment）を築き，人々が集まって生活するための空間的諸条件を機能させ維持する活動を指す。

　しかしこのような部門活動としての性格以外に，人間居住にはすべての部門別活動を統合する「場」としての性格もある。「住むこと」は英語で "to live" であるが，これは「暮らすこと」でもあるし，「生きること」でもある。つまり居住は人間の生活や生命活動そのものと不可分の概念だ。定住して生活する人間的営為が集団として生起している場が，人間居住地（human settlements）である。

SDGsのなかでもゴール6と11の特質は、多くの部門別機能を受けとめ生かす人間居住地という領域的（territorial）な観点から、つまり都市や集落や自治体など「地域」（local community）を基盤として、開発課題を把握しようとしていることである。

(2) 「南」世界の都市化

西暦2007年頃を境に、私たちは人類史上初めて、地球の都市人口が農村人口を上回る時代に入った。国連推計によれば、今後は途上国といわれる「南」世界でも農村人口は減少に向かい、世界人口増加のほぼすべては南の都市部で生ずる。今世紀半ば2050年には、世界の都市人口は約63億人、その82％は南諸国の都市に住むことになる。

南の国々の都市化にみられる特徴の1つは、それぞれの国の中で単一の、ないしごく少数の都市が巨大化することである。その歴史的背景にあるのは植民地として強いられた経済構造である。都市と農村の相互関係が植民地宗主国の利害で断ち切られた。地域の中で生命を保ってきた農村工業が破壊され、1次産品に特化した農業のみが行われ、それを効率よく「北」に出荷するための港湾都市が発達した。植民地行政の中心も当然こうした都市に置かれ、情報と資本が集中する。政治的独立後も、1次産品を世界市場に輸出するという経済構造と、中央集権的に指令を出す行政機構とは、変わらず続いた。タイのように植民地化を免れた国も、同様の構造を持っていた。

1980年代からはグローバル化が南世界に浸透し、多国籍企業が先導する新規資本が立地した。新たな工場も、それに伴う住宅地や商業センターも、一定のインフラと既存の投下資本を利用できる大都市に集積し、さらに周縁に拡大していった。一方では急激な人口の集中に対してインフラやサービスの提供が追いつかず、さまざまな都市問題、環境問題を生じている。

(3) インフォーマルな世界

農村から流入した新たな都市住民の多くは、就職試験に合格したり、工場と雇用契約を結んだ結果として都会にやってきたのではない。農村で土地を借金

の担保に取られて暮らせなくなり，とりあえず家族そろって親類のいる街へ来てみた。あるいは，親に仕送りするために単身出稼ぎに来て，職を求めている。このような人々が多数を占める。

　こうした彼ら彼女らの職場は，役所に登録して営業許可を得たり，労働法規や社会保険の適用を受けたりする「正規の」(formal) 営業所ではない。露天商や自転車修理のように路上で営業する人々，家政婦や門番などの家事労働者，バイクタクシーのような準公共交通の従業者，縫製やサンダル底貼りなどの家内工業や小規模事業所の労働者，あるいはゴミを回収して現金にする人々など，細々と生計を立てる庶民の世界である。加えて，多国籍企業に連関して登場した商工業施設にも非正規な雇用形態で不安定就労する人が集まるし，オフィスで働く新興中間層に屋台で食事を提供したり弁当を運んだりする仕事に象徴されるように，新たな都市化に伴うニッチな下層労働も生まれる。

　このように，公的な規制や保護を受けない職場や働き方によって構成される経済活動を「インフォーマル経済」という。必ずしも「違法な」活動ではないが，フォーマルな制度の枠外に置かれている。こうした活動は「近代化」とともに消えていくと，かつては信じられていたけれども，実はグローバルな市場と連関しつつ多くの国で拡大し，かつインフォーマル経済内部での格差が開いてきていることも指摘されている。多くの南の大都市では，インフォーマル経済が労働人口の過半数を吸収しており，貧困層の大多数はそこに含まれる。

(4) インフォーマル居住地

　居住の面では，インフォーマル経済に属する人びとが，都市での住むべき土地を見出せないために，適切な住まいを得られないことは多い。物理的に土地が不足しているというよりはむしろ，貧困層を実質的に排除する計画法制や建築基準があったり，特権層によって土地が独占されていたり，土地政策の不備により地価が大多数の購買能力を越えていたりする，そのような制度的要因の方が大きいのである。それでも貧困層は少しでも安く，職を得やすい場所を求めて，あえて安全性を犠牲にしてでも，各自の生存戦略にもとづき，無権利の状態で，ないしは計画規制の枠外で，すなわち「インフォーマルな」居住地

に，住むほかはない。

　すると近代法上は「無権利」ないし「違法」「未認可」であるがゆえに，行政は水道・排水や住民登録などのサービス提供をためらい，環境は改善されない。いつ追い立てられるかもしれない状態なので，住民が自分たちで住環境を改善しようという意欲も生まれない，という悪循環が続く。

　インフォーマル居住地の典型がスラム（slum）である。立地や物的環境が低水準にあって，主として低所得層からなる居住地の総称である。国連専門家会議（2002年10月）は，「スラム」の便宜的な定義として「安全な水の入手困難」「衛生設備などインフラへのアクセスの悪さ」「住宅構造の質の貧しさ」「過密」「不安定な保有条件」という5特徴を何らかの程度に合わせもつ地区，とした。これに基づいて初めて系統だったスラム人口推計がなされ，その後の国際統計の基準となっている。ただし実際の集計作業においては「不安定な保有条件」なる要素は，最重要であるものの，データ収集の困難ゆえに除外されてきた。

　マニラでもナイロビでも，都市廃棄物の処分場であるゴミの山に生まれ育ち，そこでリサイクル可能なプラスチックや金属を拾い集めて家計を助けている子どもたちがいる。日常的に有害物質にさらされ，廃棄された注射針を刺してHIVに感染することすらある。大都市内の河川の多くは，工場排水と未処理の汚水によって下水道同様の水質であるが，河川敷に住む人々は，そこで水浴も洗濯もすることになる。ジャカルタやカラチなどの都市全体の乳児死亡率は30前後（1000人の新生児のうち誕生後1年以内の平均死亡数。東京では約2）であるが，それぞれのインフォーマル居住地内では，さらにその3〜5倍の値を示す。大気汚染・河川の汚濁・ゴミの集積など，悪化する都市環境が地球環境問題に及ぼす影響は大きいのだが，劣悪な都市環境の危機にもっとも直接に日常的にさらされているのが，南世界の都市貧困層である。

(5)　居住の不安定化

　しばしば危険で不衛生な住環境とはいえ，それなりに貴重な低所得者用住宅ストックを維持し，高密でも親密な共同空間を擁していたインフォーマル居住地であったが，それが大きく変動したのは1980年代から90年代にかけてであ

る。1980年代は国際開発の面では「失われた十年」と呼ばれることがある。北側諸国は高金利に転換し，南の債務問題は激化した。これに対して援助機関や北側政府は「構造調整策」を強要したため，多くの国で女性や貧困層向けの福祉・保健予算は削減され，社会の格差は拡大した。農村では商品化される農業に失敗し，土地を失って都市に流出する人々も増えた。

構造調整策の一環として外資の導入が進められ，グローバル化を後押しした。新たな資本投下は，直接的には，都市再開発や大規模事業によるスラムの強制追い立てをもたらした。間接的には，貧困層にそれなりの居住空間を提供していたインフォーマルな仕組み（非合法ゆえに安価な宅地開発，錯綜した保有関係，不安定な賃貸契約など）が商業的にフォーマル化された結果，スラム居住層が市場によって住む場を奪われて，無権利居住者（squatters）となり，あるいは路上に押し出されてホームレスとなった。政府・行政は，スラムの居住空間を守るのでなく，規制緩和して民活を促進し，住宅金融制度を整えることにより，住民が個々に「自己責任」で住宅購入者となることを求めた。都市に富が蓄積することは確かであり，国連も「経済成長のエンジンとしての都市」を強調しているが，居住に反映される富はしばしば富裕層にかかえ込まれ，極端な分断を招く。大都市に出現したゲイテッド・コミュニティはその象徴であり，隔壁と門番と監視カメラに囲まれた高級住宅地が自由な諸関係を拒絶している。

実は同時期に，ホームレス状態の人々は北側工業国でも急激に増加した。米国では，1980年代のレーガン政権による保守的政策の下で住宅を含む福祉予算が激減し，再開発により都心の低所得者向け住宅ストックが減少し，あるいは家族構成の変化で世帯の経済基盤が脆弱になり，失業・病気・家賃値上げなどによりやすくホームレスに転落してしまう，という構造が出来上がった。

日本で産業構造が大きく転換し，高齢化した労働市場とのミスマッチが激しくなったのはやはり1980年代であり，それはバブル崩壊後の1990年代にいっそう深刻となった。また1980年代後半には「地上げ」に象徴されるように都心部の低家賃住宅は滅却されて土地利用の「合理化」がすすみ，一方では生活保護法の適用が引き締められた。そのため全国の都市でホームレス人口は急増し

た。今世紀なって，公園や路上の昼間の目視調査による野宿者数は減少したとされるが，夜間に寝る場を求めてネットカフェや漫画喫茶で過ごす「住居喪失者」は，東京だけで約4000人という（東京都，2018年発表）。

(6) 窮乏化する住民

世界的には1990年代に入るとともに社会主義圏が崩壊し，グローバルな市場化はいっそう進展した。国際援助機関は，構造調整策に関連して公益事業の民営化を推進した。例えば1997年，フィリピン政府はマニラの水道事業を民営化したが，世界銀行，アジア開発銀行がこれに融資し，多国籍企業が参入した。しかし新たな水道メーター設置費用を支払えない世帯は排除された一方，設置した世帯の水道料金は数倍に高騰したとされる。

ボリビアの「水戦争」はよく知られている。1999年，ボリビア政府は世銀による債務削減と引き換えに，コチャバン市の水道公社を民営化した。その運営は米国企業の手によって行われたのだが，やはり水道料金は高騰し，支払い不能世帯への水供給は停止された。多くの市民が浄化されない水に頼る事態となった。これに対して市民による大規模な抗議行動が展開され，ついに民営化契約は破棄されたが，政府には負債と賠償金支払い義務が残された。現在メキシコでも似た状況が発生しており，全国民の1割が商品化された水へのアクセスを奪われるなかで，水の法的保障にむけた市民運動が広がっている。

このように1990年代以降は，新自由主義が導く経済グローバル化の下で「居住の不安定化」と「サービスの剥奪」が生じている。加えて，冷戦終結とともに地域紛争が頻発するようになり，大量の難民・国内避難民を生み出した。人々は文字どおり住む場を失って，窮乏化した。

さらに地球環境の変動により，農耕地・放牧地・林野，そして居住地を失って生活を維持できなくなる「環境難民」も増加する。「気候による追い立て」（climate displacement）と呼ばれる新しい現象である。激甚災害による生命と居住の喪失も明らかに増加した。

2　居住と人権

(1)　国際人権における人間居住

　地域に住む誰もが排除されることなく適切な住居で暮らし，安全な水を利用し，清潔な住環境を保つことは，基本的な人権である。世界人権宣言第25条や経済的，社会的及び文化的権利に関する国際規約（以下「社会権規約」）第11条は，「衣食住を内容とする適切な生活水準についてのすべての人の権利」を定めている。日本を含め社会権規約を批准した国では，政府が人びとに対してこの権利を保障する法的責務を負っている。

　社会権規約に公的解釈を与えるのが，国連社会権規約委員会が発する「一般的意見」であるが，1990年代に2回にわたり，上記の「衣食住」に含まれる「住」に注目して，適切な住生活の営みへの権利（the right to adequate housing：以下「居住の権利」）にかかわる意見を発出している（1991年の一般的意見4と1997年の一般的意見7）。これは，上述のような居住をめぐる状況変化に対する危機感，市民運動の高まり，そして「居住の権利」概念に対する国際社会の理解不足への懸念を反映するものであろう。「一般的意見4」による「居住の権利」の定義は，「いずれかの場に，安心して，平和に，かつ尊厳をもって住む（live）権利」であり，それは単に頭上に屋根をあてがわれることでもなければ，住宅を商品としてのみ扱うことでもない，とされている。

(2)　居住の権利

　1996年にイスタンブールで開催された第2回国連人間居住会議（ハビタートII）では，様々な国際諸規定に盛られてきた「居住の権利」が全会一致で再確認され，「すべての人が適切な住まいを，すなわち健康的で，安全で，権利を保障され，アクセスしやすく，まかなえる範囲にあり，基本的なサービスや施設や利便が整えられた住まいを有し，そして居住差別からの自由と保有条件の法的保護を享受する」という目的を諸政府が実現するという国際公約がなされた（→SDGターゲット11.1）。

しかしこの会議では，米国政府が「居住の権利」を新たな「独自の」権利として明示することに抵抗したため，上の結論に至るまでの議論は紛糾した。日本政府は米国に追随した。さらにその後も米国は議論を蒸し返し，現在では国連文書で「居住の権利」が記されるときは常に「既存の国際人権法に定められ，その一部としての」とか「適切な生活水準への権利の一要素として」といった枕詞がつくようになっている。

　日本が社会権規約を批准したのは1979年である。日本国憲法第25条は日本「国民」に対して生存権を保障しているが，国際人権に則った居住の権利保障は国内に根づいているとはいえない。上記の「すべての人が適切な住まいを」は普遍的な人権であって，国籍，年齢，ジェンダー，障害，住民票の有無等々にかかわりなく認められるべきことに注意しなくてはならない。ひとり親世帯や単身高齢者や外国人労働者への入居差別，ホームレス状態の人々の公共空間からの強制排除，解雇とともに失う住まい，さらに国外で日本の援助プロジェクトによる住民の強制移転などは，「居住」を普遍的な人権とする理念の確立が日本の私たちにとっても緊急な課題であることを示している。

(3) 災害と居住の権利

　国連人権理事会はさまざまな分野ごとに特別報告官を指名している。居住の権利にかかわる報告官は，「被災後および紛争後の地域の再建における居住の権利」についての報告書を理事会に提出した。それは2011年3月8日，東日本大震災の3日前であった。その後の数カ月，報告官は紛争地よりも被災地に焦点を絞って報告書を増補し，国連総会に提出した。この報告を基礎として2012年3月，国連人権理事会は決議19/4「災害状況における『適切な生活水準の権利』の一要素としての適切な居住」を採択した。

　同決議は，「自然災害や極度の気候・天候異変の数と規模，そしてそれらがもたらす影響は，気候変動や都市化を背景として増大している。さらに他の諸要素とあいまって，人々は災害にさらされやすく脆弱となり，対応能力が低くなった。その結果，世界中のすべての社会で，多数の命や住まいや生計が奪われ，移転を強いられ，さらには社会経済および環境上の否定的帰結が長期的に

もたらされている」として,「災害リスク軽減,予防,備え,さらに災害対応や復興の全過程において,その枠組みに,人権に基づくアプローチを統合すること」を,国と関係アクターに促している。

2015年3月,仙台に187カ国の代表やNGOが集まり,第3回国連防災世界会議が開かれた。ここで採択された国際的指針は「仙台防災枠組2015-2030」と呼ばれる。2030年までの防災達成目標と,そのために国,自治体,市民社会,企業が実施すべき防災・減災行動が示された。ここで合意された内容は,SDGsの防災にかかわるターゲットや指標に採り入れられている(→ターゲット11.5, 11.b)。

(4) 水への権利

国連社会権規約委員会は2002年「一般的意見15」を発出し,「水への権利」について,社会権規約第11条および第12条(健康への権利)の解釈を与えた。さらに国連総会は2010年に「水と衛生への権利」を確認する決議を採択している。一般的意見15によれば,水は有限な自然資源であるとともに生命(生活)に不可欠な公共財であるにもかかわらず,南北を問わず世界で水の権利は否定され続けており,「10億以上の人が基礎的な飲料水供給に,数10億の人が適切な汚水設備に」アクセスできていない。各国政府に求められるのは,水の権利の確保について伝統的に困難を抱えてきた女性,子ども,少数者集団,先住民,難民,亡命希望者,国内避難民,移民労働者,囚人らにとりわけ留意しつつ,差別のない水の権利を保障することだ,としている。そして水道整備のための投資にあたっては,しばしば見られるように,少数の特権層のみを不均衡に利するような高額の水道サービスに傾くべきではない,というのが,委員会による規約解釈である。これがSDGsに反映されている(→ターゲット6.1, 6.2)。

(5) 都市への権利

ハビタートIIの後,世界の市民社会組織は様々な会合を通じて,「居住の権利」を拡張する「包摂的 (inclusive) な都市」概念を主張してきた。すなわち

誰もが排除されずに都市の空間と生活を享受することを人権概念として定着させるべく，議論し運動してきた。そして2004年に，ユネスコや国連ハビタート等の支援を受けながら「都市への権利世界憲章」(World Charter on the Right to the City) を宣言した。その前後から，とりわけ中南米諸国を中心に，この概念は憲法に明記されたり，自治体の政策指針にとり入れられたりしている。都市への権利と明示しないまでも，参加型予算制度や市民監査の採用 (→ SDG ターゲット11.3) など，実質的に市民の人権と参加を守る制度改革がすすめられてきた。これを受けて2016年10月，エクアドルで開かれた第3回国連人間居住会議では「都市への権利」をめぐる議論が1つの焦点となった。

少なくとも現段階で「都市への権利」は，国際人権法上の新たな権利確立を必ずしも標榜していない。が，居住の権利・水への権利を含む既存の様々な人権概念を統合し，都市を住む場 (home) とする誰もが，ジェンダー，年齢，性的志向，経済的地位，職業，民族，宗教を問わず，また法的に認定された住民であるか否かを問わず，住宅，サービス，公共空間その他の機会を平等に利用しうるのを保障すること，その責任が自治体・政府にあることを示す原則である。今後の都市政策の国際的ガイドラインとなりうるものである。

(6) 人々の自由を支える開発

さて「開発」とは，国連の定義によれば「人々の生きる選択肢が拡大するプロセス」である。人は劣悪な環境のゆえに幼くして命を失ったり，貧しさゆえに自分の能力を伸ばせなかったり，差別のために他者との交流の機会を狭められたりする。こうした社会的・経済的・制度的な障壁を取り除くことにより，1人ひとりの生きる自由が拡大する。それが人権を守るということでもある。

このような概念の背景にあるのは，アマルティア・センの理論である。彼はスラムを訪れるワーカーに次のようにいう。

「君がスラムの人たちを前にして考えるべきことは，彼らのニーズは何か，ということではなく，もし彼らが本来の力を発揮する自由を与えられたならばどう行動するか，ということ，そして君はどのようにしてその自由を拡大できるか，ということである」(UN-Habitat によるビデオ Agents of Change: Amartya Sen's Five Freedoms, 2002から)

第 I 部　SDGs をどう理解するか

スラムの人々を，変化の主体（agent）でなく，ワーカーの処方箋に従うモノやサービスの受け手（patient）とのみ見なしてニーズを特定すれば，「適切な住まいを持たない哀れな人」ということになり，では公共住宅をあてがおうという「上から目線」の対策に直結しそうである。しかし，人々が住まいを築き居住環境を改善する「自由」を抑圧されているのだと考えれば，異なる視野が開ける。その自由は，土地，融資，インフラ，資材，技術，情報，組織など必要な資源へのアクセスを奪われているゆえに，抑圧されているのである。

そこで私たちは，これまで「取り残されて」きた人々が今どう行動しようとしているか，ということに注目しよう。次節では，コミュニティの人々が自ら土地の権利を「フォーマル化」し，水やトイレへのアクセスを獲得しながら，安定した「居住の権利」を実現していく事例を検討する。

3　人々による地域づくり

(1) 野外排泄からトイレ使用へ

SDG ターゲット 6.2 は，すべての人に適切かつ公平な「汚水を排除する衛生（sanitation）」や「人体を清潔に保つ衛生（hygiene）」へのアクセスを確保し，野外での排泄をなくすことを掲げている。野外で排泄する人びとは世界で未だ 8 億 9200 万とされ，サハラ以南のアフリカと太平洋島嶼国ではむしろ増加傾向にある。

この問題に対してはコミュニティ主導型総合衛生（Community-Led Total Sanitation: CLTS）と呼ばれる参加型手法がバングラデシュで開発され，NGO や国際機関の手によってアジアのみでなくアフリカや南米にも広がっている。トランセクト（村内観察），排泄状況を記す村のマッピング，村全体の排泄量の計算，排泄物から口までの汚染経路を考えるワークショップ等を通じて，村の衛生環境を村人自らが分析し，改善への行動変化のきっかけとするものである（チェンバース 2011）。伝統的なトイレ普及事業，例えば便器購入助成金のようなプログラムでは，トイレが設置されても実際に使われないことが少なくない。自らの意欲と資金でトイレ使用を決断する仕掛けが CLTS である。衛生面の

みならず，毒蛇やレイプの危険，自尊心の損傷も，野外排泄にともなう問題である。

東ティモールでは，日本企業ネピアが支援する「千のトイレプロジェクト」が社会貢献事業として実施されているが，以下は日本のNGO「東ティモール医療友の会」のスタッフとして同国でのCLTS（JICAが資金的援助）に自ら関与した佐藤（2014）の記録に拠るところが大きい。

東ティモール農村人口の42%にあたる31万人余を対象に，2007年からCLTSが全国規模で実施された。85名のファシリテーターが村々に派遣された。さらに時間をおいたフォローアップとして，ファシリテーターは村を再訪し，子どもたちを含む住民とともに，野外に排泄物がないかどうかをチェックした。設置されたトイレの近くに「水や石鹸のある手洗い場があるか」（これがSDGsでいう「衛生」hygieneの指標である），実際に使われているか，これらも住民とともに確かめた。

全国のCLTS対象となった人口のうち，実際に野外排泄をやめたのは37%であったという。トイレ設置に至らなかった，ないし野外排泄に戻ってしまった理由として，①政府が一方で便器購入の助成事業を実施した（ないしそうした噂が伝わった）ために，住民は混乱し，自らの資力でトイレ建設する動機を失った，②安価なトイレを選ぶために，強い風雨で壊れ，修復せずに放置される，③ほとんどが水を使用するトイレを選ぶものの，水源から遠いために水を確保する労力に耐えられなくなる，が挙げられている。たんに動機づけや資金的援助ではなく，まさにセンが説くように，住民のトイレ改善の意欲や力がどこで阻害されているかを考えねばならない。例えば，水供給の改善，水を多く必要としない衛生的なトイレの技術情報，安価で良質なトイレを入手するための市場情報などの支援的な条件整備に目を向けることになる。

(2) 水道の設置と維持管理

スリランカでは1980年代末にコロンボのスラムで女性の互助組織が生まれ，近隣グループごとに貯蓄と相互融資を行い，やがて全国の都市農村に広がる連合体組織「女性組合」（当初の通称は「女性銀行」）を結成した。組合員のニーズ

写真6-1　スラム街の共同水栓（スリランカ）

写真撮影：筆者。

と組織的な討論をもとに自らルールを定め，共済型の生計向上融資，住宅融資，さらに2000年代以降は死亡共済・医療共済など自前の草の根生活保障を展開している。

　彼女たちの多くは，生活用水を地区内に点在する共同水栓からポリタンクやバケツで汲んでくる（**写真6-1**）。無料ではあるが断水も多い。一方，上下水道公社（NWSDB）にとっても，スラム内の共同水栓を各戸給水に改めて無収水を減らすことは悲願であった。しかし個別料金徴収が困難なため，なかなか進展しない。そこで女性組合は地域管理のエージェントとして働くことに乗り出した。

　公社は，地区入り口までの給水幹線の整備とそこに設置される共同メーター管理の責任を持つ。地区の女性組合グループが，公社と工事契約を結び，住民を雇い入れながら，地区内の配水網と各戸のメーターを建設する（これは貧困地域で，そこの住民組織にインフラ建設を随意契約する「コミュニティ請負制度」といわれる手法で，今ではスリランカから他の国々に広がっている）。

　また地区内から「管理人」を互選して訓練し，各戸メーターの検針，記録，請求書の発行，集金，簿記への記帳，お金の保管を行う。集められた水道料は，公社に納付するまでの間，女性組合の一般融資の原資に利用されるのであ

る。公社からの請求書は地区全体に対する共同メーターに基づいて毎月女性組合に対して発行されるのだが，実際には公社の集金人が回ってくるのが数カ月以上にわたって遅れることが珍しくない。遅れている間，現金はさらに女性組合融資として回転する。しかも公社による徴収額は，大口利用者に対する割安料金となるので，実際の集金額との利ザヤは，管理人への手当て支払いに充てるのに十分である。水道管の違法連結や水の汚染などの維持管理問題は，女性組合としての議論を通じて現場で解決される。

　この試みはその後，制度的・政治的な問題や公社側の関心の低下などにより，大規模に広がらなかった。しかし地区レベルでの女性住民の意欲と工夫を都市レベルのシステム変化に結びつける知恵であり，そのなかで行政と住民組織の相互の役割を確定し，新たな公共性を生み出そうとするものであった。

(3) コミュニティ主導の住環境改善と災害復興

　上例にうかがわれるように，コミュニティ貯蓄をベースとして組織化を進め，地域レベル・都市レベルのネットワークの力で住宅やコミュニティインフラを改善する運動は，実は1990年代から南の世界に大きく広がっている。

　例えばタイでは，116市に自治体レベルでの都市開発基金が設置されている（2014年末現在）。地元のスラム地区ごとにそれぞれ貯蓄組合が生まれ，これらが連合して，自治体レベルで資金をプールする。そこに自治体がマッチング資金を提供し，住民代表と自治体との協議体がこのコミュニティ主導の都市開発基金を運営するのである。基金原資の約6割がコミュニティ側から出資されている。自治体ごとに運営形態は異なるが，多くの場合，都市開発基金の下に，各種の開発基金が統合されている。例えば貯蓄基金では，傘下組合のメンバーが合意された月額を貯蓄し，あるいは株を購入して増資する。福祉基金には，加入組合員が1日1バーツを納付し，共同で策定したプログラムに従って，出産補助，奨学金，高齢者給付金，死亡共済等を受け取る。都市開発基金の運営委員会の決定により，傘下の組合には融資や交付金が基金から与えられ，それぞれに住宅・土地，水道・トイレ，生計向上，コミュニティ起業，さらには地区内インフラ整備などの事業を実施する。

写真6-2 スラム改善事業中のバーンケーン区（タイ）。運河沿いに整備された歩行路・電柱・水道の左側が従前地区，右側が住民による再建地区

写真撮影：筆者。

　タイでの最初の都市開発基金は，2009年にバンコク都バーンケーン区で生まれた。区内には運河沿いに13の無権利居住区があり，住民は長く貯蓄活動や運河清掃を続けながら，行政と交渉して長期共同借地権を獲得する一方，蓄積した自己資金に区役所からの資金提供をあわせて都市開発基金を設置した。13地区の貯蓄組合は，それぞれこの基金から年利4％で資金を得て，組合員に3％上乗せして融資した。このほとんどは住宅再建に使われ，3000戸の住宅再建が進んだ。組合は利ザヤを蓄積して，返済不能の際の引当金，福祉基金，環境整備事業などに充当した（**写真6-2**）。

　このようにコミュニティ貯蓄と都市開発基金を運営する運動は，NGOネットワーク（Asian Coalition for Housing Rights）を通じて広がり，現在アジア16カ国にみることができる。災害復興にも大きな力を発揮した。近年のアジアの激甚災害であったインド洋津波（2011年），フィリピンの台風（2013年），ネパールの地震（2015年）など，いずれにおいても，地元の貯蓄組合やそのネットワークが直ちに始動して，被災地の状況を調査し，救援活動を開始するとともに，

第 6 章　都市・人間居住，水，衛生環境

被災地での貯蓄グループ設立を支援し，外部援助資金をつないで，緊急融資・生計融資・住宅再建融資を提供し，ネットワークを通じた技術支援を行った。都市開発基金のように自治的に運営する柔軟な資金とノウハウの存在が，海外からの緊急援助の効果的な受け皿にもなったのである。

4　SDGs のモニタリングと日本の市民社会

(1)　MDGs の「成果」——スラム居住

　MDGs は，2020年までに「少なくとも 1 億人のスラム居住者の生活を大幅に（significantly）改善する」という目標を定めていた。これは十年前倒しで達成をみたとされている。2000年の南世界のスラム人口は 7 億9200万人であったが，2010年までに 2 億2700万人がスラム的な居住条件（の少なくとも一部）を改善できたというのである。

　一方で，世界の都市人口の増加とともにスラム居住者の絶対数も増加した。国連の MDGs 報告書（2015年）によれば，世界の都市人口に占めるスラム人口の比率は40％（2000年）から30％（2014年）に低下したが，スラム人口そのものは 8 億8100万人に達した。

　スラム改善の成果は，特に東アジアと南アジアで顕著であるとされている。しかし「東アジア」「南アジア」の集約データは，それぞれ中国とインドが圧倒的な比重を占めているので，個々の国の傾向は大きく異なる。スラム人口は中国で微増，インドで減少したといわれるが，モンゴル，ネパール，パキスタンなどの同期間中のスラム人口増加は大きい。また，サハラ以南のアフリカ都市におけるスラム人口比は55％を越えるし，イラクやシリアなど戦乱の地ではスラムが統計上も激増している。

　実はマクロに集計される報告の数値には，注意すべきことも，腑に落ちないところもある。例えば上記「2 億2700万人がスラム状態を脱出できた」はどうだろうか。この数字は政府の報告にもとづいて，先述の「安全な水」「衛生設備」「住宅構造」「過密」の 4 要素のいずれかが改善された住戸を集計している。これら要素すべてが改善されたわけでは必ずしもないから，国連の定義に

よる「スラム」でなくなったとはいえないし，そもそも先述のように居住の安定性を示す「保有条件」は集計から外されている。

また，実は元になるデータの信頼性があまり確かでない。10年以上にわたって国勢調査が実施されていない国も少なくないので，多くの数値は国際機関による推定値である。過去の数値もたえず修正されていく。MDGs出発時（2000年）の南世界のスラム人口は，今では上記のように7億9200万人だったとされているが，当時なされた推計によってMDGsベンチマークとされたのは8億7000万人という値であった。推計方法のみでなく，例えば「都市」の定義変更や合併によっても数字は大きく変わっていく。

統計上，世界のスラム人口の3分の1は中国とインドが占める。しかし中国では，2012年段階で1億6300万といわれる農民工が，農村戸籍のまま都市内で老朽過密の寄宿舎や「城中村」等の低所得者居住地に暮らしており，その数は中国の統計上のスラム戸数に匹敵するが，そのほとんどは公式統計に現れていないとみられる。また中国に限らず，スラムの強制撤去によって「見えなくされたスラム」も大きな数にのぼる。一方，インドのセンサスでは，おおむね60戸以下の小スラムは計上されず，小規模州や，法令上の「都市」以外の都市化地域はそもそもスラム調査の対象外である。

(2) MDGsの「成果」――水と衛生

MDGsで掲げられた21のゴールのなかでも，「水」は「スラム」と並んで最も成功した部類に入るといわれている。2015年段階の推計では，安全な飲料水を利用できる人口の割合は，中央アジア，北アフリカ，サハラ以南，太平洋島嶼国では遅れているものの，地球全体では2010年時点ですでに91％に達したとされた（MDG目標値は「2015年までに1990年時点の未普及人口比を半減させる」すなわち普及率を88％に引き上げる）。しかし2017年に「安全に管理された飲料水」の定義が厳しくなり，「敷地内にあって，必要な時にすぐ使うことができ，汚染されていない」こととされた。このような水を享受できているのは，2015年時点で地球人口の71％である（WHO／UNICEFの共同調査，2017年報告）。ただし，敷地内でなくとも水汲み往復30分以内で安全な水源から入手できる「基礎的な

水アクセス」をもつ人口を加えると，全人口の88％となり，目標値に届いたことになる。一方，これらにカバーされない人々（地表水の直接利用など）は8億4400万人である。しかも都市農村の格差が極めて大きい。

　MDGs期間中に，衛生設備（sanitation）の普及は，安全な水のそれを上回る速さで拡大したという。未普及の人口比（1990年時点で地球人口の46％）を半減させるというMDGゴールには届かなかったものの，2015年までの25年間に，少なくとも最低限の安全な（排泄物の人体接触を避けうる），各世帯専用の衛生設備（下水道，浄化槽，浸み込み式，汲み取り式など）にアクセスできる人口は54％から68％（都市83％，農村51％）になった（実際に使用しているかどうかは不明）。さらに8％の地球人口は，一応安全だが他世帯と共用の設備を有している。しかしそれ以外すなわち24％（約17億人）は，未だに野外排泄か，バケツ式か，「包んで捨てる」方式か，単なる穴のような汚物槽等で用を足していることになる。都市スラムでは公衆トイレ・手洗い場にアクセスできていたとしても，有料のことも少なくない。貧困家庭が収入の1割をトイレ使用に費やすという調査も報告されている。

　統計上の「安全な水へのアクセス」は，一定の形態上の基準を満たす給水設備があれば，あるいは役所の資料や図面で整備済みとされていれば，断水の有無や水質や使用料を問わずカウントされうるし，実際に個々の世帯が施設へのアクセスを本当に得ているかどうかを，センサス調査員が地区内に立ち入って細かく調べているとは思えない。衛生設備の場合は，トイレを設置しても実際にそれが使われないことが多いのは先述の通りである。難しい事情ではあるが，そこまで調べなければ，普及の評価には疑問符がつくのである。

　要するに，「MDGsの成果」から大づかみな傾向と問題点は見てとることができるが，国際機関が自画自賛するほどに貧しい人びとの生活が短期間に実際に変わったかについては，過大評価せず，慎重に見極めねばならない。

(3) 指ではなく月を観る

　国連開発計画はMDGsに先だって1990年に「人間開発指数」を採用し，1人当たりGDPに加えて，平均寿命と成人識字率・就学率を主要指標として，

世界の国々のランキングを毎年発表してきた。これに対して中村（2004）は，ブッダの言葉を引きながら警鐘を鳴らしている。月を指さした時，愚か者は月を観ずに指先だけを見ている，というのである。指標の達成を自己目的化するのでなく，その先にあるもの——人々を抑圧する社会構造が変化しているか（transforming our world!），1人ひとりの自由の発現を通じて生活環境が修復されたか——を観なくてはならないだろう。

　SDGsでは，ゴール6のもとに8つのターゲットが，またゴール11のもとに10のターゲットが示されている。これらに対応して，成果をモニターするための指標が関係機関から提案されている。

　例えばゴール6のターゲット1（安全で安価な飲料水へのアクセス）及びターゲット2（汚水処理や洗浄設備へのアクセス）では，地球上のすべての人が対象とされ，MDGsの「アクセスできない人の比率を半減」よりも目標を大きく引き上げている。特にターゲット2では，野外排泄の廃絶を明示し，女性や脆弱な立場に置かれた人々のニーズに注意を払うことを掲げているのも，新しい特徴である。モニタリングを担当するWHO/UNICEF共同プログラム事務局（JMP）によれば，このターゲット達成の指標となるのは，世帯専用の安全なトイレ設備にアクセスできる人口の割合である。

　しかし例えばこういう事例がある。ムンバイの路上や鉄道敷に住む女性たちは女性組合（マヒラミラン）を結成し，1990年代半ばから自分たちの手で移転再定住を始めた。近郊に土地を入手し，建築部材の製作所をつくり，グループ貯金を担保の一部にして制度融資を得て，自力建設の共同住宅に家族とともに入居した。当初は支援NGOが委託した専門家が各戸トイレ付きのアパートを提案したのであるが，女性たちはこれを拒否した。完成後も水道はしばしば断水するに違いない，と洞察したのである。トイレはすぐに詰まって，狭い家は悲惨な状態になることだろう。それよりは，これまでのように共同トイレと水槽を隣人同士で協力しながら維持する方がよい。議論の末みなが納得した案は，隣接する2家族が双方で鍵をもって共有する外部トイレであった。そして住戸内には，代わりにサリーの着脱のための囲まれた更衣スペースを設けた。

　ここで重要なのは，そのプロセスにおいて，共同貯蓄をもとに住宅金融公社

と交渉したり，市役所と土地の折衝をしたり，自分たちの望む住宅設計を議論したり，ということを通じて，夫との関係，家族内での地位，対政府の関係が変わり（かつてのように「女子ども」が役所の中をたらい回しにされたり，門前払いを食うことが少なくなった），地域の中でいきいきと発言する機会を得た，というジェンダー関係の変化，そして当事者主体の観点の確立なのである。

世帯専用トイレという専門家の常識や，「望ましい」ターゲット達成という目標から出発するのではなく，当事者住民の議論と資源に根ざして考えていけば，結果としての技術的解は多様でありうる。注意を払うべきは，各戸トイレの建設戸数ではなく，実際に各自がトイレを使用できるための水へのアクセス，料金，管理組織といった諸条件であり，それらこそが，誰もが主体的に参加できるインクルーシブなまちづくりの基盤となるのである。

ゴール11のターゲット1（すべての人に適切な住宅とサービスへのアクセスを保障し，スラムを改善する）も，MDGsの「成功」をみて，対象を万人に拡大したものである。が，MDGsについて述べたのと同様に推計上の問題を抱えているのは明らかだ。ただし重要な新しい点は，北側諸国も視野に入れていることである。このターゲットの指標は，モニタリング担当の国連ハビタートによって「スラム，インフォーマル居住地，あるいは不適切な住まいに住む都市人口の割合」とされている。ここで「不適切な住まい」が何を意味するかは第2節に述べたとおりだが，日本でもホームレス状態の人，困窮家庭の人，障害をもつ人，外国籍の人，被災した人，中山間地に住む人など誰に対しても「適切な住まい」の確保を支えていく政策・公共行動が，「誰一人取り残さない」取組みとなる。

(4) 市民社会の取組み

MDGsの限界は，基本的に専門家集団や国際機関が主導して計画され，モニターされ，評価されたことであった。指標を独り歩きさせないためには，各地の住民の声がモニタリングに反映され，経過が住民にフィードバックされ，住民が方向性を判断していくこと，そしてそれを外部者が支えることが，必要である。冒頭で述べたように，ゴール11が「地域」という枠組みで持続的開発

にアプローチしていることは，分野別のサービス供給を越えて，地域住民の目で統合的にSDGsの進展を評価しうる可能性を示している。

　例えばターゲット11.3（インクルーシブかつ持続可能な都市化を促進し，参加型で統合的かつ持続可能な人間居住計画・管理の能力を強化する）は，興味深い。しかし，国連ハビタートによるその指標の1つ「人口増加率に対する宅地化率の割合」というのが，独り歩きしてしまうとナンセンスになる。これは都市拡大に伴う農地・山林の侵蝕を衛星画像を用いてグローバルに調べた著名な都市計画家の報告に基づいている。が，原野に鉛筆のようにそびえ立つ超高層ビルに人口を集めれば「効率的な土地利用」による「持続可能な都市化」となる，と単純な実体化を導くことはむろんできない。マクロな傾向をチェックして，自然破壊を伴う大規模開発や，投機的な宅地化や，不必要に広大な高級住宅地やゴルフ場建設を規制しながら，人々が持続的なまちづくりを多様に進めるのを支援すべきだろう。そのように考えれば，現在のスラムの多くは都心近くに高密で歩行者中心の空間を形成しているので，こうした質を巧みに維持し改善するような都市計画こそ望ましいということになる。

　このターゲット11.3のもう1つの指標「都市の計画と運営に市民社会が定常的民主的に直接参加する仕組みを持つ都市の割合」は，インクルーシブな都市化を達成するための制度面での指標として重要だろう。第2節で述べた「都市への権利」世界憲章にもかかわる。例えば参加型予算に類した仕組みは南米やヨーロッパに広がっている。水道を市民組織やNPOが運営する試みや，民営化の失敗を受けて再公営化する動き（例えばパリやベルリン）も，世界の新しい傾向である。住民連合の訴えを認めて，ジャカルタの水道を民営から公営に戻す命令を下したインドネシア最高裁（2017年）は，国際人権規約の「水への権利」に言及している。逆行して未だに水道民営化を企図しているのが日本政府である。こうした制度改革の指標についても，市民社会組織が国境を越えて連携し，モニタリングしあうことが有効であろう。

　前節で触れたアジアの貧困住民を中心とする都市レベルの居住改善運動や，自治体と連携した開発基金の創出など，日本のまちづくり関係者や市民が南の社会から学ぶべきことは多い。もちろん日本のまちづくりにも豊かな蓄積があ

り，実際に海外のスラム住民を勇気づけてきた事例も少なくない。

　SDGs の D，つまり「開発」というのは，南北を問わず，諸個人が自身の可能性を開き，地域の将来を自分たちの力で決めて行動していくプロセスである。それは最終的には，国際機関や政府よりも市民の交流を通じて広がっていくべきものではなかろうか。各地域の住民が SDGs に照らして自分たちの地域づくりを検討しあい，さらに国境を越えて経験を交換し，文脈の違いを踏まえつつも共同で SDGs 実現への作業に携わることができたら，そのプロセス自体に SDGs の意義の一端はすでに体現されている。

〈参考資料〉
内田聖子編著，2019，『日本の水道をどうする!?――民営化か公共の再生か』コモンズ。
岡部明子，2017，「都市への権利――SDGs の示す『誰も置き去りにしない』世界のために」『世界』9月号，岩波書店，pp. 161-172。
穂坂光彦，2016，「都市貧困層の居住形成と政策・支援」松行美帆子ほか編『グローバル時代のアジア都市論』丸善出版，pp. 132-149。
佐藤邦子，2014，「東ティモール農村の保健衛生における参加型アプローチの理論と実践」日本福祉大学大学院国際社会開発研究科修士論文。
チェンバース，ロバート（野田直人監訳），2011，『開発調査手法の革命と再生――貧しい人々のリアリティを求めて続けて』明石書店。
中村尚司，2004，「人間開発指数とセンの経済思想――指ではなく月を観る指標」絵所秀紀・山崎幸治編著『アマルティア・センの世界』晃洋書房，pp. 193-208。
Satterthwaite, David, 2016, "Missing the Millennium Development Goal targets for water and sanitation in urban areas", *Environment and Urbanization*, vol. 28(1), pp. 99-118.

（穂坂光彦）

第 7 章　気候変動とパリ協定——SDG 13

■この章で学ぶこと

　2015年に，持続可能な開発目標（SDGs）とパリ協定という歴史的な取り決めが合意された。双方ともに，気候変動についてふれ，すべての国が参加することを求めているため参加の普遍性を高めているが，互いにどのような関係にあるだろうか。この章では，気候変動の現状を把握したうえで，ゴール13をはじめとした気候変動に関するゴールやターゲット群，そして気候変動枠組条約（UNFCCC）のプロセスにおけるパリ協定の概要を紹介する。そして，市民社会をはじめとしたアクターが果たす貢献や課題は何か，また SDGs とパリ協定とをどのように統合して実施していけるのか，という点を検討しよう。

1　気候変動の現状

　気候変動の現状を理解するために，気温を中心とした気候システムの観測値と今後の予測，それによって生じる影響やリスク，そして問題の原因となっている温室効果ガス排出の動向と今後の予測についてみていこう。

　気候変動に関する政府間パネル（IPCC）が2014年に発表した第 5 次評価報告書によると，気候システムに対する人為的な影響は明らかであり，人為起源の温室効果ガス排出量は歴史的に最も多いこと，そして大気と海洋は温暖化し，雪氷は減少，海面の水位は上昇し続けていることが明らかになった（IPCC 2014）。1850年から2012年にかけて計測された世界の大気と海洋の平均地上の気温は継続して上昇しており，1880年から2012年にかけて0.85℃上昇したと報告されている。このような気温の変化により，グリーンランドや南極の氷床の質量の減少や氷河の縮小に加えて，世界の平均海面水位が1901年から2010年

の間に約0.19メートル上昇した。また,海洋による二酸化炭素（CO_2）の吸収が海洋酸性化をもたらしており,海面付近の海水 pH が低下するといった変化が観測されている。

　将来の排出量を計算する前提条件に左右されるが,今世紀末までに,厳しい気候変動対策を行っても0.3から1.7℃の気温上昇が予測され,有効な対策が講じられなければ最大で4.8℃上昇すると予測されている（1986年から2005年の平均と比較）。

　地球温暖化は,海面上昇の被害を受けやすい小島嶼開発途上国を含む沿岸地帯,そして低地帯の国々の人々に深刻な影響を与える。IPCC は,人間の安全保障や貧困という文脈では,特に後発開発途上国などの低所得の農村地域や都市地域で,洪水や熱波などの気象現象による強制移転が増加する可能性が高いと予測している。強制移転や食料の安全保障は,貧困を悪化させ,ひいては先進国と途上国における不平等も拡大させてしまう。また,影響を受けるのは途上国だけではない。近年,日本では「数十年に一度の大雨」といった局地的豪雨による洪水被害を経験することが多くなったが,気候関連の極端現象の回数は,過去と比較して増加傾向にあることが指摘されている。アジアでは,東シナ海や西太平洋のサンゴや日本海の魚類の生息地域が北方へ拡大したり,熱帯アジア地域のサンゴ礁が衰退したりするなど,既に気候変動による影響を受けている。

　気候変動のリスクを削減するための政策や活動を適応策という。日本の適応策を例としてあげると,2015年に気候変動の影響への適応計画が閣議決定されており,農業や林業,水資源,生態系,自然災害を含む7つの分野の施策が設けられた。**表7-1**ではその具体例を示している。この計画では,約5年ごとに気候変動の影響評価を行いながら,この適応計画の実施や進捗を把握したうえで,必要に応じた計画の見直しが行われる予定である。また,2018年には気候変動適応法が定められた。しかし,適応の計画と実施は政府だけが対策をとるものではない。企業,自治体,個人といった多様なアクターの活動により,その実施や効果が強化されるため,あらゆるアクターの適応に関する意識付けや能力構築が必要である。

表7-1 日本の適応計画の分野別施策

影響	適応策
農業,森林・林業,水産業	
高温による一等米比率の低下やりんご等の着色不良等	水稲の高温耐性品種の開発・普及,果樹の優良着色系品種等への転換等
水環境・水資源	
水温,水質の変化,無降水日数の増加や積雪量の減少による渇水の増加等	湖沼への流入負荷量低減対策の推進,渇水対応タイムラインの作成の促進等
自然生態系	
気温上昇や融雪時期の早期化等による植生分布の変化,野生鳥獣分布拡大等	モニタリングによる生態系と種の変化の把握,気候変動への順応性の高い健全な生態系の保全と回復等
自然災害・沿岸域	
大雨や台風の増加による水害,土砂災害,高潮災害の頻発化・激甚化等	施設の着実な整備,設備の維持管理・更新,災害リスクを考慮したまちづくりの推進,ハザードマップや避難行動計画策定の推進等
健康	
熱中症増加,感染症媒介動物分布可能域の拡大等	予防・対処法の普及啓発等
産業・経済活動	
企業の生産活動,レジャーへの影響,保険損害増加等	官民連携による事業者における取組促進,適応技術の開発促進等
国民生活・都市生活	
インフラ・ライフラインへの被害等	物流,鉄道,港湾,空港,道路,水道インフラ,廃棄物処理施設,交通安全施設における防災機能の強化等

出典:「気候変動の影響への適応計画」分野別施策(第2部)の概要を基に抜粋。

　このような影響やリスクをもたらしている原因は,CO_2をはじめとする世界の温室効果ガス排出の増加である。図7-1が示す通り,1970年から2000年までは年間1.3％の排出増加率であったが,2000年から2010年の期間については2.2％とさらに増加率があがり,2010年にはCO_2換算で年間490億トンの排出となった。

　工業化以前と比して2℃,そして1.5℃の気温上昇に抑えるというパリ協定の目的を達成するためには,2010年と比べて世界全体で40％から70％の排出削減を2050年までに実施する必要がある。このように排出を抑制する対策を緩和

策と呼ぶ。パリ協定では各国が緩和に関する目標を提出し、実施することが求められており、日本は2030年までに2013年度比で26％の排出削減を目指している。しかしながら、後述するように、すべての国が緩和策を講じたとしてもパリ協定の目的を達成するような軌道には乗っておらず、より厳しい緩和対策の計画と実施が必要と指摘されている。

図7-1　1970年から2010年における人為起源のGHG排出のガス種別の年間総排出量の推移（Gt CO_2換算／年）

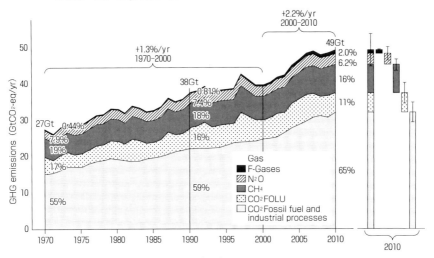

出典：Intergovernmental Panel on Climate Change (2014).

2　気候変動に関するSDGゴールとターゲット

SDGsを含む2030アジェンダでは、気候変動問題は最大の課題の1つであり、すべての国の持続可能な開発を達成するための能力に悪影響を及ぼすと明示されている。では気候変動の課題は、SDGsのどのゴールやターゲットで扱われているだろうか。

SDGsのなかでは、ゴール13「気候変動とその影響に立ち向かうための緊急対策をとる」において主に扱われており、その下に5つのターゲットが付随している（序章と表7-2参照）。近年、大雨や熱波といった極端な気象現象の回数

が増加しているが，ターゲット13.1では，このような気候変動に関係する災害や，地震などの自然災害に対するしなやかな強さ（レジリエンス）をつけることにより，影響の軽減に向けた対策を強化することを定めている。特に，社会的や経済的理由で社会の主流から取り残された人々は災害などの気候変動による物理的な影響により，住居の崩壊や農作物収穫の低下による生計への影響が発生しやすいこともわかっている。この進捗を測る指標の1つとして，2015年の第3回国連防災世界会議で合意された，災害リスクを削減するための枠組みである仙台防災枠組を実行している国家や地方自治体の数をあげている（インディケーター（指標）13.1.1および13.1.2）。

ターゲット13.2では，緩和や適応といった気候変動対策を，国の政策や計画に組み込むことを求めている。指標として，パリ協定で定められている自国が決定する貢献（NDC）や適応計画など，緩和や適応に関する総合的な政策を確立し，実施した国の数をあげている。

ターゲット13.3では，気候変動の緩和や適応に関する能力や制度の改善について明示している。日本を例にあげると，省エネルギーやCO2削減を推進するといった個人で実施できる緩和の教育は進んでいる。今後，地域における気候変動に対する適応の理解を強化して，計画や実施に移すといった適応に特化した教育にも力を入れる必要があるだろう。このターゲットの指標は，初等，中等及び高等教育のカリキュラムに緩和や適応を組み込んでいる国の数で測られる（指標13.3.1）。

特に途上国において気候変動の緩和や適応を計画，実施するためには，資金は重要な手段である。そのためターゲット13.aでは，途上国の緩和策と適応策を支援するためにCOP16で設置が決定された緑の気候基金（GCF）の始動についてふれている。GCFは，条約に基づく資金供与の制度の運営を委託された多国間基金である。

ターゲット13.bでは，後発開発途上国や小島嶼開発途上国における気候変動関連の計画の策定に関する能力の向上の促進について定めている。2030アジェンダでは，誰も取り残されることがないようにゴールやターゲットがすべての国において実施されること，そして最も遅れているところに第1に手を伸

第 7 章 気候変動とパリ協定

表 7 - 2　ゴール13のターゲットと対応する指標

ゴール13. 気候変動及びその影響を軽減するための緊急対策を講じる*
＊国連気候変動枠組条約（UNFCCC）が，気候変動への世界的対応について交渉を行う基本的な国際的，政府間対話の場であると認識している。

ターゲット	指標
13.1 すべての国々において，気候関連のハザードや自然災害に対する強靱性（レジリエンス）と適応の能力を強化する。	13.1.1 10万人当たりの災害による死者数，行方不明者数，直接的負傷者数。 13.1.2 仙台防災枠組み2015-2030に沿った国家レベルの防災戦略を採択し実行している国の数。 13.1.3 仙台防災枠組み2015-2030に沿った地方レベルの防災戦略を採択し実行している地方政府の割合。
13.2 気候変動対策を国別の政策，戦略，計画に盛り込む。	13.2.1 気候変動の悪影響に適応し，食料生産を脅かさない方法で，気候強靱性や温室効果ガスの低排出型の発展を促進するための能力を増加させる統合的な政策／戦略／計画（国の適応計画，国が決定する貢献，国別報告書，隔年更新報告書その他を含む）の確立又は運用を報告している国の数。
13.3 気候変動の緩和，適応，影響軽減と早期警戒に関する教育，啓発，人的能力，制度機能を改善する。	13.3.1 緩和，適応，影響軽減及び早期警戒を，初等，中等，高等教育のカリキュラムに組み込んでいる国の数。 13.3.2 適応，緩和及び技術移転を実施するための制度上，システム上，個々人における能力構築の強化や開発行動を報告している国の数。
13.a 重要な緩和行動の実施とその実施における透明性確保に関する開発途上国のニーズに対応するため，2020年までにあらゆる供給源から年間1,000億ドルを共同で動員するという，UNFCCCの先進締約国によるコミットメントを実施し，可能な限り速やかに資本を投入して緑の気候基金を本格始動させる。	13.a.1 2020-2025年の間に1000億USドルコミットメントを実現するために必要となる1年当たりに投資される総USドル。
13.b 後発開発途上国と小島嶼開発途上国において，女性や青年，地方及び社会的に疎外されたコミュニティに焦点を当てることを含め，気候変動関連の効果的な計画策定と管理のための能力を向上するメカニズムを推進する。	13.b.1 女性や青年，地方，社会的に疎外されたコミュニティに焦点を当てることを含め，気候変動関連の効果的な計画策定と管理のための能力を向上させるメカニズムのために，専門的なサポートを受けている後発開発途上国や小島嶼開発途上国の数と財政，技術，能力構築を含む支援総額。

ばす努力の必要性について言及しているが，気候変動問題においては後発開発途上国及び小島嶼開発途上国が，第1に対策や支援が必要なところとして認識されているといえるだろう。

　気候変動に関するSDGsのターゲットにはどのような特徴があるだろうか。1つ目に，パリ協定にあるような具体的な内容がターゲットにはあげられていない点である。例えば，パリ協定では気温上昇を2℃以内の水準に抑えることを目的としたり，2030アジェンダでは2℃以内に抑えるための排出経路と各国の緩和約束の間には大きな隔たりがあることを認識している。他方，このような気温目標はどのSDGsのゴールやターゲットでも言及されていない。また，ゴール13のターゲットをみると「2030年までに，〜を半減する」あるいは「大幅に削減する」という緩和策に関する記載はない一方で，適応策を「強化する」や「推進する」といったあいまいな記載が多い。ゴール15などのターゲットでは「〜年までに〜をする」といった具体的な内容が設置されていることに対し，なぜゴール13のターゲットには，パリ協定で記載されているような具体的な内容が反映されていないのだろうか。これはSDGsの合意とパリ協定の合意に向けた別々の交渉プロセスが同時期に行われていたためであり，2015年9月のSDGs採択を目指した各国交渉官が，同年12月に採択予定であったパリ協定の結論をSDGsの中で先取りすることがないように配慮したことが影響している。また，気候変動の協定合意の交渉は長期にわたる論争を含んだものであったため，これらの内容を無理にSDGsのターゲットに組み込むことにより，それ以外のゴールやターゲットの合意を阻害してしまうおそれがあったことから，具体的な記載は回避したといわれている。このような理由から，先に合意に至ったSDGsのゴール13にはUNFCCCが気候変動への交渉を行う場とする旨の注釈がつけられ，結果的にUNFCCCの結論に従う目標となった。

　2つ目に，気候変動の主目標であるゴール13以外にも，気候変動に強く関連しているターゲットが多く存在するという点である。温室効果ガスを削減するための緩和策を講じるためには，省エネルギーや再生可能エネルギーといったエネルギー利用と，技術の開発が重要な役割を果たす。特にゴール7は，持続可能な近代的エネルギーアクセスに関する目標であり，世界のエネルギーミッ

クスにおける再生可能エネルギーの割合を大幅に拡大させる（ターゲット7.2），世界全体のエネルギー効率の改善率を倍増させる（ターゲット7.3）ことがあげられている。また，このような技術を促進させることも重要である。たとえば，再生可能エネルギー，エネルギー効率やクリーンエネルギーの研究を促進するための国際協力や，これらの技術への投資の促進（ターゲット7.a），資源利用効率の向上とクリーン技術や環境に配慮した技術・産業プロセスの導入拡大を通じたインフラ改良や産業改善（ターゲット9.4）も気候変動の緩和策に関係する。適応策に関するターゲットはゴール13であげられたもの以外にも，貧困の削減に関するターゲット1.5や持続可能な都市に関するターゲット11.5で言及されるように貧困層や脆弱な状況にある人々の保護に焦点をあてながら，災害の影響を軽減することも関連している。

　他にも，食料に関するゴール2では飢餓をなくすこと，あるいはターゲット15.1や15.3では陸の生態系の保護や砂漠化の対処を求めているが，気温上昇が進み4℃の上昇を越えてしまうと世界的および地域的な食料不安が起こり，多くの生物種の絶滅のリスクが想定されている。これらのリスクを回避するためには（あるいは，これらのSDGsのターゲットを達成に導くためには），気候変動の対策が講じられなければならない。同じように，海水の温度が上昇することにより海洋の酸性化が起これば，次第に海の生態系への負の影響を引き起こしてしまう。そのため，海の生態系に関するターゲットである14.2や14.3の達成には気候変動対策が欠かせない。このように気候変動と開発や環境の問題，言い換えればゴール13とその他のゴールは深く関連しており，気候変動の対策を取ることによってその他のゴールの達成が可能となる事例は多い。逆に，ターゲット8.1「各国の状況に応じて，1人当たり経済成長率を持続させる。特に後発開発途上国は少なくとも年率7％の成長率を保つ」という経済成長率のみを追求し続けると，温室効果ガス排出量が増加してしまう可能性があり，ゴール8は達成できたとしても，ゴール13は未達成となってしまう。

　このように，気候変動に対応するためには，他のゴールやターゲット間との相乗効果やトレードオフという影響を考慮した分野横断的な視点が必要である。このようなSDGターゲット間の相互関連性の重要性は，近年の研究でも

3　パリ協定とその背景

　SDGs を含む2030アジェンダが合意された3カ月後，パリ協定が採択された。京都議定書に代わる2020年以降の気候変動の課題に関する新たな国際枠組であり，今世紀後半に向けてゼロ・エミッションを目指すものである。ここでは，パリ協定に至るまでの交渉を説明した上で，パリ協定の概要及び協定における持続可能な開発や SDGs の位置付けについて説明する。

(1)　パリ協定に至るまで
　1990年に気候変動に対する国際的な取組みの必要性が認識され，国際交渉の結果，1992年に国連気候変動枠組条約が採択された。条約2条では，気候システムに対して危険な人為的干渉を及ぼさない水準で大気中の温室効果ガス濃度を安定化することを目的として，その水準は，食糧の生産が脅かされず生態系が気候変動に自然に適応できるような，かつ，経済開発が持続可能に進行できるような期間内に達成されるべきと定めた。

　条約3条1項では，1992年のリオ原則に含まれている「共通に有しているが差異のある責任」の原則が明記されており，先進国と途上国の気候変動対策の役割が差異化され，先進国が1990年代末までの排出レベルに戻す緩和策をとることが求められた。しかし，条約の内容だけでは，どの先進国がどの程度の温室効果ガス排出の削減をするかという数値目標や，そのためのスケジュールについては定められていなかった。そのため，締約国会議（COP）の議論を経て，1997年に京都議定書が採択された。京都議定書では，CO_2をはじめとする6つの温室効果ガスの排出量に上限を設ける形で，2008年から2012年の第一約束期間において，削減義務のある先進国が1990年の排出量と比して－5％削減することが決められた。具体的に日本は－6％，アメリカは－7％，EU は－8％の数値目標が課せられた。

2001年にはアメリカが京都議定書に批准しないことを表明したため、先進国のなかで最も温室効果ガス排出量の多い国が不参加となる議定書の効力に疑問を示す声も多かったが、2005年には議定書は発効に至り、2008年から第一約束期間が開始した。同じころ、気候変動の国際交渉の場では、京都議定書の第一約束期間が終了する2013年からはどのような新しい国際枠組で気候変動問題に対応するかが大きな課題となっていた。その背景として、京都議定書では削減義務を負わない途上国、特に中国やインド、新興国の排出量が急激に増加していたことがあげられ、アメリカはもとより、いかにこれらの排出の多い途上国を含めたすべての国が参加できるような枠組みを構築するかが大きな焦点となっていたことがあげられる。

2009年のCOP15で交渉が決裂するなど、合意形成は難航したものの、2010年以降は各年のCOPにおいて重要な合意が段階的に行われた。特に、2011年のCOP17では、すべての国が参加する新しい協定を2015年までに合意し、2020年以降に実施することが決まった。また、2013年のCOP19では、全ての国が2020年以降の削減目標に関する約束草案 (intended nationally determined contribution: INDC) をCOP21に先立って作成することが招請された。このINDCが、後述するパリ協定におけるNDCという目標 (nationally determined contribution) となった。

(2) パリ協定

長期の交渉を経て、パリ協定は、2015年12月に開催されたCOP21において採択され、翌2016年11月に発効した。

協定の2条ではその中核的な目的について、世界の平均気温の上昇を工業化以前と比べて2℃を十分に下回る水準にすること、そして1.5℃の水準に抑制する努力を継続することと定めている。

気温の長期目標についてパリ協定合意以前のCOP決定では、2℃以下に抑制できるように排出削減をすることについて明記していたが、その時点では「1.5℃」は目標としては認識されていなかった（例えば、2010年のCOP16決定であるカンクン合意のパラグラフ4）。しかし、パリ協定において1.5℃が長期目標

の一部として認識された背景として、小島嶼開発途上国や後発開発途上国が、0.85℃という気温上昇で影響が既に生じていることを訴え、2℃の気温目標では十分ではないことを強く主張したことがあげられる。結果的に、工業化以前と比べて気温上昇を2℃以下に「十分に」抑えるとともに、1.5℃と制限する努力を継続するという結果に導くことができた。

　この目的を達成するために、パリ協定4条1項では、できる限り速やかに世界の排出量を頭打ちにした上で、今世紀後半に温室効果ガスの人為的排出と人為的吸収を均衡させるように早期の削減を目指すこと、つまり、排出を実質ゼロにすることを定めている。そのために、先進国と途上国の双方ともに、温室効果ガス排出削減にむけて自国が決定する貢献（NDC）の目標を提出し、実施することを規定した。NDCは、5年ごとに提出する義務があり、将来の目標は現在の目標を上回るものでなければいけないことも併せて定められた。しかしながら、これまでに167カ国のNDCが作成されている一方で（2018年1月現在）、現在の各国の目標を積み上げたとしても2℃以内に抑えるための排出経路に乗るには隔たりがある。UNEPの「Emission Gap Report」によると、世界の排出を2020年に頭打ちすると仮定して、現在のNDCを完全に実施すると、2℃以内に抑えるためには2030年の排出量が42 $GtCO_2$ を超えるべきではないが、11から13.5$GtCO_2$超過することがわかっている。そのため、次回2020年に更新されるNDCに向けて、根本的な強化の必要があることを指摘している（UNEP 2017）。

　適応については、適応能力の向上や気候変動に対する強靱性（レジリエンス）の強化と脆弱性の減少に関するグローバル目標を定めること（7条）、そして適応に対する行動を行っても生じる「損害や損失」についても、損失及び損害を回避し、最小限にすることの重要性、そしてそれらを減少させる上での持続可能な開発の役割を認識することが明記された（8条）。

　その他、グローバル・ストックテイクという目標達成に向けた世界全体の進捗状況を5年ごとに検討する仕組みが構築され、初回は2023年に行われることになった。途上国の実施を達成する支援も欠かせない。京都議定書では先進国が途上国に対して資金支援を行うという構図だったが、協定では先進国以外の

国でも任意に資金を提供することが奨励されている。

　ではパリ協定では，持続可能な開発やSDGsについて，どのように言及されているだろうか。協定では，持続可能な開発と貧困の削減という文脈において気候変動の脅威に対する全世界での対応を強化することを求めており，持続可能な開発との関連性について明確な姿勢が示されている（2条1項）。協定はSDGsという言葉には触れていないが，その前文では，適切な労働及び質の高い雇用の創出が必要不可欠であること（SDGゴール8に関連），気候変動対策を講じる際に，人権，健康についての権利，先住民，障がい者及び影響を受けやすい状況にある人々の権利や男女間の平等を考慮すべきであること（ゴール3，5，10，16に関連），食料安全保障や飢餓の終了という優先事項や気候変動に関連する食料生産体系の脆弱性を認識すること（ゴール2に関連）というように，SDGゴールに関連する多くの課題に言及しているという特徴がある。適応の視点では，7条9項（e）において天然資源の持続的な管理を通したレジリエンスの構築に関する適応の計画について明記されているが，これは貧困層や脆弱な状況にある人々のレジリエンスを構築し，脆弱性を軽減するというSDGターゲット1.5と深い関連性がある。同様に，5条2項の森林の持続可能な経営のための緩和と適応の取組は，直接的にSDGターゲット15.2と関連する。つまりパリ協定では，SDGsの多くのゴールに関係するような事項に触れていることがわかる。

4　市民社会を含めたアクターの動き

　気候変動問題を解決するためには，どのようなアクターがいるだろうか。

　パリ協定では，すべてのレベルの政府と多様なアクターの取組みの重要性を認識するということが前文で記載されているが，締約国ではないアクターに関する条項はない。今後も，条約や協定の実施に向けた交渉を行い，各国の目標の野心度を高めていく責任を負うのは政府の役割であろう。しかし，各国の目標を積み上げたとしても2℃以内の気温上昇に抑制するには十分ではないという現状のなか，企業やNGOといった非国家アクター（non-state actors）やサ

ブナショナルアクターは2℃対策に向けてどのような活動をとることができるのだろうか。実際のところ，気候変動の分野ではこのような非国家アクターの動きは活発であり，UNFCCCが開発した非国家アクターによる気候変動対策イニシアティブを登録するプラットフォーム「Non-State Actor Zone for Climate Action」には，これまでのところ2508の都市，2138の企業，479の金融サービス，238のCSOを含む12549のイニシアティブが登録されている（2018年1月現在）。

UNFCCCの交渉プロセスでは，政府以外のアクターを，環境，ビジネスと産業，研究，自治体，先住民，労働組合，国際組織の7つの分類で分けているため，この分類に沿って，いくつかのアクターの具体的な活動例をみていこう。

まず，環境に関するNGOの代表的な例が，約120カ国にベースを置くWWFやグリーンピースといった1100以上の環境NGOで構成されるClimate Action Network（CAN）である。国際交渉の場では，交渉内容に関するニュースレターを発行したり，交渉の特定の課題に対する意見を提出したり，国内では，気候変動の緩和と適応に関する市民の意識付けを行っている。日本では，CANに参加する全国地球温暖化防止活動推進センター（JCCCA）が，家庭で取組む省エネルギーのガイドブックの発行や各地方における気候変動の取り組みのイベントを行うなど，市民に対する取組を行っている。

民間企業も，実質的な緩和策を講じる重要な主体である。経済界のネットワークも多く構築されており，例えば気候変動対応を世界規模で推進するために構築された気候変動に関するグローバル投資家連合（Global Investor Coalition on Climate Change）は，2017年に機関投資家が企業への集団的エンゲージメントを行うイニシアティブ「Climate Action 100＋」を発足させた。日本でも，各企業セクターの緩和活動が活発であり，WWFジャパンが行った気候変動対策の企業ランキングによると，ソニー（電気機器部門），日産自動車（輸送用機器部門），キリンホールディングス（食料品部門），イオン（小売業・卸売業部門），東京海上ホールディングス（金融・保険業部門）が各部門において最も進んだ緩和策を行っているという。緩和策はいうまでもないが，途上国における適応の

ための活動や資金が不足していることから，いかに企業が適応についても活動を増加させていくことができるか，今後のパリ協定とSDGsの課題のひとつとしてあげられるだろう。

　大学やシンクタンクを含む研究組織や世界気象機関（WMO）や国連環境計画（UN Environment）といった国際機関も，気候システムや緩和策および適応策に関する科学的知見を提供するという点で重要な役割を果たしている。IPCCは政府間パネルであり政府の関与を伴うため非国家アクターとは分類できないが，気候変動の研究を行っている世界の科学者が，これまで5つの評価報告書の作成を通して，UNFCCCにおける交渉や国内の政策決定者，そして市民社会に対して科学的知見を提供してきた。しかし，IPCCによる評価報告書は5年から7年に1回の頻度で作成されるため，その間の最新の知見は提供できないこと，またIPCCは政府から要請がない限り，特定の気温上昇のみに焦点をあてた評価は行わない。他方で，WMOは陸地及び海洋の気温や大気中の温室効果ガス濃度の変化に関する最新の情報を毎年発行しているため，政府や企業はこのような国際機関から適時な最新情報を得ることができる。また，UN Environmentは，各国の行動や目標が2℃や1.5℃といったUNFCCCの長期的な目標にどの程度沿っているかという点を分析する報告書「Emission Gap Report」，そして適応のニーズと実施の実情を評価する報告書「Adaptation Gap Report」を毎年発行している。これらは，IPCCの評価報告書とは性質が異なるものの，政策立案を手助けする知見の1つとなっている。

　都市部における人口増加が引き起こす排出量増加も予想されているため，緩和策や適応策を講じる都市の役割も見逃せない。気候変動対策を講じる都市間ネットワークのイニシアティブの一例として，世界大都市気候先導グループであるC40 Citiesは，パリ協定に合致するような排出削減計画を記したDeadline 2020という戦略をうちだしている。アメリカのトランプ大統領が2017年6月にパリ協定からの離脱を表明したことについて，カリフォルニア州などの10の州政府に加え，ロスアンゼルスやニューヨークなどの都市は大統領声明に反対の意向を示したように，地方自治体には政府の役割とは異なった独自の行動や連携をとることが期待されている。

このように各分野のアクターは，環境系組織は課題の意識付け，研究系や国際機関の組織は専門知見の供与をするというように，特定の機能を果たしていることがわかる。一方で，1つのアクターが，市民への意識付けや知見の提供，あるいは社会的に取り残された声を代弁するといったすべての機能を担えるわけではない。つまり，適切な機能や資源を検討し，動員しながらパートナーシップを構築して問題解決に取り組むことが求められている。このようなステークホルダー間のパートナーシップの重要性はターゲット17.16や17.17でも唱えられている。

気候変動がゴール13だけではなく，多分野のSDGsに関連していることは既述した通りであるが，気候変動に関するパートナーシップを構築する際には，どのような点を考慮すべきだろうか。2030アジェンダでは，最も貧しく最も脆弱な人々のニーズに特別の焦点をあてながらパートナーシップを構築する重要性について触れており，このことからパートナーシップの構成を考えるときには関連するアクターを含んでいるのかという点を十分に考慮する必要があるだろう。残念なことに，持続可能な開発に関連するパートナーシップの構成を分析した既存研究によると，政府や国連機関，NGOや企業のセクターが参加するパートナーシップは多い一方で，女性や先住民といったこれまで社会的に取り残されてきた人々はパートナーシップへの参加が限定的であったこと，言い換えれば包摂的な参加が達成できていないことがわかっている（Pattberg et al. 2012）。国際レベル，地域レベル，自治体レベルといった気候変動と開発に関連する活動を実施するレベルに合わせて，いかに関連するステークホルダーの参加や声を集めていけるかが今後の大きな課題である。

5　今後の課題

2015年には，気候変動対策をSDGsのゴールの一つに位置づけたアジェンダ2030とパリ協定が合意された。これらを実施していく上で今後の課題となるのが，いかに国連の気候レジームとSDGsを統合していきながら，それぞれの内容を効果的に実施するかという点である。2節では，ゴール13にはパリ協定の

具体的な内容が含まれているわけではないが，気候変動問題を解決するにはゴール1, 2, 7, 14, 15との相互関連を考察した達成が必要であることについて述べた。また3節では，パリ協定が貧困をはじめとして多様なSDGsとの強い関連性があることを紹介した。しかし，パリ協定はUNFCCCプロセス，そしてSDGsは国連のハイレベル・ポリティカル・フォーラム（HLPF）のプロセスという2つの異なる国際プロセスでそれぞれの議論が行われている。つまり，2つのプロセス間における内容の整合性や活動の一貫性は確保されていないという課題がある。

では，どのように2つのプロセスの実施を統合させることができるだろうか。気候政策を国内政策に反映させるというターゲット13.2では，NDCを含む緩和や適応の政策を確立した国の数を指標として設定している（指標13.2.1）。このNDCが，パリ協定とSDGsをつなぐエントリーポイントの1つとして機能する可能性があると考えられる。つまり，パリ協定の下で各国が提出を求められているNDCの中で，気候変動対策とSDGsターゲット対策の相互関連性を考慮した計画を作成していくことである。この点に着眼して国連事務局とUNFCCC事務局が48カ国の途上国のNDCについて分析したところ，NDCで記載されている緩和と適応の活動を行うことにより，多くのSDGsのゴールの実施に貢献する，あるいはコベネフィットが生じる可能性があることがわかった（UN-EOSG and UNFCCC 2017）。具体的には，緩和策を実施することにより，クリーンエネルギー（ゴール7），土地利用と森林（ゴール15），輸送システム（ゴール11），廃棄物管理（ゴール11や12），農業（ゴール2），適応策の実施により水（ゴール6），農業（ゴール2），健康（ゴール3），生態系（ゴール15），インフラ整備（ゴール11）に関する相乗効果を生じさせる可能性が高い。他方で，この分析では「SDGs」という言葉にNDCで言及したのは9カ国というごく少数であることも指摘されており，UNFCCCプロセスにおけるSDGsの認識が十分ではないことが示唆される。また，相乗効果にはふれているが，負の影響を与えるようなトレードオフについての情報はNDCに含まれていなかった。

そのため今後は，2020年に向けた次回のNDCの作成に向けて，SDGsの考

察を組み込むという各国の意識向上が必要であるとともに、各国が相乗効果だけではなく、トレードオフの影響も分析できる能力を構築することも必要である。その上で、SDGターゲット17.14が示すように、気候変動とSDGsとの間で一貫した政策がとれるよう、各国で政策を調整するような制度を構築していくことも必要であろう。

　この課題に挑むにあたり、政府だけではなく、前節で述べたように各アクターの機能や資源を活かしたパートナーシップを構築して課題に対応することが求められる。開発や環境に関するNGOは、2つのプロセスの統合に関する政府へのロビイングや、確実な気候変動対策に向けた市民の意識付けを行ったり、研究機関や国際機関は各国や各地域レベルにおいてパリ協定の目的を視野に入れてSDGsのターゲットとの相互関連性を検討した知見を提供したり、各自治体の能力構築を促進するようなプログラムを提供するといった活動を行うことができる。市民社会をはじめとして、各アクターがSDGsとパリ協定の達成に向けて果たす役割は大きいだろう。

〈参考文献〉

United Nations Executive Office of the Secretary-General and the United Nations Framework Convention on Climate Change, 2017, Catalysing the Implementation of Nationally Determined Contributions in the Context of the 2030 Agenda through South-South Cooperation, United Nations.

United Nations Environment Programme, 2017, The Emission Gap Report 2017, A UN Environment Synthesis Report, United Nations Environment Programme (UNEP), Nairobi.

Nilsson, Mans, Dave Griggs, and Martin Visbeck, 2016, "Map the interactions between sustainable development goals, *Nature*, 534.

Intergovernmental Panel on Climate Change, 2014, Climate change 2014: synthesis report, Contribution of Working Groups I, II and III to the fifth assessment report of the Intergovernmental Panel on Climate Change, IPCC, Geneva.

Pattberg, Philipp, Frank Biermann, Sander Chan and Aysem Mert, eds., 2012. Public-private partnerships for sustainable development: Emergence, influence and legitimacy. Edward Elgar Publishing.

（小坂真理）

第8章　陸と海の生物多様性——SDGs 14・15

■この章で学ぶこと

　私たちの生活は地球上の豊かな生物資源に支えられている。本章では，陸と海の生物多様性に関して持続可能な社会を実現するためにSDGsでどのような目標が設定されているのかを，関連する国際的な枠組みとともに理解し，その中でも特に私たちの生活と密接に関連する食料・農業に関わる生物多様性の管理について詳しく学びたい。また，生物多様性条約と日本に住む私たちのかかわり方についてコラム1，2で紹介する。

1　陸と海の生物多様性を守るSDGsの内容とは

　一般に環境保全と開発の問題はトレードオフ関係にあると認識されがちである。すなわち，経済的な発展を達成するためにはある程度の環境破壊はやむを得ないため，開発を実現するためには環境破壊は一定程度許容されるという考え方がともすれば受け入れられがちである。しかしながら，破壊される環境が再生可能なものである場合はそのような議論も成り立つが，ひとたび失っては再生されない資源の場合は，環境の保全は何にもまして優先される課題である。生物資源の重要な要素である生物多様性においても，この考え方は重要である。すなわち，生物資源は生物の持つ特性として再生能力が備わっているため，たとえば植林や養殖などによって再生可能な資源と考えられているが，同時に生物を作り上げている遺伝子や生態的環境がひとたび失われると再生は現代の科学技術では不可能である。

　このような考えを背景に，SDGsに先立つMDGsでも，極度の貧困や飢餓の根絶とならんで環境の持続性を重要な目標に掲げていた。世界経済の40％が

第Ⅰ部　SDGsをどう理解するか

生物由来や生態系プロセスの生産物であると言われており，これらの減少や破壊は直接的に世界経済に影響し貧困を増大させる可能性がある。また，わずか30種程度の作物種が世界の食料生産を支えており，また動物性食品の90％はわずか14種の哺乳類および鳥類に依存しており，これらの種の遺伝的多様性が減少することは食料安全保障や所得を脅かすことになってしまう。特に貧しい女性や子どもたちが生物多様性の消失による否定的な影響を大きく受ける可能性がある。また，関連するMDGsのゴールには，健康に関するものも多く，特に開発途上国の低所得の農村住民は，多くの野生生物などを食品・薬品・微量栄養素源としている。また，WHOの調査によると，世界の80％の人々が日常のヘルスケアに必要な薬品を伝統的システムや伝統的薬品に依存しており，健康分野のMDGsのゴール達成のためにも生物多様性の管理は重要な課題と考えられていた。

　2015年にまとめられたMDGsの達成状況では，飲料水へのアクセスやスラム居住者の生活環境改善などは充分な進歩が見られたが，自然環境の持続性に関しては，世界の二酸化炭素排出量が1990年以降50％以上増加，水不足は世界の人口の40％に影響，海洋漁業資源の乱獲による生物学的利用限界内の資源割合の減少など，厳しい状況が指摘された。

　SDGsにおいては，環境問題はいくつかの相互に関連するゴールに分けられており，陸と海の生物多様性を守ることに関するものは，ゴールの14と15でターゲットが決められている。我々人間の生活が自然資源から必要なものを取り出し加工することによって財やサービスを得ていることから，これらの生物種を中心とした自然資源の持続性は私たちの生活の持続性を担保するために重要な要素となる。生物多様性の減少は，生息地の減少，気候変動，海洋汚染，外来種の侵入などが大きな原因とされるが，人間の活動が与える影響が非常に大きく，私たちに何ができるかを考える視点をもって，食料を確保するための乱獲や過剰生産など人間の活動に直接起因する要因にどう対処するかを考えることが重要であろう。

　では，どのような目標がSDGsにおいて設定されているかを，国連広報センターの資料をもとに概観したい。

ゴール14は,「海の豊かさを守ろう」というスローガンの下で,海洋と海洋資源を持続可能な開発に向けて保全し,持続可能な形で利用することが目指されている。最初に,海洋の存在がこの地球を人間の住める場所にしている重要性を示したうえで,この重要な資源をどう管理するかが人類全体にとって,そして気候変動の影響への対策にとって,本質的な課題となっていることが説明されている。また,日常的に30億人以上の人々が海洋と沿岸の生物多様性を利用して生計を立てているにもかかわらず,特に漁業資源の持続可能性が乱獲によって危機にさらされていることが指摘されている。海洋の二酸化炭素吸収機能も温暖化防止目標との関連で重要な要素である。

以上のような背景から,SDGsでは,海洋と沿岸の生態系を持続可能な形で管理し,陸上活動に由来する汚染から守ると共に,海洋酸性化の影響緩和に取り組むことが謳われている。

ゴール15では,「陸の豊かさも守ろう」をスローガンに,陸上生態系の保護,回復および持続可能な利用の推進,森林の持続可能な管理,砂漠化への対処,土地劣化の阻止および逆転,ならびに生物多様性損失の阻止を図ることが目指されている。海洋と並んで,陸地の存在が我々がこの地球上に住める基本的条件となっている。特に,陸地に生育する農作物をはじめとする植物は人間の食料の80％を提供していることも指摘されている。私たちが重要な経済資源,そして開発の手段として,農業に依存していること,また,森林が地表の30％を占め,数百万の生物種にとって必須の生息地や,きれいな空気と水の重要な供給源であるだけでなく,気候変動への対処においても不可欠な役割を担っていることを説明している。にもかかわらず,地球はかつてない土地の劣化に直面し,耕作地の消失が進み,干ばつや砂漠化も深刻化し,確認されている8300の動物種のうち,8％は絶滅し,22％が絶滅の危険にさらされているため,特にそれら資源に直接依存する貧しいコミュニティに影響が及んでいることが指摘されている。

以上のような背景から,SDGsでは,森林や湿地,乾燥地,耕地などの陸上生態系を保全し,2030年までにその利用回復を狙いとし,森林の持続可能な管理を推進し,砂漠化を食い止めることを目標としている。

2 生物多様性を守る国際的枠組み

生物多様性条約（以下，CBD）は，生物すべてをカバーする国際的に法的拘束力のある条約である。条約において，生物多様性とは，

① 干潟・湿地や森林・耕地・牧草地のようないろいろなタイプの環境を意味する生態系の多様性

② 絶滅危惧種や田んぼの生き物などいろいろな生き物の種の多様性

③ 作物や家畜の遺伝資源に代表される同じ種の中にある多様な個性や遺伝子を意味する種内レベルの遺伝子の多様性の3つの異なるレベルを含んでいる。実際には，これらの3つは別個に存在するものではなく，互いに密接に関連し合って存在している。例えば，干潟には海水を浄化する微生物，土の中に生息する小動物，塩水に適応した植物，それらを食べる鳥類など多様な種の生物が生息している。また，種の多様性に関しては，鳥類を例にすると，世界中には約1万種が生息しているとされ，例えば大きさはハチドリのような数cm数グラムのものからダチョウのような2m100kgになるようなものまで実に多様なものが存在する。さらに，種の中には，稲を例にとるなら，コシヒカリやユメピリカのような現代の日本で食べられているものから，東南アジアの浮稲や焼き畑で作られるモチ性の稲など数万の品種（種内の多様性）がある。

しかしながら，これらの多様性を具体的に把握することは非常に困難な作業である。例えば，種とはなにかという問いに対してもいまなお論争が続いており，生物多様性を議論するには高度な自然科学の知識と社会科学の知見が要求される。従って，生物多様性の保全を学び議論するには，このような本質的議論を避けていくこともやむを得ないという私たちの側の限界があることを踏まえて先に進むこととしたい。

CBDが，190カ国以上の国及び地域が加盟している条約であることから，一般に生物資源を議論する際にはこの条約がスタートラインとなる。本節では，外務省・環境省の資料に準拠してこの条約の概要と現状を説明する。

人類は，地球生態系の一員として他の生物と共存しており，生物を食料，医

療，科学等に幅広く利用しているが，1970年代以降，野生生物の種の絶滅・生物の生息環境の悪化及び生態系の破壊に対する懸念が深刻なものとなってきた。そのため，希少種の取引規制や特定の地域の生物種の保護を目的とする既存の国際条約（絶滅のおそれのある野生動植物の種の国際取引に関する条約（ワシントン条約），特に水鳥の生息地として国際的に重要な湿地に関する条約（ラムサール条約）等）を補完し，生物の多様性を包括的に保全し，生物資源の持続可能な利用を行うための国際的な枠組みを設ける必要性が国連等において議論されるようになった。このような流れを受けて，1987年の国連環境計画（UNEP）管理理事会の決定によって設立された専門家会合における検討及び1990年11月以来7回にわたり開催された政府間条約交渉会議における交渉を経て，1992年5月22日，ナイロビ（ケニア）で開催された合意テキスト採択会議において生物多様性条約の中身が採択された。

　条約の目的は，
① 生物多様性の保全
② 生物多様性の構成要素の持続可能な利用
③ 遺伝資源の利用から生ずる利益の公正かつ衡平な配分

であり，単に生物多様性を守る環境保全の条約ではなく，その持続可能な利用とその利用から生まれた便益（経済的利益が中心）の関係者への衡平な配分をうたっている経済条約であることに注目する必要がある。繰り返しになるが，私たち人間は，その食料や繊維，医薬品など生活に不可欠なものを生物に頼っているため，単に保全するだけでなく，どのように利用するかを考えることが必要なわけである。ただし，その利用には，私たちが毎日の食事で食べたり，工業製品の原料として利用するような使用価値を取り出す行為だけではなく，国立公園に観光に行って野鳥を観察したり景観を楽しんだりするような非使用価値や，現在利用するのではなく将来の世代が利用できるように選択肢を残しておくような選択価値の視点も取り入れての議論が必要となる。

　保全に関しては，もっとも一般的な方法は，保全対象となる生物の生息地域を指定して，保護区のような形で人間の活動を制限することである。国立公園の事例はこれに当てはまるが，このような保全は生息域内保全と呼ばれる。こ

れに対して，動物園でパンダを保護するような場合は，生息域外保全と呼ばれる。生物多様性の豊富な途上国においても多くの地域が国立公園のような形で指定され域内の生物が保全されている。また，沿岸地域では，生態系の保全のために区域を指定し，漁民をはじめとした人間の活動を制限することによって，域内の生物多様性の保全や回復を目指している。しかしこのような制限は，直接的に生物資源を利用している地域住民にとっては，生計の手段を奪うことにもなりかねず多くの地域で問題となっている。資源を直接的に消費しない観光の導入や，一方的に政府が管理するのではなく，地域住民とともにそのような保護地域の管理を行うことで地域住民の生計への影響を緩和する試みも多く行われている。また，生物学の知見の集積に伴い，厳密な保護地域と一定の経済活動を認める緩衝地域の設定などがきめ細やかに行われるようになってきている。

　生態系の持続的な利用を行うには，生態系がどのような財やサービスを私たちに提供しているかをできるだけ正確に把握する必要がある。その試みとして，MDGsの期間内にミレニアム生態系評価が行われた。この評価では，生態系が生み出すサービスとして，供給サービス（食料や薬品など人間に必要な資源を供給するサービスなど），調整サービス（気候変化の緩和［水田があると寒暖の差が少なくなるなど］や洪水の防止［森林が持つ保水力］など），文化的サービス（精神的充足やレクリエーションなど）および基盤サービス（光合成による酸素の供給や栄養素・水の循環など他の機能を支えるサービス）に整理している。人間による生態系の改変の結果として，

① 生物の多様性に元に戻すことができないような影響を与えていること
② 生態系の改変には利益と代償があり，代償は将来世代に悪影響を与える可能性があること
③ 生態系サービスの劣化は21世紀後半に顕著になる可能性が高いこと
④ 生態系サービスの需要の増加と劣化の防止はやり方によっては両立可能であること

がわかった。では，どのようにして，人間の（経済）活動や暮らしのあり方を変えていくことが望ましいのであろうか。

1つは生物資源に関する所有権の考え方の検討が考えられる。CBDにおいては，生物多様性の利用に関するグローバルな視点では，特許権を含む知的所有権（知的財産権）が，途上国が遺伝資源の利用技術の円滑な取得の機会を与えられ移転を受けることに影響を及ぼす可能性があることを踏まえ，そのような知的所有権が条約の目的の助長かつ反しないことを確保するために国内法等にしたがって協力することが促されている（第16条）。「共有地の悲劇」（所有者が明確でない資源は過剰利用され，資源の枯渇につながるという経済学の考え方）として知られる資源管理の困難さを克服する試みとして所有者を特定することは１つの有効な解決方法ではある。しかしながら，このような考え方は，無制限な利用による資源の劣化を防ぐ効果がある一方で，資源の囲い込みに繋がり，多くの人にとっては生物資源へのアクセスを制限されることにも繋がる。そのため，CBDでは，前文や第８条において，伝統的な生活様式を有する多くの原住民の社会及び地域社会が生物資源に緊密にかつ伝統的に依存していること並びに生物の多様性の保全及びその構成要素の持続可能な利用に関して伝統的な知識，工夫及び慣行の利用がもたらす利益を衡平に配分することが望ましいことを認識している。条約の仕組みの具体的な説明及び日本国内における市民社会とのかかわりについては章末の**コラム１，２**を参考にしてほしい。

3　食料を支える農業生物多様性の管理

　次に，私たちの生活とのかかわりで重要な要素となる農業生物多様性について少し詳しく見てみたい。農業が生物多様性と関係していることは日常生活の中で感じることは少ないであろう。しかし，上でも述べた通り，人間が自然資源の中の生物資源を利用する行為が生物多様性の持続可能性に重要な影響を与えるならば，生物資源を直接利用して私たちの食料や工業原料を生産する農業がとても身近なことがらであることに納得がいくであろう。

　ここで，農業が生命体を対象とした人間の営みあることをまず押さえておきたい。農業は，基本的に，太陽光を利用して有機物を生産する行為に依存しており，土地・水・空気・天候など自然を取り込む産業である。農業は本来人間

と環境の働きかけあい,相互関係であり,作物や家畜と人間との共生関係である。このような相互関係に根差した生活や自給的な在来農業は,近代的農業の導入に従って,原始的で後れたものと見なされるようになってきた。持続性を保つためには生産過程で環境負荷要因を常に処理しなければならないが,農業以外の産業から生産される石油由来の製品や化学肥料などの投入物の増加は,農業を支える生態系の持続性に大きな負荷を与えている。また,環境制御による作物や家畜の生育のコントロールは限界があり,また季節に左右される。生命体を栽培・飼育される土地から切り離すことが難しいため,生産を上げるときには一定の面積が伴い,そのような観点からも生態系の保全は不可欠である。さらに,農業生産には,経済的価値のほかに環境保全・伝統・文化など多面的な価値生産が伴うが,多くの場合これらは市場で取引されないことも大きな課題である。

　ところで,「農業の持続性」という言葉から読者は何をイメージされるだろうか？　農業が持続的であるということは,ミクロの生産単位,例えば個々の農家において再生産が可能な経営が行われることを意味する。しかし,開発のより広い枠組みの中では,農業の持続性は,単に各農家の経営が持続する以上の意味を持ち,環境容量やエネルギー収支を含めた世界的な食料生産の持続性から,経営を可能にする市場の存在や政策の実現,人的資源や土地資源への持続的アクセスも含まれる。自分たちが食べたいもの,作りたい作物を自分たちが決める権利は食料主権と呼ばれ,基本的人権の一部と位置づける議論が国連の場でも活発化している。農業の持続性を実現するには,農の営みの基本として人間と自然の相互関係に根ざした地域農民の組織・制度・知識の再評価を行い,さらに,農家・農民のみならず消費者も含めた評価基準に根ざして継続的に自分たちに必要な品種を開発し,その種子を利用してどのような財やサービスを取りだしていくかを決めることができる社会が不可欠である。育種研究者の菅洋は,「元来野菜の特産品というものは,地域の狭い風土の気象・土壌条件のもとで育まれ,そこに適地を見出した遺伝子型を持つもので,適地が極めて限られたものであろう」と述べている。さらに,「そのような適地において,その特性をもっとも発揮できるような加工法なり料理法なりが発達し,品種が

生活文化複合の一部をなすようになった」とも議論している（菅 1987）。近年，産業化された農業が品種—栽培技術—食物という連鎖からなる生活文化の関係を絶ちきってきたことに対する反省が見られ，農家や消費者の参加による伝統的作物の保全と利用の大切さが認識されていることも，生物多様性保全の大きな一歩と考えられる。

4 食料・農業のための生物多様性管理を支える国際的枠組み

土地・水と並んで，生命体としての持続性を担保する多様な作物品種の種子（世代を超えて引き継がれる性質と経済的な価値を生み出す源泉であることから専門用語で植物遺伝資源と呼ばれる）の持続性について説明したい。

国連食糧農業機関（FAO）は，「土壌，水，そして遺伝資源は農業と世界の食料安全保障の基盤を構成している。これらのうち，最も理解されず，かつ最も低く評価されているのが植物遺伝資源である」と警告を発している（FAO 1996）。ここで植物遺伝資源と呼ばれているものが多様な作物品種の種子である。耕種農業にとっては，その経営の大小や自給志向か販売志向かの違いにかかわらず，良質な種子を安価に安定的に調達することが不可欠である。農業の近代化や品種改良が進む以前は，長い間にわたって農家は自分たちが毎年蒔く種を自分で採種するのが当たり前であった。この行為を通じて，作物種内の多様性が作り出され保全されており，この多様性は人類共有の遺産と位置付けられて品種改良の素材として広く利用されてきた。しかし，現代農業においては，種子は購入されることが多くなっている。また，品種改良によって限られた数の品種に栽培が集中し，病害虫や気候変動に対する脆弱性の問題も指摘されている。1968年の「植物の新品種の保護に関する国際条約（UPOV）」の登場以来，各国が種苗法を制定し，作物の品種に対する知的財産権が広く認められるようになった。その結果，農民や国家が中心となってきた品種開発に企業が参入し生産性の向上に寄与する反面，そのような企業が種子の権利を主張し，種子が公共財的存在から私有財へと変化してきている。

このような多様な種子の持続的利用と保全を促進するために，「食料及び農

業のための植物遺伝資源に関する国際条約（略称：食料・農業植物遺伝資源条約）」があり，日本政府も作物育種の推進に資するとともに，食料及び農業のための植物遺伝資源の保全と持続可能な利用のための国際協力を一層推進するとの見地から2013年にこの条約に加盟している（**写真8-1**）。この条約には，農業者の権利（農民の権利とも呼ばれる）として農家自身が採種・保存・交換等を行う権利が明記されているが，これを実現する責任を負うのは各国の政府であり，その対応は必ずしも充分ではない。日本でも，「適当な場合には，国内法令に従い，農業者の権利を保護し，及び促進するため，伝統的な知識の保護，関連する国内の意思決定への参加等の措置をとるべきである」との努力目標が設定されているに過ぎない。

　市場原理主義と技術信仰にもとづく楽観論と市場の失敗や資源・環境の制約を懸念する悲観論の両方が併存するグローバルな食料需給議論を踏まえて，農家が経営体として収益を挙げられる品種の継続的開発，その開発及び使用における主体者の多様性確保，生命体としての種子の特性理解の促進が期待される。

　生物学的にも，私たち人間が種子／遺伝資源の多様性を維持することに大きな意味がある。多様な品種が利用されている農業生態系においては，ある病気が蔓延した場合，その病気の被害を受ける品種とその病気に強い遺伝子を持つ品種の両方が存在することで，生産面からみたリスクの分散と安定性を図ることにつながる。単一の品種の栽培では，効率的な生産や流通が行える半面，環境の変化が起こった際にその品種が適応できずに収穫が激減する危険を伴っているわけである。さらには，気候変動などを理由に，例えば乾燥や高温に強い品種が必要になった時には，多様な品種の中からそのような形質を持つ品種を選び，育種の素材として活用することもできる。

　このような国際政治経済の実態や生物学の知見が，開発途上国でどのように生物多様性の保全の実際と繋がっているのかについて，地理や民族の多様性とともに作物の多様性が非常に豊かな国として知られているエチオピアの事例を紹介したい。エチオピアは，農業生態的に多様性に恵まれ，伝統品種が多く存在し，また農家によってそれらの種子が供給されている。一方で，国際機関や連邦政府は，改良品種導入と企業を主たるアクターとした種子供給システム構

写真8-1　日本との国際協力で設置されたシードバン
　　　　クに展示される多様な稲品種(ミャンマー)

写真撮影：筆者（西川芳昭）。
注記：これらの稲品種の多様性が農家のリスク分散や消費者の選
　　　択につながるとともに，将来の改良品種育成の素材となる。

築を推進している。このような政策は，国家レベルの「食料安全保障」を重視しており，個々の農民や住民の「農民の権利」や「食料主権」の実現を積極的に意図したものではなかった。一方で，NGO・エチオピア有機種子行動(Ethio-Organic Seed Action: EOSA）が政府関係機関や国際 NGO と農民をつなぎ，農村の中に農家自身が管理する種子銀行を設立し，地域内での種子の生産と供給を促進している。育種素材としての遺伝資源保全や，企業の種子供給への参入環境整備が政策の主流となっているにもかかわらず，農民自身が作物遺伝資源という農業生物多様性を自らの地域発展のために直接利用する組織・制度の整備を促進しているわけである。

　日本の技術協力機関である国際協力機構（JICA）も，農民自身による採種を含む多様な種子供給システムの役割を認知しており，とくに農家の種子生産技術に関する研修を農家グループの形成を通じて実施するとともに，村に近いところで種子の品質を保証する簡易な試験室の運営を支援している。これらの活動は，エチオピアの政策制度の中に必ずしも明文化されているわけではない。関係者が種子システムにおける農民の位置づけを重視し，既存の組織と連携して活動しているのだが，農民の権利・食料主権の実現に資する活動として，積極的に評価したい。

5　日本における政策と今後の取り組み

　最後に SDGs に関して日本政府が決定している具体的な行動計画について簡単に触れておきたい。

　2016年12月に政府の SDGs 推進本部が発表した持続可能な開発目標（SDGs）実施指針では，生物多様性の保全について，「平成24年9月に閣議決定された『生物多様性国家戦略2012-2020』に基づき，希少な野生動植物の保護，外来生物による生態系等への被害の防止，陸域及び海域の保護地域の拡充・管理の推進，並びに遺伝資源のアクセスと利益配分に関する名古屋議定書の早期締結と実施などに取り組む。」としていた。関係者の協議を経て，2017年の第193通常国会において承認され，8月20日効力を生じている。

　また，具体的な項目として，「水産資源の持続的利用の推進」（①適切な資源管理措置の策定・実施，資源に関する調査研究の充実と外国政府・国際機関との共同研究推進　②多様な海洋生物と共存した水産資源の利用　③多種多様な我が国周辺水域資源の適切な保存・管理のため，漁業者による資源管理計画に基づく資源管理を推進　④マグロ類等の国際資源の適切な保存管理のため，各地域漁業管理機関における資源評価の精度向上，過剰漁獲能力の削減などを推進），「持続可能な森林経営の推進」（①森林の有する多面的機能を将来にわたって持続的に発揮させていくため，森林資源の循環利用を確立するとともに，多様で健全な森林の整備及び保全等を総合的かつ体系的に推進　②林業の持続的かつ健全な発展を図るため，効率的かつ安定的な林業経営の育成を行うこととし，面的なまとまりをもった施業の確保や低コストで効率的な作業システムの普及・定着等の施策を推進）を決めている。

　少し古くなるが，生物多様性に関する政策を担当する環境省が中心となって2012年にまとめられた現行の「生物多様性国家戦略2012-2020」では，長期目標（2050年）として，「生物多様性の維持・回復と持続可能な利用を通じて，わが国の生物多様性の状態を現状以上に豊かなものとするとともに，生態系サービスを将来にわたって享受できる自然共生社会を実現する。」，短期目標（2020年）として，「生物多様性の損失を止めるために，愛知目標の達成に向けたわ

が国における国別目標の達成を目指し，効果的かつ緊急な行動を実施する。」と決定した。

　愛知目標の達成に向けた我が国のロードマップを提示し，年次目標を含めた我が国の国別目標（13目標）とその達成に向けた主要行動目標（48目標）を設定するとともに，国別目標の達成状況を測るための指標（81指標）を設定している。2020年度までに重点的に取り組むべき施策の方向性として次の「5つの基本戦略」が設定された。

　①　生物多様性を社会に浸透させる
　②　地域における人と自然の関係を見直し・再構築する
　③　森・里・川・海のつながりを確保する
　④　地球規模の視野を持って行動する
　⑤　科学的基盤を強化し，政策に結びつける（新規）

食料の持続的生産に責任を持つ農林水産省でも，2012年に農林水産省生物多様性戦略をまとめている。4つの項目からなり，それらは

　①　生物多様性をより重視した農林水産施策の推進
　②　国民各層に対する農林水産業及び生物多様性への理解の促進
　③　多様な主体による地域の創意工夫を活かした取組の促進
　④　農林水産業を通じた地球環境の保全への貢献

である。

　どちらも，生物多様性の保全，利用を謳っているが，農林水産省の戦略においてより利用の側面が強いことがうかがわれる。私たちの日常生活とも深く関係することから，農林水産省の戦略について若干の説明を加えてこの章を閉じたい。

　農林水産省の戦略の背景には，安全な食料の安定供給を求める国民・消費者の期待に応えるためには，生物多様性保全の視点を取り入れた良好な生産環境を維持した持続的な農林水産業の振興とそれを支える農山漁村の活性化が必要である，という考え方がある。同時に，農山漁村においては，過疎化による担い手の減少が深刻であり，資源の低利用による劣化の問題も認識されており，農林水産業が創り，守ってきた地域の生物多様性の持続には農山漁村の活性化

が必要であることも説明している。

　さらに，都市化・工業化に伴って，大多数の都市生活者が農林水産業の現場との距離が離れ，農林水産業の活動そのものや農林水産業や生物とのかかわりが理解しにくい状況となっていることから，農林水産業と生物多様性への理解を深める取り組みの必要性も謳っている。多岐にわたる取組みに，農林漁業者による生産活動だけでなく，地方公共団体，NPO，地域住民，企業，教育機関等，多様な主体が連携することの重要性も指摘しており，SDGsの包括性を先取りしているともいえよう。

　地球レベルでの生物多様性の保全も視野に入れており，農林水産物の輸入が他国の生物多様性の保全や持続的な利用を損ねる場合があるという視点を持ち，国内の農林水産業の振興や森林の保全・管理などを図り，その持続的な利用に努めていくことの必要性を述べている。日本に住む私たちは，以上のような観点を踏まえて，持続可能な社会が担保されるような人間に身近な農業生物多様性保全に参画することが望まれる。私たちは，1日3回の食事で何をどのように食べるかで生物多様性と関わることができるので，SDGsのなかでも最も身近な目標として考えたい。

コラム1　生物多様性条約/名古屋議定書と持続可能な開発目標

　持続可能な開発目標のゴール2と15には，生物多様性に関する目標が設定されている（ターゲット2.5と15.6）。この目標に関する国際的な枠組みの1つが1993年に発効した生物の多様性に関する条約，通称"生物多様性条約"である。生物多様性条約は2018年1月現在，日本や欧州連合を含む196カ国・地域が締結している多国間環境協定である。この条約は国連加盟国のほとんどが加盟しているにも関わらず，アメリカ合衆国が加盟に至っていないことが1つの特徴となっている。この条約には，2010年10月に愛知県名古屋市で開催された生物多様性条約第10回締約国会議で条約加盟国代表や市民団体が集まり議論した結果作られた「名古屋議定書」という生物多様性条約の"子ども"にあたる法的枠組みがある。

　名古屋議定書は，各国の国内法令に定められたABS（遺伝資源へのアクセスと利益配分）ルールの国境を越えた遵守を確保する措置（議定書第15, 16条）を規定してお

り，遺伝資源の利用から生ずる利益を公正かつ衡平に配分することを目的としている（議定書第1条）。2018年1月現在，日本や欧州連合を含む104カ国・地域が名古屋議定書を締結している。生物多様性条約の本質が環境保全だけでなく，持続的利用を目指しており，条約及び議定書には，そのような持続的な利用を担保するために必要な国境を越えた遺伝資源の取得の手続きを定めた条項がある。遺伝資源に関して，"親"である生物多様性条約が，その取得を促進するための標準的な手続き（行政機関への許可申請や遺伝資源を提供する方との契約の締結）を定めている。これに対して，"子"である名古屋議定書はその国の法律などのルールに従って取得したことを，国境を越えた先の国において証明する仕組みを導入している。（図8-1参照）。しかし，このシステムを動かしていくうえで，このようなシステムの議論も重要な要素であるが，遺伝資源を提供できる人が誰なのか，という基本的な議論も円滑な遺伝資源の取得において重要な要素である。というのは，遺伝資源に限らず，様々な資源を巡って，その動産・物体の所有権が不明確である，正当性の観点から疑義がある（その民族の慣習的なルールと国内法の乖離）等の理由から紛争が生じている場合がある。それが原因となって，資源を取得できないことがある。生物多様性条約や名古屋議定書など，国際法が，この原因に直接対処することには，限界があるものの，名古屋議定書はその布石を置いていることの意味は大きく，日本が議長国であった大きな国際会議でこのような枠組みが構築されたことを国民として誇りに感じる。具体的には，その取得において当該民族の「同意又は承認及び参加が得られることを確保する」ための措置を各国に求める内容が含まれていることである。

図8-1　名古屋議定書の全体像

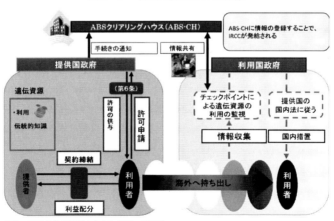

出典：環境省発表資料をもとに筆者一部修正。

ここで、名古屋議定書から持続可能な開発目標に目を戻すと、先程の原因に関連する目標が設定されている。特に、ゴール6、ターゲット17は「あらゆるレベルにおいて、対応的、包括的、参加型、および代表的な意思決定を確保する」と定めている。つまり、持続可能な開発目標は名古屋議定書を実施していくうえでも重要な目標を設定しており、かつ、1つの目標が単独で達成されるわけではなく、複数の目標はそれぞれ、関連していることが明らかである。そのため、持続可能な開発目標の各国内での実施に置いては、設定された（もしくは、設定されていなくとも、実施において必要とされる）目標全てを統合していくことが求められる。すでに、8年が経過したが、このような国際的な枠組みを議論する会議が、一般市民にも公開される形で今日も世界中で開催されており、その議論の行方を見守り、必要な場合は自分の考えを政府代表やNGOを通じて発言することによって、私たちが住む社会をより良いものにしていくことが大切であろう。

(小林邦彦)

コラム2　生物多様性条約/名古屋議定書と市民社会

生物多様性条約第10回締約国会議が、2010年10月、愛知県名古屋市で開催された。これまで、日本では、1997年の京都議定書が採択された気候変動枠組条約や湿地保全に関するラムサール条約など、様々な環境条約の締約国会議が開催されてきた。本コラムでは、その生物多様性条約第10回締約国会議（以下、CBD-COP10という）に向けて、市民社会がどのように、その会議の議論に関わったのか、市民活動の可能性と限界を交えて、名古屋議定書という新しい法的枠組みの構築に向けて活動した"国際青年環境NGO A SEED JAPAN（アシードジャパン；以下、ASJという）"に焦点を当てる。

ASJは1992年の国連環境開発サミットをきっかけに1991年9月に発足し、国境を越える環境問題とその中に含まれる社会的不公正に注目し、より持続可能で公正な社会を実現するために、大学生など青年が中心になって活動している。2014年4月に法人化し、会員数163名の中小規模な市民団体である（2017年3月時点）。

ASJでは、会員であれば、自らがプロジェクトを立ち上げることができるようになっており、当時大学生であった筆者は2008年5月にドイツで開催されたCBD-COP9をきっかけにその年の11月に活動メンバーと共に、「生物多様性の利用をフェアに！」プロジェクトを発足させた。このプロジェクトは、CBD-COP10における最重要議題の1つである遺伝資源へのアクセスとその利用から生ずる利益の公正かつ衡平な配分（ABS）の問題に取り組んだ。具体的には、問題解決のために条約で議論されて

第 *8* 章　陸と海の生物多様性

いる国際的枠組み（後の名古屋議定書）への交渉に関与し，目指すべき方向性に動かすための政策提言である。しかし，日本で取り組んでいる団体がなかったため，全てがゼロからのスタートであった。知見を蓄積するために，日本語，英語問わず，様々な文献に当たり，問題や取り組み等を整理することから始まった（要するに「勉強」）。大枠が把握できた所で，関係する専門家へインタビューを行い，さらに理解を深めるように取り組んだ。ここまでは，大学の卒論研究などと大きな違いはない。しかし，市民活動の大切な点は，理解を基に，条約という国際的社会システムに対して，市民の立場からよりよい仕組みづくりのために働きかけていくことである。そこで，ASJ は CBD-COP10 で決められようとしている国際的枠組みの交渉に関与するため，準備会議にオブザーバーとして参加していくこととなった。例えば，2010年6月には，関係省庁の副大臣級がメンバーで構成される作業部会に，市民団体としてヒアリングが行われ，交渉の現状を踏まえたうえで，目指すべき方向に関して意見を表明した。また，2010年7月に開催された条約の会議でも，各国政府への働きかけを通じて，ノルウェー政府がASJ の提言内容に関心を持ち，協働して議定書のテキストへ反映させることができた。この内容は，政治的な交渉の中で，最終的な成果文書から外されてしまったが，学生をメンバーとする市民組織が国際条約の交渉過程に具体的に参加できることを社会に明示できた成果は大きい。また，愛知目標に対して政策提言をしていた「がけっぷちの生物

写真 8-2　CBD-COP10 でユースとしての意見を主張し，意思決定への反映を試みた「がけっぷちの生物多様性キャンペーン」のメンバー

写真撮影：熱田尚子。

多様性キャンペーン」も議場で発言の機会が与えられるなど，交渉に深く関与した（写真8-2）。このように，市民が国際条約の意思決定に関与し，世の中のルールを変えていくことができる可能性が示唆される。しかし，その限界として，締約国会議の意思決定は国家によってなされることから，その主張が正当で，科学的な根拠が確立していたとしても，反映されない可能性は否定できない。とはいえ，当該活動がなければ，その可能性は生まれないことから，その意義を追求して活動を続けることが重要であると考えられる。本書を読まれている学生の皆さんも，このようなNGOへの参加を通じてSDGsの実現に関与してくださるよう期待している。

（小林邦彦）

〈参考資料〉

西川芳昭，2017，『種子が消えればあなたも消える　共有か独占か』コモンズ。
祖田修・諸富徹，2004，「サステイナブル・コミュニティへ」植田和洋編『持続可能な地域社会のデザイン』有斐閣。
菅洋，1987，『育種の原点　バイテク時代に問う』農山漁村文化協会。
環境省「生物多様性国家戦略」（2018年2月14日アクセス）。
　http://www.biodic.go.jp/biodiversity/about/initiatives/index.html
国際連合広報センター「持続可能な開発のための 2030 アジェンダ採択——持続可能な開発目標ファクトシート」。
　http://www.unic.or.jp/news_press/features_backgrounders/15775/
農林水産省「農林水産省生物多様性戦略」（2018年2月14日アクセス）。
　http://www.maff.go.jp/j/kanbo/kankyo/seisaku/s_senryaku/pdf/senryaku.pdf
FAO 1996 Report on the State of the World's Plant Genetic Resources for Food and Agriculture. （『食料・農業のための世界植物遺伝資源白書』（日本語版：国際食糧農業協会））.

（西川芳昭）

第Ⅱ部
SDGs をどう実現するか
日本社会から考える

第9章　平和とガバナンス──SDG 16

■この章で学ぶこと

　SDGsゴール16は，ゴール1～15までを達成するための横断的なゴールであり，持続可能な開発を目指す，社会のあり方を問うものである。以前のミレニアム開発目標には，このような性格の目標は存在せず，何故，今回は含まれるようになったのか。
　持続可能な開発には，「法の支配」と「司法への平等なアクセス」が確立し，透明性が高く，説明責任を果たせる政府の存在が不可欠であり，国内法規と国際法に則り，自由権をはじめとする基本的な人権の保障が重要だ。
　市民社会スペースが世界的に狭まるなかで，ゴール16達成のために国連や市民社会が果たすべき役割を考えてみよう。

1　ゴール16の特徴と概要

(1)　ゴール16は，ゴール15までの達成に大きな影響を与える横断的なもの

　国連を設置した第1の目的は，国連憲章の第1条にあるように「国際の平和及び安全の維持」のためである。持続可能な開発目標のなかで，特にこのゴール16には，この「平和と安全」が直接関連付けられ，ターゲットにも含まれている。「アジェンダ2030（パラグラフ35）」では，持続可能な開発なくして平和と安全はなく，平和と安全も，持続可能な開発なくしては危機に瀕するとされ，SDGsが国連の中心的な活動そのものであり，ゴール16は特にそれを特徴づけ，重要な目標としての位置づけになっていると捉えることができる。
　ゴール16「平和と公正をすべての人に」は，ゴール17と並び，ゴール1～15までを達成するための横断的な目標であり，その達成度合い如何でゴール15までの達成に大きな影響を与えるものである。この目標は，MDGsでは存在し

なかった性格の目標であり、MDGsの反省に立ち、改めて持続可能な開発を目指す前提としての社会のあり方を問うものともいえよう。

　法の支配と司法への平等なアクセスの確立、説明責任を果たす透明性の高い政府の存在、基本的自由や人権の保障などなくして、持続可能な開発は望めない。世界を見渡せば、比較的平和で安定した豊かな国・地域が存在する一方で、貧困や飢餓にあえぎ、紛争や暴力が絶えず、家を追われ、表現の自由等基本的な人権が奪われている国・地域が多く、その格差は国家間や自国内で拡大している。

　一般的に、所得格差の大きい国は、深刻な暴力行為が広範囲に見られる傾向にある。貧しい国は、人身取引の被害が多く、汚職も多い。これらの状況に対応して、最近では情報へのアクセスや人権啓発を含む法的なシステム整備や関連機関の設立にも進捗が見られるが、これらの進展が必ずしも世界中に広がり、定着している状況にはない（国連SDGsレポート 2017）。

(2) 市民社会としてゴール16は平和で公正な社会達成のために極めて重要

　どんなに市民社会組織やドナー国が貧困削減や、教育、ジェンダーの平等や女性のエンパワーメントに取り組もうとも、当該国の政府の透明性が低く、説明責任を果たさず、基本的な人権を守ろうとしないのであれば、開発の効果は望めない。また往々にしてそのような国々においては、市民が人権を侵害されても、その被害を訴えて救済を求める手段がなく、人権が回復されることは少ない。

　持続可能な開発を行う一義的な責任は政府にあるが、その政府自らが人権侵害の加害者になることが多々あり、このゴール16はそれを防ぎ、持続可能な開発を促進させる狙いがある。このゴールは、市民社会の視点から見れば、「誰一人取り残さない」ために、政府の透明性、説明責任を求め、市民参加による包摂的な社会を目指し、平和で公正な社会には欠かせない開発目標といえよう。

2　ゴール16のカテゴリー別分類

　このゴールのターゲットを体系的なカテゴリー別に分類することは難しく，ターゲットの順番も全体としての一貫性がなく，寄せ集め的な色彩が強い目標である。それでも全体を流れる主要メッセージは，「法の支配と司法への平等なアクセスを確立し，自由権をはじめとする基本的人権を保障する」ものといえよう。

(1)　ターゲット

　ゴール16のそれぞれのターゲットを，その性格やカテゴリー別に分け，全体をわかりやすく以下に分類した。

表9-1　ゴール16のターゲット別分類

ターゲット分類	具体的ターゲット
暴力・虐待・拷問の禁止	16.1 あらゆる場所において，すべての形態の暴力と暴力に関連する死亡率を大幅に減少させる。
	16.2 子どもに対する虐待，搾取，人身売買，あらゆる形態の暴力と拷問を根絶する。
法の支配，司法への平等なアクセス	16.3 国内及び国際的なレベルでの法の支配を促進し，すべての人々に司法への平等なアクセスを提供する。
違法資金と武器取引の規制	16.4 2030年までに，違法な資金と武器の取引を大幅に減少させ，奪われた財産の回復と返還を強化し，あらゆる形態の組織犯罪を根絶する。
汚職・贈賄の減少	16.5 あらゆる形態の汚職や贈賄を大幅に減少させる。
政府の透明性・説明責任	16.6 あらゆるレベルにおいて，有効で，説明責任を持つ，透明性の高い制度を発展させる。
包摂的・参加型の意思決定の確保	16.7 あらゆるレベルにおいて，対応的で，インクルーシブで，参加型で，代表性をともなった意思決定を保障する。
グローバル・ガバナンス機関へ参加	16.8 グローバル・ガバナンス機関への開発途上国の参加を拡大・強化する。
法的な身分証明の提供	16.9 2030年までに，すべての人々に出生登録を含む法的な身分証明を保障する。
基本的自由の保障	16.10 国内法規と国際協定に従い，情報への公共アクセスを確保し，基本的自由を保障する。

(2) 実施手段

ゴール16と10の個別ターゲットを達成するために，各国政府が共通して取り組むべき内容であり，以下aとbの2つが挙げられている。

表9-2　ゴール16達成のための実施手段

16.a	特に開発途上国において，暴力の防止とテロリズム・犯罪の根絶に関するあらゆるレベルでの能力構築のため，国際協力などを通じて関連国家機関を強化する。
16.b	持続可能な開発のための非差別的な法規と政策を推進し，実施する。

3　主なターゲットの解説と課題

(1) ターゲット16.1——あらゆる場所において，すべての形態の暴力と暴力に関連する死亡率を大幅に減少させる

暴力は，他者の身体や財産への物理的な破壊のみならず，言葉の暴力など，精神的な行為も暴力と認知されつつある。世界各地での戦争・紛争・テロ行為に伴う暴力，民族浄化などの大量虐殺，社会での殺人行為，性暴力，子どもへの虐待，拘禁施設での拷問，日常生活でのハラスメント等の精神的な暴力など，様々な形態が暴力に含まれる。

「意図的な殺害」は，2015年のデータでは，10万人当たりおよそ5.2人から6.7人（推定値）と，この10年程のなかでは減少傾向にあるが，ラテンアメリカ，サハラ以南のアフリカ，アジアの諸国の一部では，被害者になるリスクはむしろ高まっている。殺害は，ラテンアメリカやカリブ諸国の一部において，東・東南アジア諸国より17倍高く，被害者の性別では男性が高く，女性と比較して4.5倍も高いとの報告がある。また2005年以来，所得格差の高い国は，殺人率も増加している傾向が見られる。2015年，所得格差の大きい国は，比較的に所得が均一に分配されている国と比較して9倍も殺人率が高い（国連SDGsレポート 2017）。

最近の民族浄化の例では，ミャンマー政府によるロヒンギャに対する迫害，大量拘束，処刑，村の掃討，組織的な性暴力などが報告されており，多くのロ

ヒンギャがバングラデシュや周辺国に難民として逃れている。古くは，ナチス・ドイツによるユダヤ人の大量虐殺，1990年代の旧ユーゴスラビア解体に伴うボスニア人等の虐殺，ルワンダでのフツ族によるツチ族へのジェノサイド等がある。

また子どもや女性への暴力は，世界中で起きている。特に紛争下における組織的な性暴力は後を絶たない。被害を受けても，偏見や差別を恐れて声を上げられず，心の傷は簡単には癒えることはない。また一方で加害者が罰せられることも極めて少なく，被害女性にさらなる苦しみを与えている。本来であれば女性を守る立場にある国連平和維持活動要員による性暴力の報告も後を絶たない。

国連安全保障理事会は，2000年10月31日，女性と平和，安全に関する，画期的な決議1325を採択し，紛争が女性に及ぼす不当な影響を取り上げ，女性の平和構築等へ貢献しうることを強調した。また2008年6月19日，紛争下の性暴力を国際安全保障問題とし，レイプを戦争手段であるとする決議を全会一致で採択した。本決議には，効果的政策を判断するための具体的基準や，紛争下における性暴力犯罪の監視，性暴力の加害者への制裁措置の可能性などが条項に含まれている。

(2) ターゲット16.2——子どもに対する虐待，搾取，人身売買，あらゆる形態の暴力と拷問を根絶する

16.2は，主に子どもを対象にしたターゲットであり，立場が極めて弱く，将来への影響が大きい幼少期の成育環境として，暴力，虐待，搾取等を根絶するというものである。

「躾け（しつけ）」や「規律」という名目の暴力は，物理的な体罰，言葉による威嚇や暴言，心理的な攻撃が多い。これらの暴力的な「躾け」には，色々な形態の暴力が同時に起きることがあり，子どもに対して短期的／長期的な影響を与え，心に残った傷は深く，大人になっても影響を引きずる傾向が見られる。76カ国（2005年〜2016年）の調査では，1歳から14歳の子どものうち，平均で10人中8人が何らかの精神的攻撃や日常的な体罰を受けたことがあるとされ

ている（国連SDGsレポート 2017）。

　日本でも，子どもへの虐待件数は増えており，児童相談所での相談件数は，2017年度に13万件を超え，1990年度に集計を開始して以来27年連続で増加し，虐待死も77人となった。子どもの虐待は，貧困問題とも関係しており，心中による虐待死も多い。

　人身取引については，2012～2014年の間に，570以上のルートがあることが各国警察当局に確認されている。世界的に人身取引の犠牲者は，男性・男子より女性・女子が多いが，その比率は2004年の84％から2014年71％と下がってきており，また性的搾取の取引が下がっている分，強制労働の比率が上昇している。2014年，4分の1以上の人身取引の犠牲者は子どもであり，サハラ以南のアフリカ，中央アメリカ，カリブの地域では，大半が子どもである（国連SDGsレポート 2017）。

(3) ターゲット16.3——国内及び国際的なレベルでの法の支配を促進し，すべての人々に司法への平等なアクセスを提供する

　法の支配とは，専制的な国家権力の支配を排斥し，権力を法で拘束することによって，国民の権利・自由を擁護することを目的とする英米法系の基本原理であり，日本国憲法にもその概念は埋め込まれている。市民は，大統領や首相のような国家権力者によって支配されているのではなく，我々が正当な手続きで選んだ議員等によって制定された法律や政策によって支配されており，統治者も法律に縛られることを意味する。

　しかし法律なら何でもいい訳ではなく，国内法も，国際法や国際基準に準拠したものでなくてはならない。また世界を見渡すと，複数政党が認められていない一党独裁政治体制や，民意を代表していない非民主的な立法府を持つ国もあり，これらの国・地域では，そもそも「法の支配」の前提が崩れている。また法律があっても，政府による法律の恣意的な解釈で，法が予定する規律に反したり，守られるべき国民の権利を奪う場合もある。

　また法律やルールがあっても，それらが守られなければ，争いごとが生じる。もめごとが起きたり，人権が侵害された時，憲法や法律に照らし合わせて

公平な裁判を行い，解決に導くのが司法の役割である。しかし人種，性，宗教，社会的身分，障害，所得水準，地理や交通の不便さ等によって，司法へのアクセスが制限されてはならない。例えば世界では女性が暴力を受けても，他人に話せず，被害を警察に訴えたり，医療機関で治療を受けることさえできない場合がある。

「司法へのアクセス」は，英語では"Access to justice"であり，市民による裁判所へのアクセスは，手続き的なアクセスに留まるのではなく，最終的には手段の保障を通じた実体的な「正義（justice）」の実現を意味するものでなければならない。

法の支配と司法へのアクセスの両者は，密接な関係にあり，司法へのアクセスを改善，充実させることによって，「法の支配」を前進させ，より良い統治に向かわせることができる。

日本国憲法第98条第2項では，「日本国が締結した条約及び確立された国際法規は，これを誠実に遵守することを必要とする」とある。日本は，国際人権法中でも批准しているのは半分程度（2015年ヒューライツ大阪の調査では，32条約中未批准は18）であり，この条項に従えば，批准していなくとも，発効（確立）した条約は遵守する必要がある。しかし残念ながら，実態としては日本が批准した条約の機関からの日本政府への勧告でさえ，「法的拘束力はない」として，是正措置に応じることは少ない。

世界における公判前拘留者の推移でみると，「法の支配」や「司法へのアクセス」の達成度が進んでいるとはいえない。世界的に公判や判決を受けていない拘留者の率は，ここ10年程変化しておらず，公判を促進させる司法システムの能力にあまり進展が見られていないことを意味する。判決を受けていない拘留者は，中央・南アジアに多く，60％以上の拘留者は，公判もなく勾留されている（国連SDGsレポート2017）。

(4) ターゲット16.4
——2030年までに，違法な資金と武器の取引を大幅に減少させ，奪われた財産の回復と返還を強化し，あらゆる形態の組織犯罪を根絶する

人々を日常的に殺傷するために使われている兵器は，核兵器や化学兵器などの大量破壊兵器ではなく，銃火器，ミサイル，戦闘機，戦車などの通常兵器である。これらの武器の使用によって毎年50万人ほどが殺害され，数百万人が負傷し，レイプされ，家を追われている（アムネスティ・インターナショナル2013）。

1990年代頃より，ノーベル平和賞受賞者やNGO等が武器取引の規制に取り組み，2003年から「コントロール・アームズ」キャンペーンが世界的に展開され，ようやく活動の成果が実を結び，2013年4月2日「武器貿易条約」が国連で採択され，翌年末に発効した。この条約は，集団虐殺，人道に対する罪，重大な人権侵害等に使用される恐れはが明らかな場合は，その国への武器の移転を禁止するものであり，画期的な第一歩ではあるが，その実効性については，大きな課題が残っている。発効後，毎年，締約国会議が開催されており，さらには武器規制が「持続可能な開発目標」にも含まれたこともあり，今後の国際的な協力の強化が期待される。

さらに重大な人権侵害を起こす可能性のある武装勢力や政府の資金源を断ち，組織犯罪やテロ活動をなくすためには，市民社会や産業界，国連機関が協力しながら，国際的な取引規制や監視体制を強化することが重要である。最近では「紛争鉱物」と呼ばれる，武装勢力等の資金源に関する情報開示規則を定める法律がアメリカ（ドッド・フランク法）や欧州（紛争鉱物資源に関する規則，2021年から適用予定）で誕生し，国際的な規制が強まっている。

また核兵器については，「核兵器禁止条約CTBT」が1996年9月に国連で採択され，日本は翌年7月に批准したが，発効要件国（核兵器保有国を含む44カ国）の批准が完了しないため，未発効である。2017年7月7日，国連で「核兵器禁止条約」が122カ国の賛成多数で採択された。核兵器保有国やアメリカの核の傘下にある日本をはじめ，ドイツ，カナダ，オーストラリア等が交渉に不参加となった。唯一の被爆国である日本が条約交渉に参加せず，国内外から強く批判を浴びた。2017年10月，ノーベル平和賞は，核兵器の非合法化と廃絶を目指

す国際NGOで，この禁止条約採択に貢献した「核兵器廃絶国際キャンペーン」（ICAN）に贈られることになった。

(5) ターゲット16.5——あらゆる形態の汚職や贈賄を大幅に減少させる

汚職とは，一般的に公務員など特定の地位や権力にあるものが，その地位，職権等を使って，贈収賄や特定の個人の利益を得るために不正行為を行うことである。

2003年，世界的に蔓延している腐敗行為に対処するため，腐敗行為を効果的に防止し，国際協力を推進することを目的とした「国連腐敗防止条約」が国連総会にて採択され，腐敗防止に向けた取り組みが強化される大きな一歩となった。国連グローバル・コンパクトでも，2004年，企業等が守るべき10番目の原則として腐敗防止を加えることになった。

不透明で非効率な規制や手続きの存在が，役人の賄賂や非公式なお金を受け取る温床となっている。2005年から2016年の統計では，世界の18％以上の企業が少なくとも賄賂を要求されたことがある。その率は低所得・低中所得の国で25％，高所得国では4％となっている。賄賂は，ビジネスを行う上で，税金の支払い，許認可，輸入ライセンス，建設許可，電気接続等の取引の際に起きている。データによれば，世界各地で30％の企業が政府契約を締結する際に賄賂を要求されており，ひどい地域では，政府調達を行う際に半分近い企業が賄賂を要求されている（国連SDGsレポート 2017）。

公務員等による財産の横領等の腐敗に関する問題は，グローバル化の一層の進展に伴い，持続可能な開発や法の支配を危うくする要因として，もはや地域的な問題ではなく，すべての社会及び経済に影響を及ぼす国際的な現象となっている（外務省「腐敗防止条約」説明書 2006）。また，腐敗行為と組織犯罪との結び付きや，汚職に伴う様々な人権侵害についても明らかになり，効果的に腐敗行為を防止するためには国際協力を含め包括的な取組みが必要であるとの認識が共有されるようになった。日本は，2006年7月，同条約を締結し，2017年7月現在，締結国は182国・地域となっている。

日本でも，公務員や政治家による贈収賄や，公務員が予定価格を業者にもら

すなどの「官製談合」も，汚職行為として後を絶たない。トランスペアレンシー・インターナショナル（TI）が調査した2016年の「腐敗認識指数（CPI）」では，日本は176カ国中，20位と相対的には汚職は少ない国としてランクされているが，ここ数年は順位が下がってきている。

(6) **ターゲット16.6**——あらゆるレベルにおいて，有効で，説明責任を持つ，透明性の高い制度を発展させる

　政府はそもそも市民の「良き代理人」として，市民から委託された行政をつかさどっている立場にある。従って原則として市民は政府の持つ情報について，知る権利を持ち，政府は，透明性（情報開示性）を高め，有効に機能し，市民に対して説明責任を果たさねばならない。そのことによって住民の知る権利を守り，資源の適正な配分を行い，市民の政策決定や政策評価への参画を容易にし，ひいては市民の意見や視点を生かした行政システムに結びついていく。しかし現実的には，多くの国において，市民の情報開示を求める声を無視し，表現の自由を奪い，汚職がはびこり，政府の都合の良い片寄った予算で行政が行われているのが実態である。これでは持続可能な開発は難しく，開発への援助効果も低めることにつながりかねない。

　その意味において政府予算は，市民の生活を守り，健全な社会の発展に資する包括的なものである必要があり，予算案の中身は予算執行能力とあわせて，持続可能な開発とって極めて重要な位置づけとなる。2005年以来の調査では147カ国において，3分の2程の国が当初予算の10％以内の支出差に収まり，全体としては計画的な予算執行という観点から改善に向かっている。特に東アジアや東南アジアで予算への信頼性が高まっている。しかしサハラ以南のアフリカ諸国では，意味のある予算の執行が困難な状況が見られ，約4割の国で，予算執行の信頼性が低下している（国連SDGsレポート2017）。

(7) **ターゲット16.7**——あらゆるレベルにおいて，対応的で，インクルーシブで，参加型で，代表性をともなった意思決定を保障する

　持続可能な開発を行うためには，社会が公正かつ包摂的に運営される必要が

あり，そのために人々があらゆる段階で等しく意思決定に関われることが極めて重要である。また同時に，法の支配の確立と司法への平等なアクセス（16.3），透明性が高く説明責任を果たせる政府の実現（16.6），自由権をはじめとする基本的な人権の尊重（16.10）等も，このターゲットと密接な関係にあり，経済社会活動を支える重要な基盤である。その意味において，これらのターゲットは，それぞれ独立して存在するのではなく，相互に関わりを持ち，ゴール16全体に関わる横断的なものといえよう。

　SDGsでは，「誰一人取り残さない」ということが根本原則となっており，特に弱い立場にさらされ，社会の意思決定から遠い立場になりがちな少数民族，先住民族，女性，特定の宗教信者，障がい者等のマイノリティの人々の意思決定への参画が重要である。さらには，子どもも「子どもの権利条約」で保障されているように，自由に意見を表したり，集まってグループをつくったり，自由な活動を行ったりする「参加する権利」が保障されており，これも広い意味で，包摂的な意思決定への参画といえよう。

(8)　ターゲット16.8──グローバル・ガバナンス機関への開発途上国の参加を拡大・強化する

　国際社会は，国家主権を構成原理の前提としており，この上位に立つ権能を持った絶対的拘束力を持つ権威は，国連といえども認められていない。また一方で，グローバルなレベルのガバナンスは，これまで政府間の関係とみなされてきたが，今ではNGOなどの市民社会組織，企業，地方政府，大学等，国境を越えた多様な存在が関係の実態をつくってきている。さらには課題としても一国の統治では解決できない，地球環境，難民，金融，人権，健康，組織犯罪，国際テロ等，国境を超えるの問題に対応する必要性が生じており，グローバル・ガバナンスとは，これらの問題を複合的に解決する統治を意味する。

　歴史的には，冷戦時代の2極構造が終わり，新たな世界秩序形成に向け，世界では欧州連合（EU），アフリカ連合（AU），東南アジア諸国連合（ASEAN）等の地域協力が試みられており，台頭する中国も含め多極構造への転換が試みられている。さらには国連機関をはじめ，OECD，G7，G20，課題別多国間協

議等,様々な枠組みが実施されているが,どんな「機関」にせよ,このターゲットでは開発途上国の参加を少なくとも応分の意見反映や影響力を発揮できるよう確保すべきものとなっている。つまり裏をかえせば,グローバルな問題解決のガバナンスの枠組みでは,いまだに先進国や新興国の一部が権限を握っており,途上国の意見が十分反映されていない実態や不満の表れであろう。

(9) ターゲット16.9——2030年までに,すべての人々に出生登録を含む法的な身分証明を保障する

出生登録等の法的な身分証明は,法の適用,司法への平等なアクセス,個人の権利保護,社会保障へのアクセス等のためには不可欠な認証である。

2010～2016年の信頼できるデータによれば,147ヵ国,世界80％の人口の5歳児までの子どもを調査したところ,出生登録がほぼ実施できている地域がある一方で,平均では71％の登録率にすぎない。サハラ以南のアフリカでは,半分（46％）の登録にすぎない。中央・南アジアと,オーストラリアとニュージーランドを除くオセアニアでは,約3分の2を下回る登録になっている。世界的に都市に住む子どもたちは,地方に住む子どもに比べて,1.5倍の出生登録がなされており,地方の遅れが目立っている。またほとんどの地域において,出生登録は,裕福な人口の20％が最も高いとされている（国連SDGsレポート2016・2017）。

(10) ターゲット16.10——国内法規と国際協定に従い,情報への公共アクセスを確保し,基本的自由を保障する

① 国際法や国際人権基準に基礎を置くSDGs

ターゲットの最後16.10は,「法の支配」で基準となるべき法規に言及し,それに則り自由をはじめとする基本的人権を保障するという,ゴール16を最も特徴的に位置づけ,全体にかかる横断的な内容となっている。

「持続可能な開発目標」を含む「2030アジェンダ」の文章には,「前文」等で「すべての人々の人権を尊重」し,そのために国連憲章等に基づく国際法,世界人権宣言,国際人権諸条約,ミレニアム宣言等の国際的な規範文書に基礎を

置くことが強調されている。

　2018年は，世界人権宣言が採択されて70周年を迎えるが，この宣言文書が，その後に生まれた様々な国際人権基準の柱石になっている。一般的に国際人権規範として重要な「世界人権章典」は，世界人権宣言に加え，「経済的，社会的および文化的権利に関する国際規約（社会権規約）」と「市民的および政治的権利に関する国際規約（自由権規約）」が含まれ，法的な拘束力を持つ。

　日本国憲法の第98条第1項は，憲法が国の最高法規であって，その法規に反する法律等は無効であるとしているが，一方で第2項では日本が締結した条約及び確立された国際法規は，これを誠実に遵守するとしている。一般的には国際法が国内法に対して優位に立つものの，その効力や裁判所の判断については，日本では最高法規である憲法と国内法によって判断されている。

　最近では，国内の司法判断に国際法に依拠することが明示的に言及されることがあり，例えば，ヘイトスピーチで，朝鮮学校が右翼団体を訴えた訴訟では，2013年10月京都地裁の一審判決において，街宣活動について「日本が加盟している人種差別撤廃条約で禁じる人種差別に当たる」と，具体的な国際法に言及して判断され，最高裁でもその判決は支持された。

②　情報公開とメディアの役割

　情報公開法や情報公開を規定する政策を持つ国は111カ国となっており，少なくとも15カ国がこの4年で法律を制定した。2016年，109カ国のうち，62カ国のみが，情報にアクセスする権利の例外を法的に明確にしている。また同様に，62カ国のみが，効果的な社会教育を含む啓発活動を行うことを定めている（国連SDGsレポート2017）。

　対政府の監視役としてのメディアの役割は，市民の知る権利を守り，政府の透明性と説明責任を向上させるうえで，極めて重要だ。「国境なき記者団」の調査（2017年）によれば，日本の報道の自由度は，世界180カ国中第72位であり，最近はメディアや市民社会の活動の委縮につながりかねない特定秘密保護法等の制定や政治家によるメディア規制発言等により，順位はここ数年下降傾向にある。

　2016年，102人のジャーナリストが自らの仕事と関連して命を落とした。

2015年の115人よりは減少したが，2014年，2013年の，それぞれ98人と90人からは増加した。地域では，2016年は32人とアラブ諸国で多い。2006〜2015年のデータによれば，実際に殺害された事件では，犯人が逮捕され，有罪判決まで至ったケースは10％にも満たない（国連SDGsレポート 2017）。

日本の情報公開についても，必ずしも進んでいる状況ではない。例えば，公文書管理法が施行されたのは，わずか数年前の2011年になってからである。さらに最終的に文書を開示するかどうかは政府の判断であり，実態としては，いわゆる「森友学園問題」でも明らかなように，政府の都合のよいように，議事録等の廃棄，決裁文書の改ざんが行われ，文書が公開されても，個人情報保護等の理由から黒塗り部分が多く，情報公開の趣旨が歪められ，法律がないがしろにされている。

4　ゴール16全体の実施手段——国内人権機関の設置他

全体の実施手段の指標として，16.a1では，パリ原則に準拠した，独立した国内人権機関（NHRIs）の存在の有無がある。NHRIsとは，裁判所とは別に，人権侵害からの救済と，人権保障を推進するための機関であり，政府の人権を保障する義務を促し，SDGsの根本原則である「誰一人取り残さない」をより確かなものにする，重要な実施手段の１つである。

世界では，2016年までに57％の国が国内人権機関を設置し，国際的に合意された「パリ原則」に則った機関なのか，レビューを行っているが，実際には37％のNHRIsが同原則に準拠しているにすぎないと報告されている。さらに準拠率は，オーストラリアとニュージーランドが100％，欧州や北米では平均より高い46％となっている。全体として2000年以降，NHRIs設置国は増えているが，その内21％がレビューを行い，16％が「パリ原則」に概ね準拠されたものになっている。日本政府は，これまで国連諸機関より何度となくその設置を勧告されてきているが，今日まで未実施である。

指標16.b.1では，国際人権法の下に禁止されている差別又は嫌がらせを感じたと報告した割合が挙げられている。日本では，包括的な差別禁止法がない

が，2016年5月，「ヘイトスピーチ規制法（対策法）」が成立した。対象者はいわゆる「在日韓国人・朝鮮人」を想定した「本邦外出身者」のみであり，日本人に対する差別発言は問題にならず，また規定には罰則がなく，努力義務になっている。この法律はヘイトスピーチ抑止への実効性が乏しいという意見がある一方で，一歩前進という見方があり，実際にこの法律に則り，地方自治体でヘイトスピーチを禁止する条例が生まれるなど規制が強化され，実際に件数についても減少してきている。

5　ゴール16と市民社会スペースとの関係

　我々が"開発"を通じて目指す社会は，SDGs のスローガンにあるように，誰一人取り残されることなく，人間の尊厳や人権が守られ，人々が人間らしく自由に，豊かな暮らしができることである。それは，自由で平等な個人が，自立して対等な関係で構成されている社会を前提としており，その活動空間が「市民社会スペース（Civic Space）」である。

　今，社会課題の解決に取り組む NGO・NPO や活動家の活動を制限する"市民社会スペースの狭まり"が，世界的に広まっている。誹謗中傷や脅迫，逮捕，銀行口座の凍結，ウェブサイト・事務所の閉鎖，活動許可の取り消しなど，弾圧の傾向は強まるばかりだ。なぜこのような現象が世界的に起きているのであろうか。市民社会スペースは，国際法や国際基準によって保護されており，これまでも国連の決議，声明等によって，繰り返しその重要性が確認されてきている。しかし一方でその裏返しでもあるが，国連に加盟している政府自らが，これらの権利を侵害し，人々の自由を奪っているのが実情なのだ。目標16が目指す社会は，"健全な市民社会スペースの確保"が担保されている状態であり，それなくして他の SDGs の達成は困難である。

　世界的にも，この市民社会スペースの狭まりが問題になっているが，決して新しい現象ではない。ではなぜ，最近になって，この問題がクローズアップされているのであろうか。それは世界各地でのイスラム国をはじめとするテロ活動の激化もあるが，インターネットや SNS 等の普及によって誰もが国内外に

向けて情報を拡散できるようになったことと無縁ではない。これまではあまり問題にならなかったことでも，瞬時にして"現場"の状況が映像と共に広まり，動かぬ証拠となる。政府は情報伝播の影響力の大きさにも敏感に反応し，市民への弾圧や NGO 活動の規制を強めているのではなかろうか。

例えば2010年12月にチュニジアで始まった，民主化を求める反政府行動（ジャスミン革命）も，SNS 等による情報発信によって政府に不満を持つ若者に火が付き，大衆行動につながったといわれている。さらにはその運動が国境を越え，エジプトやリビアにも飛び火した。

中国では，ネットへのアクセスに規制がかけられ，「人権」「天安門」等のキーワードが検索できないようになっているといわれている。また北朝鮮では，市民のインターネットや国際電話の使用に規制がかけられており，海外に住む家族等と連絡を取るために国境付近の中国の電波で携帯電話を使うことが発覚すると，重い罰則がかけられ，強制収容所に送られているとの人権 NGO による報告もある。

最近では，NGO 規制強化やメディアへの弾圧，野党党首の国家反逆罪での逮捕など，カンボジアのフン・セン政権による強権化の動きに対して国際社会から懸念の声があがっている。これらの市民社会スペースの狭まりは，アジアだけでも中国，北朝鮮に加え，他にラオス，バングラデシュ，タイ，ベトナム，シンガポール，フィリピン，マレーシア，スリランカ，パキスタン，ミャンマー等で同様の傾向が見られる。

市民社会スペースの問題は，日本も無縁ではなく，懸念材料が増えている。2013年，NGO は，日本の安全保障に支障をきたす恐れのある情報を秘匿できる「特定秘密保護法」の問題に対応するため，秘密保護法 NGO アクションネットワーク（NANSL）を立ち上げた（2018年5月1日，市民社会スペース NGO アクションネットワーク（NANCiS）へ発展的改組）。その頃を境に，政治家の対マスコミ圧力発言，市民活動家の恣意的な長期拘禁等が相次いで発生した。そして2017年7月に成立した「共謀罪」は，国連特別報告者から「プライバシーや表現の自由を制約する恐れがある」と懸念が示され，国際人権基準と照らし合わせて問題の多いことが指摘されたにも関わらず，施行されたのである。CI-

VICUS (World Alliance for Citizen Partnership シビカス：市民社会スペースに取り組む国際NGO) モニターによれば，日本はすでに，5段階評価のなかで，「オープン」な国とはいえず，市民社会スペースは「Narrowed（狭まっている）」にランクされている。

6　ゴール16達成に向けて我々ができること

2014年，CIVICUS事務局長は，「国際人権基準は，市民組織が政府に対して国際的合意に基づく規範を守るように求める運動ができる，グローバルな枠組みを提供している」と述べた。市民社会は，政府に対して直接改善を求めたり，国連の人権システムや国際的な枠組み等のさまざまなルートを通じてアピールし，ゴール16達成に向けて活動することができる。

例えば，「Open Government Partnership (OGP)」は，政府の透明性の向上，市民のエンパワーメント，汚職問題への対応等，政府のガバナンス向上に向けたコミットメントを後押しするマルチステークホルダーの枠組みであり，政府代表や市民社会組織で構成されている。このOGPには多くの政府や市民社会組織の加盟が期待されているが，日本は現時点で未加盟である。

「民主主義共同体 (CoD: Community of Democracies)」は，世界的に民主的なルールのサポート，民主的な規範や機関の強化を共通の目標としている。政府，市民社会組織，民間企業等で構成されており，日本政府も加盟している。例えばSDGsゴール16に関する補助的指標を作ってそれを各国の民主主義擁護の指標として活用しようとしている。また市民社会独自のネットワークである「TAP (Transparency, Accountability & Participation for 2030 Agenda)」はSDGsゴール16の専門機関として，法の支配や司法へのアクセスの実現など平和で包摂的な社会づくりを目指して活動しており，またゴール16をいかに有効活用するかを指南するツールキットを策定している。

ゴール16を達成するには，政府の取り組みだけにまかせておくことなく，市民社会，メディア，企業等が政府などの言動をしっかり記録し，時に自ら行動することが必要であり，何もアクションを起こさなければ，市民社会スペース

はますます狭まるばかりである。

　まずは市民一人ひとりがこの問題に関心を持つことがスタートであり，何もせず手をこまねいていれば，深刻な状態になって気が付いた時は，すでに手遅れになりかねず，それは過去の歴史が繰り返し証明しているところである。ゴール16が持続可能な開発目標に含まれた歴史的意義は大きい。

〈参考資料〉

国連SDGs レポート，2017，The Sustainable Development Goals Report 2017：
　https://unstats.un.org/sdgs/files/report/2017/TheSustainableDevelopmentGoalsReport2017.pdf

SDGs 市民社会ネットワーク編，2017，『基本解説――そうだったのか。SDGs ――「我々の世界を変革する：持続可能な開発のための2030アジェンダ」から，日本の実施指針まで』一般社団法人SDGs 市民社会ネットワーク。

外務省（編集：国際協力NGO センター），2016，『国際協力NGO 経営層のためのSDGs ガイドブック』。

国連文書 A/70/L. 1「我々の世界を変革する――持続可能な開発のための2030アジェンダ」，(外務省仮訳) 2015：
　http://www.mofa.go.jp/mofaj/files/000101402.pdf

（若林秀樹）

第10章　ODA──SDG 17

■この章で学ぶこと

　ゴール17ではゴール1〜16を実現するにあたっての多様なアクターによる国際協力に関する目標が示されている。政府開発援助（ODA）についてどのような目標をたてているのだろうか。SDGsを達成するうえで，OECDの開発援助委員会（Development Assistance Committee: DAC）諸国全体のODA，そして特に日本のODAが直面する課題は何だろうか。

1　SDGsにおけるODAに関する目標

　ゴール17のターゲット2では，先進国は，途上国に対するODAを対GNI比0.7％に，後発開発途上国（LDCs）に対するODAを対GNI比0.15〜0.20％にするという既存の先進国間あるいは国際的な合意を完全に実施すること，先進国が少なくとも対GNI比0.20％のODAをLDCsに供与するという目標の設定を検討することを奨励することを述べる。SDGsの多くのターゲットと異なり，達成期限は記されていない。SDGs策定プロセスでは，南の諸国や市民社会からは期限の達成目標を明示すべきだという声があがったが，北の諸国が拒否し，一方で北からは新興ドナー（中国・インド・中東産油国など）の国際開発協力についての目標設定を求める意見も出たが，南側に拒否された。また，ターゲット1で途上国の自己資金動員がまず掲げられていることにも注目すべきだろう。ターゲット16でマルチステークホルダー間の，つまり多様なアクター間のパートナーシップ，17では公共部門と民間部門や市民社会とのパートナーシップが唱えられている。

第Ⅱ部　SDGs をどう実現するか

図10-1　DAC 諸国の ODA 額（2017年，支出純額ベース，10億ドル）

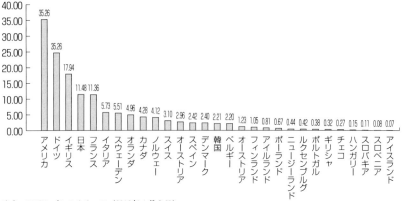

出典：OECD プレスリリース（2018年4月9日）。

図10-2　DAC 諸国の ODA の対 GNI 比（2017年，％）

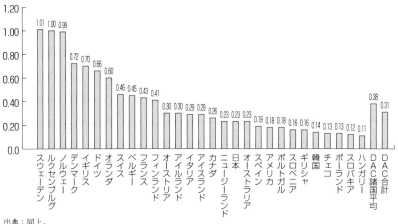

出典：同上。

2　DAC 諸国の ODA

(1)　ODA の絶対額の不足

OECD は2018年4月9日にプレスリリースで2017年の DAC 加盟国の ODA

額の速報値を発表した（OECD 2018a）。それによると DAC 諸国の ODA の合計額は1466億ドルであるが、これは加盟国の対 GNI 比でいえば0.31％でしかなく、0.7％の国際目標の半分にも満たない。各国の ODA 額は図10‐1に、対 GNI 比は図10‐2に示した。図10‐2を見ると、対 GNI 比0.7％を満たしている国は、スウェーデン、ルクセンブルグ、ノルウェー、デンマーク、イギリスの5カ国にすぎない。

CSO の立場から世界の ODA を批判的に検証する *The Reality of Aid* の2016年版で世界の ODA の傾向を分析したブライアン・トムリンソンによれば、ODA 額から債務救済、定住難民支援、奨学金（先進国の大学などで学ぶ途上国からの留学生への公的奨学金も ODA としてカウントされる）などを除いた「真の援助」（real aid）は1275億ドルになる（Tomlinson 2016）。

(2) DAC 諸国全体の ODA の配分の動向

DAC のデータベース（URL は本章末参照）をもとに、もう少し DAC 諸国の ODA がどのように配分されているのかを見てみよう。

図10‐3 DAC 諸国の ODA の地域別配分（支出純額ベース）

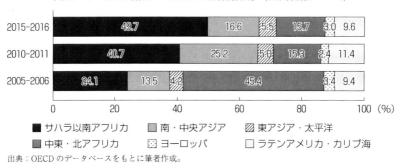

出典：OECD のデータベースをもとに筆者作成。

地域別にみると、サハラ以南アフリカ、南・中央アジアの2つの社会・経済的に厳しい地域への配分が増える一方で、中東・北アフリカについてはイラク戦争時の2005～2006年は多い。LDCs には ODA の45％が2014～2015年にいっているが、DAC 諸国全体の対 GNI 比は0.11％にすぎない。

図10-4 DAC 諸国の ODA のセクター別配分（2015〜2016年，約束額ベース）

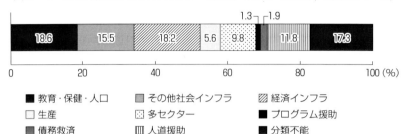

出典：同上。

DAC 諸国の ODA の部門別配分を表すのが図10-4である。ゴール3-6にかかわる教育・保健・人口に18.6％，その他社会インフラ（9.6％は政府と市民社会）を含めると全体の3分の1が貧困対策や社会開発にかかわる部分が大きい社会インフラ部門にあてられている。

3　日本の ODA

(1)　日本の ODA の総額——金額と対 GNI 比の低迷

日本の ODA は年間1兆円と聞いて，多いと思うだろうか，少ないと思うだろうか。日本は1989年にはじめてアメリカを抜いて DAC 最大の ODA 供与国（トップドナー）となり，1990年はアメリカが第1位であったが，1991〜2000年の間トップドナーであった。しかし，2001年以降，財政再建のため ODA 減額が政策の1つになり，ドイツやイギリスに抜かれ，ここ数年はフランスと日本が4〜5位である。対 GNI 比では0.23％にすぎず，国際目標の0.7％からすると3分の1にも満たない。

図10-2を見ると，日本よりも対 GNI 比の低い国が多くあるが，このうちスロベニア，チェコ，韓国，ポーランド，ハンガリー，スロバキアは2010年以降に DAC に新規加盟した諸国で，ODA の歴史が浅い国である。

(2)　日本の ODA の配分の特徴——アジア重視，経済インフラ重視

図10-5は日本の ODA の地域別配分を表す。図10-3に比べると，サハラ以

南のアフリカの割合が低く，アジアの割合が高い。1970年ごろにはODAの90％以上が，トップドナー期にも60〜70％のODAがアジアに配分されていて，アジア重視は日本のODAの特徴といえよう。ただ，近年では北東・東南アジアの経済発展に伴って，アジアの中でも南アジアの割合が高まっている。2004〜2005年は中東・北アフリカ向けが多かったが，これはイラクの復興支援が多かったためである。MDGsの達成状況を考えるとサハラ以南アフリカへの配分の低さは問題視されよう。

2015〜2016年の日本のODAの10大対象国は，インド，ベトナム，バングラデシュ，イラク，インドネシア，ミャンマー，フィリピン，アフガニスタン，タイ，パキスタンとすべてアジア諸国である。トップドナー期にはインドネシア，中国が2大対象国であったのに対して，対中国援助が2008年の北京オリンピックをもって原則終了し，インドネシアの割合も近年下がる傾向がある。

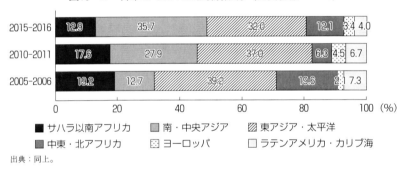

図10-5　日本のODAの地域別配分（支出総額ベース）

出典：同上。

LDCs向けのODAの対GNI比は0.08％に過ぎず，DAC平均より低く，SDGsにおける目標を大きく下回っている。

2015〜2016年の日本のODAのセクター別配分を表したのが図10-6であるが，DAC全体（図10-4）と比べてみると，経済インフラの割合が際立って高く，ゴール1-6に関連した保健・教育・人口を含む社会インフラへの配分が小さいのが目につく。主要DAC諸国ではフランスとドイツが近年25％程度を経済インフラにあてているが，他の諸国では重視されていない。これに対して教育・保健・人口をはじめとした社会インフラへの配分が少ない。欧米のDAC

諸国が社会インフラを重視してきたのに対して，日本の経済インフラ重視は日本のODAの歴史的な特徴である。SDGsのMDGsからの変化の1つとして，MDGsはほとんどが貧困・教育・保健関係の目標であったのに対して，SDGsでは成長（ゴール8）やインフラ（ゴール9）についても言及されていることであるが，日本の場合はあまりにも経済インフラ支援を通じた成長の支援の傾向が強く，貧困対策や社会部門が軽視されてきた。

図10-6　日本のODAの部門別配分　2015～2016年約束額ベース

| 6.3 | 11.3 | 51.9 | 5.8 | 12.0 | 3.8 | 5.0 | 3.7 |

- ■ 教育・保健・人口
- ■ その他社会インフラ
- ▨ 経済インフラ
- □ 生産
- ▨ 多セクター
- ■ プログラム援助
- ■ 債務救済
- ▥ 人道援助
- ■ 分類不能

出典：OECDのデータベースをもとに筆者作成。

日本のODAの特徴の1つとして贈与比率の低さもある。近年ODA額の大きいフランスとドイツが借款を増やす傾向があるものの，日本の二国間ODAに占める贈与の割合は27％（2015～2016年）であり，DAC平均は77.2％である。アメリカ・イギリスを含む13カ国で100％で，これらを含め22カ国で95％を超える。

近年DACで日本に対する懸念となっているのは，タイド援助（調達などを援助供与国の企業に限定する援助）である。2016年には日本のODAの77.4％がアンタイド，12.4％がタイド，10.2％が未報告である。アンタイド援助がDAC平均の81.3％を下回ることとともに，未報告分が大きいことに国際的懸念がある。もう1つDACなどで懸念されているのが，本邦技術活用条件（Special Terms for Economic Partnership：STEP）という通常の円借款より低利であるが，タイドのスキームである。経済界から積極的活用が唱えられ，近年では，大型交通インフラ・プロジェクトなどがSTEP案件として行われている。

最後に，ゴール17のターゲット17では市民社会とのパートナーシップが唱えられているが，図10-7にあるように，日本はDAC諸国の中でCSOを通じた

ODAの割合が最低水準にある。ただ，日本の場合はCSOの自己資金による開発協力額自体も小さい。アメリカは288.16億ドル，ドイツは13.81億ドル，カナダは24.88億ドルであるのに対して日本は4.98億ドルでしかない。これはCSOを通じたODAの割合が最も高いアイルランド（5.09億ドル）よりも少ない。急激にCSOを通じたODA（現在は2.80億ドル）を増やした場合，CSOのODA資金の依存率が高まりすぎることの弊害（ODA政策の優先順位にCSOが左右される，政府機関の官僚的手続きによりCSOの活動の柔軟性が損なわれるなど）が生じる懸念があり，今後ODA政策におけるCSOとの連携を考えるうえで大きなジレンマであろう。

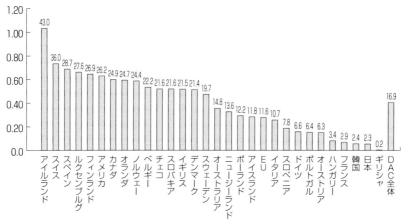

図10-7　DAC諸国のCSOを通じたODA（％，2015年）

出典：OECDデータベースをもとに筆者作成。

(3) 開発協力大綱から考える日本のODA政策

2015年2月，安倍自民党政権は従来のODA大綱を改訂した開発協力大綱を発表した。もともとODA大綱は，1992年につくられたもので，2003年に改訂され，2015年には再度改訂されるとともに名称も「開発協力大綱」に変わった。

1992年に最初にODA大綱がつくられた時は，日本がトップドナーになった時期である一方で，世界各国からも，日本の市民・納税者からも，日本のODA政策は理念がはっきりせず，何がしたいのかわからないという声が高

まっていた。基本理念として，国際社会の相互依存関係，環境保全，世界平和の維持があげられた。重点地域としてはアジアとする一方で他の地域，特にLDCsへの配慮にも言及していた。重点項目としてあげられたのは，地球的規模の問題への取り組み，基本的ニーズ，人づくり・技術協力，インフラ整備，構造調整であった。また，①環境と開発の両立，②軍事的用途や国際紛争を助長することにODAが使用されることを避ける，③軍事支出，大量破壊兵器・ミサイルの開発・製造，武器の輸出入等の動向に十分に注意する，④民主化の促進，市場志向型経済導入の努力，また基本的人権および自由の保障状況に対して十分に注意する，の4原則をたてた。

2003年の改定時には基本理念に1992年版の人道・開発的な側面とともに，「我が国の安全と繁栄の確保」という文言が入ったため，国益追求の色彩が出てきたと評された。また，「人間の安全保障」「平和構築」など1990年代半ば以降グローバルに議論されるようになったテーマにも言及した。重点課題としては，貧困削減，持続的成長，地球規模の問題への取組，平和の構築をあげている。1992年大綱の4原則は維持された。

2015年の改訂のプロセスが開始された時（2014年3月）に，安倍内閣の「国家安全保障戦略」と「日本再興戦略」に沿って国際貢献と国益の両立の観点からの改訂をめざす方針が明らかにされた。その後有識者懇談会やパブリックコメントなどを経て，2015年2月10日に新「開発協力大綱」が発表された（外務省 2015）。

開発協力の目的は，「国際社会の平和と安定及び繁栄の確保により一層積極的に貢献することを目的として開発協力を推進する」，「こうした協力を通じて，我が国の平和と安全の維持，更なる繁栄の実現，安定性及び透明性が高く見通しがつきやすい国際環境の実現，普遍的価値にもとづく国際秩序の維持・擁護といった国益の確保に貢献する」ことなどとされた。基本方針は「非軍事的協力による平和と繁栄への貢献」，「人間の安全保障の推進」，「自助努力支援と日本の経験と知見を踏まえた対話・協働による自立的発展に向けた協力」，重点課題は「『質の高い成長』とそれを通じた貧困撲滅」，「普遍的価値の共有，平和で安全な社会の実現」，「地球規模課題への取組を通じた持続可能で強靱な国際社会の構築」である。実施上の原則には「民主化の定着，法の支配及び基

本的人権の保障に係る状況」,「軍事的用途及び国際紛争助長への使用の回避」,「軍事支出,大量破壊兵器・ミサイルの開発製造,武器の輸出入等の状況」,「開発に伴う環境・気候変動への影響」,「女性の参画の促進」などが含まれる。2点目について「非軍事目的の開発協力に軍又は軍籍を有する者が関係する場合には,実質的意義に着目し,個別具体的に検討」という文言が加わり,限定的ながら軍・軍関係者への支援への道を開いた。

開発協力大綱はSDGs採択の前に出されたが,SDGs推進の視点から,「女性の参画の促進」が原則の1つにあげられていること,実施面で市民社会との連携を明記していること,国際的に合意されたODAの対GNI比0.7%についても触れていること(ただし実現の日程は何も述べていない),情報公開と内外の市民の理解促進や開発教育について述べていることなど評価すべき点もある。

しかし以下の懸念がある。第1に前文で国家安全保障戦略について言及し,原則の中でも限定的とはいえ軍や軍関係者への支援の可能性に道が開かれていること(もともとDACのルールではPKOにかかわる限定的な部分以外は軍に対する支援はODAにカウントできない)など,開発協力を軍事・安全保障と結びつける方向があることである。

第2に,従来のODA大綱では貧困削減,持続的成長がそれぞれ重点課題であったのが,開発協力大綱では「『質の高い成長』とそれを通じた貧困」とされ,まず成長があっての貧困削減という成長中心主義的指向が感じられる。「質の高い成長」ということで「インクルーシブ」な成長(ゴール8),格差解消(ゴール10)と両立できるとみなすのかもしれないが,成長があっての貧困削減という考え方は旧来の「トリクル・ダウン」的な発想につながる懸念があり,「誰一人取り残さない」というSDGsの理念と両立できるだろうか。

第3に「日本の経験と知見を踏まえた対話・協働」も,開発現場に持ち込む経験や知見次第で,それが貧困削減に適正かという疑問が出てくるだろう。場合によって日本から積極的な提案を行うことも述べられているが,これは日本企業の利益と結びつくことにつながる可能性がある。

SDGsの時代にもかかわらず,日本のODA政策がより自国の外交・安全保障・経済的利益追求の手段の色彩を強めていることが懸念される(Takayanagi 2016)。

(4) 日本のODA政策におけるSDGs実施策

開発協力大綱はSDGs採択の前に発表された。では日本のODA政策の中でSDGsの実施はどのように考えられているのだろうか。外務省が毎年発行するODA白書でも様々なODA事業がどうSDGsと関係しているのかは記述されているが，日本のODAにおけるSDGs実施策をもっともよく要約しているのは，ODA実施機関である国際協力機構（JICA）が2016年2月に発表した「JICA SDGsポジション・ペーパー」（国際協力機構 2016）であろう。JICAは，図10-8を用いながらSDGsの達成方法を以下のように5つに分類している。

① 総合的な取り組みによって達成に貢献するゴール：1（貧困を終わらせる），5（ジェンダー平等と女性のエンパワーメント），10（格差をなくす），16（平和・ガバナンス）
② 開発の基礎となるゴール：3（健康・保健），4（質の高い教育）
③ JICAが中心的な役割を果たしていくゴール：2（飢餓をなくす），3（健康・保健），4（質の高い教育），6（水・衛生），7（エネルギー），8（経済成長・ディーセントワーク），9（インフラ・産業），11（都市），13（気候変動），15（陸の生態系保護）
④ いずれの事業においても確保が必要なゴール：17（実施手段とパートナーシップ）
⑤ 市民社会や民間企業を支援し，JICAが触媒となるゴール：8（経済成長・ディーセントワーク），12（持続可能な消費・生産）

これを見ると，1（貧困を終わらせる），5（ジェンダー平等・女性と女の子のエンパワーメント）が中心的な役割を果たしていくゴールとされていないことに懸念があろう。確かに1に関しては，直接的な「極度の貧困」をなくす事業は慈善的な救貧事業になりやすく，かえって受益者の自立性を奪うかもしれない。保健・教育や雇用創出を通じてなされることも多いだろうが，マイクロファイナンスなど1の施策として位置づけられる事業もあろう。5については，OECD-DACによれば，2015～2016年平均で，ジェンダーを主要な目的としたODAは0.8%にすぎない（DAC諸国全体では4.4%）が，ジェンダーを視野

図10-8　JICAの各ゴールについての捉え方

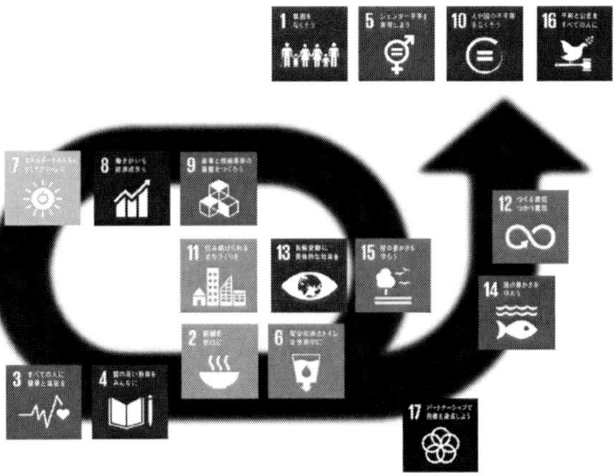

出典：国際協力機構（2016）。章末の参考資料参照。

に入れているODAを含めると33.4％となりDAC全体の35.3％にあまり劣らない数字になる（OECD 2018b）。ジェンダー平等を主要な目的とするODAを増やす意味でももっと中心的に位置づけられてよいのではないだろうか。

また，16（平和とガバナンス）も中心的な役割を果たしていくゴールとして位置づけられていない。OECD-DAC全体では，社会インフラの1分野である「政府と市民社会」にODAの約10％が配分されているが，日本は2％程度にすぎない。ゴール16をきっかけに日本もガバナンスや民主化の問題にもっとかかわるべきではないだろうか。

4　ODAのこれから

SDGsを踏まえて日本も含む世界のODAを考えるうえでの問題をいくつか論じて，この章を締めくくろう。

(1) 主要DAC諸国の先行き不透明

1節で述べたように，ゴール17ターゲット2では，先進国は，途上国に対するODAを対GNI比0.7％にすることなどの目標が掲げられているが，この章

で述べてきたように日本も含め，多くの国がこの目標は大きく下回っている。近年の主要DAC諸国のODAの動向をみると悲観的な要素が少なくない。

　最大のドナーであるアメリカでは，トランプ政権（2017年1月〜）はアメリカのODAの主要実施機関であるアメリカ国際開発庁（USAID）予算の30％近い削減を決めた（ODA実施機関は他にもあるので，ODAがただちに30％削減されるというわけではない）。

　第2位のドナーであるドイツは，2017年9月の総選挙後，政権の成立まで6か月近くを要した。イギリスの場合，EU脱退国民投票の結果ODAに積極的であったキャメロン首相が辞任し，後任のメイ政権はODAに積極的でなく，今後の援助額の推移は不透明である。ヨーロッパ諸国では移民・難民問題と関連して極右政党の台頭が多かれ少なかれみられる。極右政党は自国中心主義的で援助には消極的であり，今後極右勢力の台頭がヨーロッパ諸国のODA政策に与える影響が心配される。

　2018年4月のDACプレスリリースによれば，2017年支出分に関してはこれらの諸国のODAの大きな変化につながらなかった。しかし中長期的に主要国における政治状況がODA額にどう反映されていくのかについては注意が必要である。

　一方で，カナダのようにハーパー保守党政権からトルドー自由党政権への交代（2015年10月）後，新政権により「フェミニスト国際援助政策」が発表され，ゴール5（ジェンダー平等）を中心にSDGs実現を重視したODA政策を発表した国もある。

(2) 新興ドナー

　近年新興ドナーによる援助が注目を集めている。新興ドナーのなかにはUAEのようにDACのオブザーバーとなる国，サウジアラビア・ロシア・タイ・台湾などDACに援助実績を報告している国もあるが，中国・インド・南アフリカ・ブラジルなどDACに実績を報告しないだけでなく，DACでつくられてきたODAの定義や規範・ルールの受け入れを拒否したり，途上国間の協力（南南協力）に適用しないことを要求したりする国もある。

中国・インドの援助政策は，内政不干渉や受取国との互恵を原則とし，人権やガバナンスにかかわる問題と援助を結びつけない方針である。このためか人権・民主主義・ガバナンスなどに関する問題点を指摘された諸国（欧米ドナーや日本から援助の停止や減額などを受けた国もある）が中国やインドの支援を求める傾向がある。ゴール16で重視されるガバナンスや，人権を重視する2030アジェンダ全体の理念を骨抜きにしないか懸念される。また中国の援助は貿易・投資に加え労働輸出も加えた「四位一体」の援助となり，自己の経済的利益追求の手段となっているのではないだろうかという疑問も出ている（Mawdsley 2012; 下村・大橋編 2013）。中国の借款は条件が悪いため，中国からの支援を得ている国が債務危機に陥る危険性も指摘されている。

　中国の援助の多くは経済インフラに向けられているといわれているが，このことはDAC諸国のODAにおいても経済インフラ見直し，あるいは経済インフラを重視する日本のODAの再評価にもつながっている。中国に代表される新興ドナーの台頭がSDGs実施に与える影響は今後注目すべき問題である。

(3) ODA定義と算出方法の見直し

　最後に，本章執筆時点でDACではODAの定義や算出方法の見直しが進んでいる。よく知られているようにODAは以下の条件を満たすものとして定義される。これは基本的には1972年以来のものである。

① 政府または政府の実施機関によって供与されるものであること
② 開発途上国の経済開発や福祉の向上に寄与することを主たる目的としていること
③ 資金協力については，その供与条件のグラント・エレメントが25％以上であること

ODAの定義の見直しは主に③にかかわる。LDCs向けのODAについてはグラント・エレメントを45％以上と厳しくする一方で，低中所得国については15％，高中所得国は10％に緩める。この他に，平和・安全保障関連や定住難民費用でODAとしてカウントできるものの見直しなども予定されている。

　ODAの統計上の算出方法も見直される。現在のODA額（p. 198，図10-1）

は支出純額（大雑把にいえば支出総額―借款の返済額）にもとづくが，借款供与時に贈与相当分（グラント・エレメント）のみODA額に計上し返済時に減算しない方式に変わる。またODAとしてはカウントできないものや，官民協調の資金的支援なども含めた「持続可能な開発のための公的総資金」（Total Official Support for Sustainable Development＝TOSSD）という新しい概念も設けられ，ODAとともにその金額が算出されることになる。

　ゴール17ターゲット2でODAについての目標が設けられているが，ODAの定義や算出方法の変更が今後のODAのあり方にどのような影響を与えるのか注意していく必要がある。本書の諸統計は従来の定義と算出方法にもとづいているが，今後DACなどから発表される統計とは定義や金額の算出方法が異なっている可能性があることを読者の皆様にもご注意いただきたい。

〈参考資料〉
外務省（毎年刊行）『政府開発援助（ODA）白書』。
国際協力機構，2016，「JICA　SDGsポジション・ペーパー――SDGs達成への貢献に向けて――JICAの取り組み」。
下村恭民・大橋英夫編，2013，『中国の対外援助』日本経済評論社。
Mawdsley, Emma, 2012, *From Recipients to Donors : Emerging Powers and the Changing Development Landscape*, London and New York: Zed.（佐藤眞理子・加藤佳代訳『国際開発援助の変貌と新興国の台頭――被援助国から援助国への転換』明石書店，2014）。
OECD (annual) *Development Co-operation Report*.
OECD, 2018a, "Development aid stable in 2017 with more sent to poorest countries," Press Release, 9 April 2018.
OECD-DAC, 2018b, *Aid in Support of Gender Equality and Women's Empowerment : Donor Charts*.
OECDデータベース
https://www.oecd.org/dac/financing-sustainable-development/development-finance-data/statisticsonresourceflowstodevelopingcountries.htm
Takayanagi, Akio, 2016, "Japan: Recent Trends in Aid Policy and Technical Cooperation," The Reality of Aid, *The Reality of Aid 2016 : Technical Cooperation as an Aid Modality : Demand-led or Donor-driven ?*, IBON Books.
Tomlinson, Brian, 2016, "Global Trends, 2016: Financing Agenda 2030: Where Are the Resources ?," 同上。

（高柳彰夫）

第11章　民間セクター──SDG 17

■この章で学ぶこと

　SDGs は開発協力業界のみならず，ビジネス界においても広く知られるようになり，CSR（企業の社会的責任）として SDGs にどう貢献できるかがサステナビリティ報告書でも盛んに掲載されるようになった。SDGs が解決を意図するグローバル・イシューは，民間企業の力なくして2030年までに達成することができないというセクターを超えた世界的な認識の共有が進みつつある。日本政府による開発協力ファイナンスの文脈においても，SDGs 達成のための手段として，民間セクターは中心的な存在となっている。

　一方で，「ビジネスと人権」の議論に見られるように，国境を越えた企業活動における人権配慮が，誰一人取り残さないという SDGs の理念を実現する上で重要なポイントでもあり，SDGs と民間セクターの役割を考える上で「ビジネスと人権」は欠かせない視点にもなっている。「国連ビジネスと人権指導原則」（2016年）の策定を主導したジョン・ラギーの言葉に集約されるように，「ビジネスが持続可能な開発への貢献を最大化するためには，持続可能な開発の人に関わる部分の核心において人権の尊重を促進する努力をしなければならない」のである。

　民間セクターが関わる SDGs の領域は多様かつ広範囲に及び，すべてを網羅することはできないが，本章では SDGs の達成に向けた取り組みで民間セクター（ビジネス）がどう関係してくるのかについて，基本的な動向や留意すべき論点を明らかにしたい。

1　SDGs と民間セクター

(1)　グローバル企業と SDGs

　民間セクターが SDGs 達成になぜ重要なのか。様々な視点があるだろうが，例えば経済規模に着目してみよう。SDGs の実施年がスタートした2016年時点の数字で，世界の経済アクターを政府と企業を含めて経済規模順に並べてみる

と，100主体のうち民間企業は69主体を占めており，企業の存在感が際立っていることが分かる。ウォルマートの収益はスペイン，オーストラリア，オランダといったOECD諸国の政府より大きい。トップ10企業の合計収益は，世界180カ国の合計よりも大きく，対象を200主体に拡大するとこの傾向はさらに強まり，企業は153を占めるという。この図11-1のように，世界の持続可能性に経済活動が大きな影響を及ぼす現実を踏まえると，企業を抜きにしたSDGs達成の議論は意味をなさない現実が感じ取れるだろう。

SDGsに関する民間セクターのビジネス機会についてよく言及されるデータとしては，Business & Sustainable Business Commissionが2015年に出した報告書（Better Business, Better World）の数字がある。SDGs達成によってもたらされる，市場機会の価値は年間12兆ドル，また同じく2030年までに世界で創出される雇用は約3億8000万人に上ると推計されている。

世界のビジネス関係者1500人以上を対象にしたエシカル・コーポレーションの2018年の調査報告書（Global Responsible Business Benchmark Report）では，SDGsへの認識や取り組みについてまとめている。グローバル企業の69％は，SDGsを自社のビジネス戦略に統合していると回答し，前年比で23％も増加しているとの結果を公表しており，SDGsが世界のビジネスにおいて共通言語になってきている傾向が見て取れる。

民間セクターとSDGsの関係では，国連グローバル・コンパクトが「SDGsコンパス」というツールを作成しており，その他にも，セクター向けのSDGs推進事例をまとめた「SDGsマトリックス」があり，一部は日本語訳が出ている。WBCSD（World Business Council for Sustainable Development：持続可能な開発のための世界経済人会議；本部ジュネーブ）は，SDGs推進のために様々な活動をしているが，SDGsとビジネスに関する情報・ナレッジを集約した「SDGs Business Hub」というウェブサイトを設置しており，業界ごとの行動計画をまとめるツールとして「SDGsセクターロードマップ」，経営層への理解促進を目的にした「持続可能な開発目標CEO向けガイド」も発行している。

このように，SDGsとビジネスに関する報告書やツール，指南書のような発行物は数多く出されており，いずれも民間セクターの役割の重要性を示すもの

第 11 章　民間セクター

図11-1　世界の経済規模上位100（政府・企業）

	Country/Corporation	Rvenue (US $, billions)		Country/Corporation	Rvenue (US $, billions)		Country/Corporation	Rvenue (US $, billions)
1	米国	3,251	35	オーストリア	189	69	中国平安保険（中）	110
2	中国	2,426	36	サムスン電子（韓）	177	70	UAE	110
3	ドイツ	1,515	37	トルコ	175	71	クローガー（米）	110
4	日本	1,439	38	グレンコア（スイス）	170	72	ソンエド・ジェネラル（仏）	108
5	フランス	1,253	39	中国工商銀行（中）	167	73	Amazon（米）	107
6	英国	1,101	40	ダイムラー（独）	166	74	中国移動通信（中）	107
7	イタリア	876	41	デンマーク	162	75	上海汽車（中）	107
8	ブラジル	631	42	ユナイテッドヘルス・グループ（米）	157	76	Walgreens Boots Alliance（米）	103
9	カナダ	585	43	CVSヘルス（米）	153	77	HP（米）	103
10	スペイン	482	44	エクソールグループ（伊）	152	78	ゼネラリ保険会社（伊）	103
11	オーストラリア	474	45	ゼネラル・モーターズ（米）	152	79	カーディナルヘルス（米）	103
12	オランダ	426	46	フォード・モーター（米）	150	80	BMW（独）	102
13	国家電網公司（中）	337	47	中国建設銀行（中）	148	81	エクスプレス・スクリプツ・ホールディングス（米）	102
14	中国石油天然気集団（中）	330	48	AT&T（米）	147	82	日産自動車（日）	102
15	シノペックグループ（中）	299	49	Total（仏）	143	83	中国人寿保険（中）	101
16	韓国	294	50	中国農業銀行（中）	143	84	J.P.モルガン・チェース（米）	101
17	ロイヤル・ダッチ・シェル（蘭）	291	51	鴻海精密工業（フォックスコン）（台）	141	85	ガスプロム（露）	99
18	メキシコ	272	52	ゼネラル・エレクトリック（米）	140	86	中国中鉄（中）	99
19	スウェーデン	260	53	中国建築（中）	140	87	ペトロブラス（伯）	97
20	エクソンモービル（米）	251	54	フォルクスワーゲン・バーゲン（米）	136	88	Trafiguraグループ（スイス）	97
21	フォルクスワーゲン（独）	246	55	中国農業銀行（中）	133	89	NTT（日）	96
22	トヨタ自動車（日）	237	56	ベライゾン（米）	132	90	ボーイング（米）	96
23	インド	237	57	フィンランド	131	91	中国鉄建（中）	94
24	ベネズエラ	236	58	シェブロン（米）	131	92	マイクロソフト（米）	94
25	Apple（米）	234	59	E.ON（独）	129	93	バンク・オブ・アメリカ（米）	93
26	ベルギー	227	60	AXA（仏）	129	94	ENI（伊）	93
27	BP（英）	226	61	インドネシア	123	95	ネスレ（スイス）	92
28	スイス	222	62	Allianz（独）	123	96	ウェルズ・ファーゴ（米）	90
29	ノルウェー	220	63	中国銀行（中）	122	97	ポルトガル	90
30	ロシア	216	64	本田技研工業（日）	122	98	HSBCホールディングス（英）	89
31	バークシャー・ハサウェイ（米）	211	65	日本郵政（日）	119	99	ザ・ホーム・デポ（米）	89
32	サウジアラビア	203	66	コストコ（米）	116	100	Citiグループ（米）	88
33	ベネズエラ	193	67	BNPパリバ（仏）	112			
34	マクケッソン（米）	192	68	ファニー・メイ（米）	110			

出典：Global Justice Now 2016を筆者が翻訳・編集したもの。

213

であるが、今後はSDGsに関する実施が進むにつれて、目標達成や課題解決、すなわち「持続可能な社会への変革」に、どれだけビジネスが貢献できたのかが問われるだろう。

(2) 民間セクターとSDGsのゴール

さて、「持続可能な開発のための2030アジェンダ」において、民間セクターはどのように位置付けられているのだろうか。同アジェンダでは、「実施手段とグローバル・パートナーシップ」の中で、民間セクターに対して成長・雇用やイノベーションでの役割を期待するとともに、「国連ビジネスと人権に関する指導原則」等にもとづく企業の社会的責任に言及していることにも留意しておきたい。

「持続可能な開発のための2030アジェンダ」における民間企業への言及

パラグラフ67（民間企業活動）民間企業の活動・投資・イノベーションは、生産性及び包摂的な経済成長と雇用創出を生み出していく上での重要な鍵である。我々は、小企業から共同組合、多国籍企業までを包含する民間セクターの多様性を認める。我々は、こうした民間セクターに対し、持続可能な開発における課題解決のための創造性とイノベーションを発揮することを求める。「ビジネスと人権に関する指導原則と国際労働機関の労働基準」、「児童の権利条約」及び主要な多国間環境関連協定等の締約国において、これらの取り決めに従い労働者の権利や環境、保健基準を遵守しつつ、ダイナミックかつ十分に機能する民間セクターの活動を促進する。

出典：「持続可能な開発のための2030アジェンダ」（外務省仮訳）。

SDGsのゴールと民間セクターの関係については、基本的に民間セクターはほぼすべてのゴールに横断的に関与してくるが、SDGsの各課題に対する実施手段が書かれたゴール17「持続可能な開発のための実施手段を強化し、グローバル・パートナーシップを活性化する」は民間セクターの役割・関係性が読み

取れる目標の1つである。大まかにいえば，資金源，投資，イノベーション，技術移転，貿易，マルチステークホルダー・パートナーシップといった側面において，民間セクターはSDGs達成への重要な役割を担っている。この他，民間セクターと直接関係してくるゴールとして，例えばゴール8（労働・雇用），ゴール9（インフラ・産業化・イノベーション），ゴール12（持続可能な生産と消費）などがある。ターゲット12.6では，「特に大企業や多国籍企業などの企業に対し，持続可能な取り組みを導入し，持続可能性に関する情報を定期報告に盛り込むよう奨励する」とのターゲット，12.6.1「持続可能性に関する報告書を発行する企業の数」というグローバル指標が設定されているが，実質的にどこまで意味があるのかはっきりしない。ただ企業の環境，社会，ガバナンスに着目した「ESG投資」が主流化するなかで，企業の持続可能性に関するレポーティングはますます求められており，企業の「数」というより報告の「質」が求められる時代になっていることは確かだろう。

(3) 日本政府の政策と民間セクターの動き

日本政府は，安倍内閣総理大臣を長とする「SDGs推進本部」を内閣に設置し，2016年12月に政府としての基本方針である「SDGs実施指針（SDGs Implementation Guiding Principles）」を発表した。同指針では民間企業の重要性が強調されており，実施指針本文における「ビジネスと人権」への言及を含め，以下のような記載がある。

SDGs実施指針における民間セクターの言及

　ビジネスと人権の観点に基づく取組やESG投資，社会貢献債等の民間セクターにおける持続可能性に配慮した取組は，環境，社会，ガバナンス，人権といった分野での公的課題の解決に民間セクターが積極的に関与する上で重要であるのみならず，こうした分野での取組を重視しつつあるグローバルな投資家の評価基準に対し，日本企業が遅れをとらずに国際的な市場における地位を維持するためにも極めて重要である。このための環境づくりに向けた政府の施策を進めるとともに，民間企業の取組を後押しする。

出典：日本政府「持続可能な開発目標（SDGs）実施指針」8ページ。

また、実施指針の最初のドラフト段階ではなかった「ビジネスと人権に関する国別行動計画」(NAP) を策定するコミットメントが盛り込まれ、最終的に付表に明記された（表11-1）。政府が公開している資料、実施指針への「パブリック・コメントで寄せられた御意見とSDGs推進本部の考え方」を見ると、企業の責任、ビジネスと人権指導原則、国別行動計画の策定等を求めるコメントが多数寄せられた結果、そうした意見を踏まえて、付表に掲げた旨の説明がある。

表11-1　SDGs実施指針「付表」に明記された「ビジネスと人権に関する国別行動計画」(NAP)」

（ビジネスと人権）	施策概要	ターゲット	指標	関係省庁
ビジネスと人権に関する国別行動計画の策定	人権理事会決議17/34及び本決議に基づき設立された作業部会による提言等に基づき、「ビジネスと人権に関する国別行動計画」を策定する。	8	ビジネスと人権に関する国別行動計画の策定の進捗状況	外務省他

出典：SDGs実施指針付表13ページ。

SDGsの推進と「ビジネスと人権」の関係の重要性に鑑みれば、NAP策定への言及は評価に値するものであり、日本として前向きに取り組むことで企業の付加価値を高めようとする姿勢がみられる。国連ビジネスと人権指導原則 (UN Guiding Principles on Business and Human Rights: UNGP) が2011年6月に国連人権理事会で承認されて以降、国としての実施戦略である「国別行動計画 (NAP)」が世界各国で策定されている。国際的なビジネスの場においては、指導原則を契機に、企業による人権尊重への取り組みが加速している。WBCSDの会員企業163社を対象とした2016年調査では、87％の企業が国際的に認知された人権尊重にコミットしている。日本政府において長らくNAPは検討されてこなかったが、UNGP採択から5年以上を経た2016年11月、ジュネーブでの国連ビジネスと人権フォーラムにおいてNAP策定のコミットメントを発表し、実施指針においてもその方針が再確認されたものだ。

しかし、1年後の2017年12月、第4回SDGs推進本部が発表した「SDGsアクションプラン2018」では、ビジネスと人権に関する国別行動計画に関する言

及はなかった。経団連はSDGs推進において「Society 5.0」を掲げ，SDGs17分野にも含まれる様々な社会課題の解決による新たな成長モデルを志向しており，日本政府は同SDGsアクションプランでSociety 5.0実現を中心に据え，これを日本型のSDGsモデルとして積極的に展開したいとの方針のようである。現時点では具体性に乏しく，またSDGsをビジネス・オポチュニティとしてしか捉えておらず，ビジネスと人権の視点が一切含まれていない点は懸念される。

　その意味では，経団連が定めている「企業行動憲章」改訂も注目される。企業行動憲章自体は，1991年に制定されたが，2017年11月，約7年ぶりに改訂された。副題に「持続可能な社会の実現ために」と明記され，企業の社会的責任に関する10の主要原則が列挙されている。今回は重要な国際的動向を踏まえ，SDGs，人権等についての記述が追加されている。より詳細な説明が付された「実行の手引き（第7版）」には，第4章に「人権の尊重」が明記され，「すべての人々の人権を尊重する経営を行う」ため，国際的に認められた人権を理解し尊重すること，人権を尊重する方針を明確にし事業活動に反映すること，多様なステークホルダーと連携し人権侵害を受けやすい社会的に立場の弱い人の自立支援を通じて包摂的な社会作りに貢献すること，が重要であるとの記載がある。特に，国連ビジネスと人権指導原則の枠組みに対応して，①人権に関する方針の策定，②人権デューデリジェンスの実施，③是正の実施，の3点を明確に位置付けている。今後は日本企業のさらなる実践が期待される。

(4) 民間セクターによるSDGs実施の課題

　民間セクターとしては，SDGs実施にどのような課題を抱えているのだろうか。筆者が策定に関わった，一般財団法人企業活力研究所主催の2017（平成29）年度CSR研究会「社会課題（SDGs等）解決に向けた取り組みと国際機関・政府・産業界の連携のあり方に関する調査研究報告書」の実施した，国内の主要な企業に対するアンケート調査（2016年11〜12月）の結果を参照したい。

　企業がSDGsに取り組む際に何を課題と考えているのか尋ねた結果が図11-2である。日本の東証一部・二部マザーズ上場企業137社の回答結果は，「社内

図11-2 民間企業にとってSDGsに取り組む場合の課題

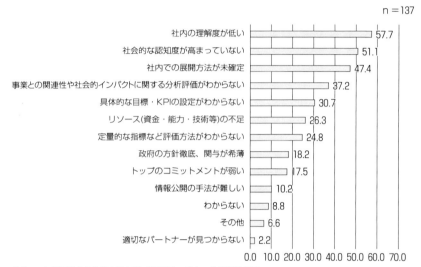

出典：一般財団法人企業活力研究所（2017年）。章末の参考資料参照。

の理解度が低い」が最も多く（約58％），「社会的な認知度が高まっていない」（約51％），「社内での展開方法が未確定」（約47％）といった課題が挙げられた。同報告書における経営陣のSDGs認知度は25％程度で，比較的低い結果だったが，「トップのコミットメントが弱い」ことを課題と回答した企業は18％程度であった。また，「適切なパートナーが見つからない」とする企業は2％程度であり，実施パートナー以前の問題という傾向が読み取れる。「その他」として寄せられた主な回答としては，以下のようなものがあった。

① 国内で事業を営む企業には対応しにくい目標がある。
② 国内で主に事業展開しているため，事業との関連性を明確にするには国内の諸機関の制度とリンクしている必要がある。
③ 事業により異なると思われるが，各国の法整備等。
④ 国としてのSDGsに関する指標が示されていない。
⑤ 日本国内で全国民が取り組む機運の高まりがない。

また，SDGsを日本企業がより推進していくための提言として，①経営レベルでのSDGs等への理解の促進とリーダーシップの確立，②長期視点かつネガ

ティブ影響に配慮した目標設定と取り組み，③ステークホルダーの認知拡大とエンゲージメントの推進，④ゴール志向のパートナーシップ，アライアンスの構築，⑤SDGs達成に向けた行動計画枠組み「サステナブル・ビジョン2030（仮称）」の策定，の5つのポイントが指摘されている。

特に，②のネガティブ影響への配慮はビジネスの人権の観点から重要であり，人権デューデリジェンス等を通じて企業はよく把握しておくことが必要である。

2 日本の開発協力から考える，SDGsと民間セクターの役割

後半部分は，主に日本の開発協力の文脈から，SDGsと民間セクターの役割について考察を進めていきたい。特に，開発協力における「ビジネスと人権」の配慮が，SDGs達成に向けた官民連携において重要課題であることを指摘したい。

(1) 日本の援助と民間セクター

近年の日本の援助政策を考える基盤として重要なのが，2015年2月のODA大綱の改定，すなわち「開発協力大綱」の成立である。これは，SDGsの合意に先駆けて打ち出されている。「開発協力大綱」(Development Cooperation Charter) は，1992年に閣議決定された「ODA大綱」が11年ぶりに改定されたもので，安倍政権下で行われた。先代のODA大綱の成立当時，野党やNGOからは「ODA基本法」(援助庁設立を含む)を策定すべきとの動きもあったが，ODAの外交ツールとしての柔軟性を確保したい声もあり，法制化がなされず，法的拘束力のない基本方針（努力目標）としてODA大綱が策定された。日本は現在もODAに関する基本法を有しない世界でも例外的な国となっている。ODA大綱は，「日本の援助は哲学がない」との批判も踏まえて，自助努力支援，人間の安全保障，日本の経験と知見の活用等を盛り込んだ，いわば総花的な内容であったが，開発協力大綱において国益とともに，より民間セクターの重要性が打ち出された。

開発における民間資金の重要性を反映し、名称そのものも「ODA」大綱から「開発協力」大綱へと変更となった。また、その内容も経済成長重視の姿勢を鮮明にした。日本政府は、国連におけるポスト2015の交渉過程でも、経済成長による開発という視点を強く主張したが、新しい大綱でも「質の高い成長」を通じた貧困撲滅が掲げられている。これは、旧大綱が教育や保健などの必須社会サービスの充実（旧大綱では「人間開発」、「社会開発」）の重要性を冒頭に据えたことからの大きな転換となった。また、「戦略性の強化」（言い換えると国益確保）の観点から、「質の高い成長」に貢献する日本のインフラや技術を官民挙げて活用していくことを掲げており、日本の企業の利益や国益の確保が念頭に置かれている。

こうした流れに呼応するように、日本のODAは近年、経済インフラ色をますます強めている。日本のODA実績の傾向をセクター別に見てみると、図11-3の通り、2011～2012年ごろを境にして経済インフラ分野のODAが急速に伸びている。2014年の経済インフラ（運輸・通信・エネルギー等）への供与実績は115.37億ドルであり、2011年同分野実績48.71億ドルの2.36倍にも達している。社会インフラ（保健・教育・水と衛生等）（2014年28.93億ドル）と比較すると、約4倍の規模である。ODA総額自体がさほど増えていないなかで、経済インフラは社会インフラ、生産部門、マルチセクター、人道支援などの他セクター実績を大きく引き離しており、近年比較にならない伸びが見られることは注目に値する。円借款の比重が大きい日本の援助モダリティを考慮に入れても、日本のODA政策は経済インフラ偏重の度合いをますます深めているといえる。

(2) 日本の「質の高いインフラ」イニシアティブ

経済インフラ重視の路線を政策的に後押しするのが、近年日本政府が推進する「質の高いインフラ」パートナーシップであり、省庁横断的な「経済協力インフラ戦略会議」の官民連携によるインフラ輸出戦略（2020年までに約30兆円のインフラシステム受注が目標）である。これらはアベノミクスの重要な政策手段と位置付けられており、つまり日本経済の成長という政策目的のため、ODA等による官と民のインフラファイナンスを総動員することを意味している。こ

第 *11* 章　民間セクター

図11-3　日本の ODA：セクター別推移
単位：million USD

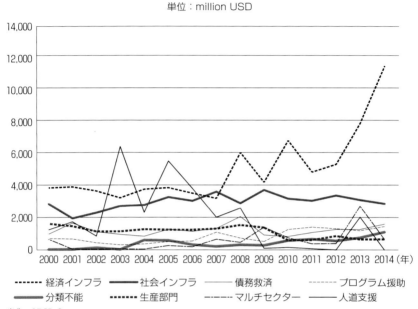

出典：OECD Stat.

注記：DAC 統計で各セクターに含まれる主な分野は次のとおり。経済インフラ：運輸，通信，エネルギー，金融，その他。社会インフラ：教育，保健，人口・リプロダクティブヘルス，水・衛生，政府・市民社会（紛争・平和・安全保障），その他。生産部門：農業・森林・漁業，産業・鉱業・建設業，貿易・観光。

れは先に述べた国益重視の開発協力大綱の方針と非常に整合的である。外交的観点からは，輸出競争相手としての中国によるアジアインフラ投資銀行（AIIB）設立に対して，日本は ADB との連携を強化し，JICA と ADB はインフラファイナンス強化の業務協力協定を締結するなど，日本製のインフラを輸出するために政策を総動員する体制が取られてきている。

　現在の日本の ODA では，日本企業のインフラ輸出にいかに貢献できるかが，案件採択の重要な判断基準ともいわれている。日本政府が提唱する「質の高いインフラ」は，諸外国（特に新興国）とのインフラ輸出競争において，日本の特徴を差別化しアピールするために考案された概念である。また，2016年に日本がホストした G7 伊勢志摩サミットにおいても，「質の高いインフラ投資の推進のための G7 伊勢志摩原則」が策定されたが，日本政府が提唱する

「質の高いインフラ」には環境社会配慮の概念が含まれていることを，同原則は明示している。

質の高いインフラ投資の推進のための G7 伊勢志摩原則

原則3：社会・環境面での影響への対応
質の高いインフラ投資は，インフラプロジェクトの社会・環境面での影響について配慮しなければならず，また，既存の MDBs の基準を含む最も重要な基準に反映されている国際的なベストプラクティスに沿った社会・環境面でのセーフガードを適用すること等により，こうした影響に適切に対応しなければならない。

出典：外務省（https://www.mofa.go.jp/mofaj/files/000160310.pdf）。

しかし，こうした原則においても，ビジネスと人権の議論から想起される視点が網羅されているわけではない。UNGP が政府に求めているような，人権リスクの高い企業や案件における人権デューデリジェンス実施の義務付け，ないしはその実施のための補助制度などは想定していないし，現在の日本にもそうした制度はない。実際に，日本政府が「質の高いインフラ」のフラッグシップのもとにファイナンスする大型インフラ案件では，現在でもなお，現地住民への人権侵害の問題が NGO によって報告されている（例：インドネシアにおけるインドラマユ石炭火力事業等）。

SDGs 達成への取り組みにおいて，日本政府はインフラ関連の目標を重視しているが，ビジネスと人権のアプローチを政策イニシアティブに組み入れなければ，「質の高い」インフラそのものの質が担保されるとはいえないどころか，影響を受ける住民にとっての SDGs 進捗を大幅に後退させることになりかねない。質の高いインフラ・イニシアティブでは，官民資金のブレンディングにより，利用可能な資源・政策を総動員する形で民間のインフラ輸出を官が支援する体制がとられているが，ステークホルダーの多様化は責任の所在の曖昧さにつながりやすいため，政府機関がビジネスと人権の視点をより積極的に取り入

れなければ，ビジネスリスクは非常に高いものになる。

　オックスファムの調査報告書「ブレンド型ファイナンス：それは何か，どう機能するか，そしてどう使われるのか」（2017年2月）では，ブレンド型ファイナンスの提起する課題について指摘しているが，特に重要なのはプロジェクトにおけるオーナーシップとアカウンタビリティの欠如である。「透明性は多くのブレンディング案件での共通の課題であり，関与するステークホルダーのなかには独立した苦情メカニズムを持たない機関もある。これにより，影響を与えるステークホルダーと懸念を共有し，ドナーが説明責任を果たすことを難しくしている。案件の意思決定における官民ステークホルダーの参画，特に民間セクターを関与させることが大きな課題である」との指摘もある。

(3) 開発協力と「ビジネスと人権」

　国連ビジネスと人権指導原則は，世界のサステナビリティ領域における主流的存在感とは異なり，日本のODA分野ではほとんど注目されることはなかったといってよい。しかし，①政府の人権保護の義務，②企業の社会的責任，③救済という3本柱で構成される指導原則は，日本政府がNAP策定コミットメントを発表したことで，ODAにおいても留意するべき重要原則として急浮上してきている。「開発協力大綱」に示されるように，日本のODA政策が日本の民間セクターを支援する方向へ舵を切っている結果として，必然的に指導原則が想定するような企業による国内外での人権侵害の可能性とその対応策としての方針を，政府として開発協力のあり方の中でしっかりと位置づける必要性と責任が発生している。

　逆に，指導原則の掲げる理念をODAにおいても実践することができなければ，日本のODAは非常に大きな潜在的な人権侵害リスクを負うことになる。それは，政府機関と連携・協力するビジネスの側からしても大きなリスクであり，問題であろう。2017年7月，日本弁護士連合会（日弁連）が発表した日本政府のNAP策定にあたっての優先課題の1つとしてもODAが掲げられている。日本政府としてこの機会に必要な対処をしなければ，ビジネスと人権上の高いリスクを背負うことになるという，明確な法的見解が示されたと理解すべ

きではないだろうか。

　そもそも，これまで開発ファイナンスの文脈では，事業実施国における貧困削減などの開発目標を掲げて公的ファイナンスが活用されるという性質上，環境・社会面への負の影響に対応し，可能な限り削減する必要性が指摘されてきた。具体的には，開発事業を担う援助実施機関における「セーフガード規制」や「環境社会配慮ガイドライン」の策定と運営について議論が積み重ねてこられた経緯がある。開発ファイナンスに要求されるアカウンタビリティの基準は，民間ファイナンスの導入や活用によって引き下げられるようなことがあってはならない。開発ファイナンスの分野で進んできたアカウンタビリティのあり方に関する議論に即し，NAP策定にあたっても開発ファイナンスをきちんと位置づけることが必要とされているといえよう。

　ここで改めて考えたいのは，SDGsとビジネスと人権の関係である。2030年までのSDGs達成に向けてビジネスの役割が欠かせないとすれば，国連ビジネスと人権指導原則の国際的な実践もSDGs達成の枠組みとしてより重視されて然るべきである。ビジネスの取り組みがSDGs達成に貢献しようとも，現地の企業活動における人権への負の影響が許されるわけではない。カーボン・オフセットのように，企業の人権への負の影響をSDGsへの社会貢献によって相殺（オフセット）することはできない（ラギー）。従って，日本政府が官民を挙げてSDGsというグローバルなレベルでのサステナビリティ実現に貢献しようとするなら，同時にSDGsを後退させる人権リスクをいかに緩和するかという政策も，同時に推進されなければならない。NAPを策定するという意味は，開発協力政策の文脈ではまさにそこにある。政府として開発協力における官民連携の政策を推し進めるのであれば，人権リスクを緩和するための具体的政策を同時に推進すべきであろう。

　政府によるビジネスと人権上の適切な規制，法制度の整備がなされなければ，国際的には日本のビジネスへの投資には潜在的な人権リスクが大きいとみなされることになりかねない。すでに英国では現代奴隷法が，フランスでは人権デューデリジェンス法が策定される等，国際的に法制化の動きが出てきている。2017年11月，国連人権理事会の普遍的・定期的レビュー（Universal Periodic Review: UPR）においても，日本に関する国連人権高等弁務官事務所（OHCHR）の報告書で，日本のビジネスと人権，開発ファイナンスに対して人権上の懸念が示されていることも留意しておきたい。

（4）ビジネスと人権の視点を「持続可能な開発」に取り込む

「NAP時代」に日本に求められる開発ファイナンスとは何か。「NAP時代」とは，つまり，国連ビジネスと人権指導原則を国の政策として行動計画にコミットし取り組んでいく時代を意味するが，現状では，開発協力の世界においては「ビジネスと人権」自体が主流化されているとはいいがたい。日本政府が民間セクター重視の開発ファイナンスを展開していくのであれば，ビジネスと人権の視点を持続可能な開発への取り組みにいかに取り込んでいけるかが必要になる。

そこで改めて考えたいのは，官民によるSDGs達成への支援とビジネスと人権へ取り組みは，どのように整理できるかということである。図11-4は，持続可能な開発へのインパクトと人権配慮を簡単に示したものである。ファイナンスすることでもたらされる持続可能な開発への正のインパクトをAとする。一方，負のインパクトをBとする。AからBを差し引いた，最終的な持続可能な開発へのインパクト，つまりCを最大化することが，開発協力ファイナンスの目的となるはずである。Cが最大化されることで，SDGsの達成などの成果に近づくが，それにはBを最小化するための取り組み，つまりビジネスと人権指導原則などの人権配慮の枠組みが必要となる。特に，開発事業者による人権デューデリジェンスの取り組みや，人権が侵害された人びとの救済アクセスの確保がなされる必要がある。

政府と民間による開発ファイナンスがブレンド化されていくことで，持続可能な開発への正のインパクトは期待できるし，それ自体は否定するものではない。実際に，例えばミャンマーのティラワSEZ（経済特区）開発においては，日本政府の出資やJICA事業による周辺インフラ整備等の支援がなければ，民間投資は今ほどに期待できなかった。しかし，政府によるファイナンスがあるからといって，人権へのネガティブなインパクトへの配慮・責任が免責される

図11-4 持続可能な開発へのインパクトと人権配慮

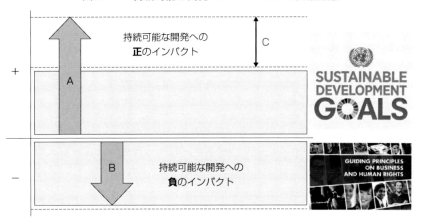

A：持続可能な開発への努力＝SDGs
B：人権への配慮による負のインパクト最小化＝UNGP（人権デューデリジェンス，救済アクセス）
Cが最終的にプラスとなれば良いという前提は受け入れられない＝人権侵害のオフセットは原則不可
人権人権デューデリジェンス・救済アクセスによるBの最小化により，Cのインパクトを最大化する
出典：筆者作成。

ものではないし，それを最小化するための努力が官民双方の事業者に求められるのは当然である。NAP時代にあっては，日本の開発ファイナンスはこうした人権配慮の枠組みを，SDGs達成支援の有効かつ不可欠なアプローチとして，適切に取り込んで行く必要があるだろう。

日本政府は，ビジネスと人権に関する国別行動計画（NAP）策定を，日本における持続可能なビジネスの推進における好機と捉えるべきである。ビジネスと人権に取り組む企業を積極的に後押し，国としてもビジネスと人権に関する政策を強化することで，日本の官民連携の開発協力ファイナンスに質がもたらされ，それが国際競争力に付加価値を与えることになる。しかし，現時点で日本の開発協力ファイナンスはSDGs時代にあってもビジネスと人権をほとんど素通りしてまっている。ODAにおける環境社会配慮や異議申し立て制度を，指導原則の観点から見直す必要があるだろう。

SDGsを推進し，誰一人取り残さない開発協力を担保するうえで，日本のODAが引き続き民間との連携を重視していくのであれば，なおさらビジネス

と人権を有効なアプローチとして捉え直し，そのために必要な行動を NAP にも盛り込むことが期待される。ビジネスと人権に関する国別行動計画（NAP）策定は，日本における SDGs と民間セクターの関与に大きな影響を与える可能性があり，今後より大きな関心と注目を集めるべきであろう。

〈参考資料〉

グローバル・コンパクト・ネットワーク・ジャパン，2018，SDGs 日本企業調査レポート 2017 年度版「未来につなげる SDGs とビジネス～日本における企業の取組み現場から～」
　http://www.ungcjn.org/sdgs/pdf/elements_file_4001.pdf
Oxfam International, 2017, "Raising the Bar: rethinking the role of business in the Sustainable Development Goals"
　https://d1tn3vj7xz9fdh.cloudfront.net/s3fs-public/dp-raising-the-bar-business-sdgs-130217-en_0.pdf
一般財団法人企業活力研究所，2017，「社会課題（SDGs 等）解決に向けた取り組みと国際機関・政府・産業界の連携のあり方に関する調査研究報告書」
　http://www.bpfj.jp/act/download_file/98193838/71988285.pdf
ジョン・ラギー，2016，「第 5 回ビジネスと人権フォーラム基調講演」（一般財団法人アジア・太平洋人権情報センター仮訳）。
　https://www.hurights.or.jp/archives/newsinbrief-ja/section3/keynote_ruggie_161114j.pdf
ジョン・ラギー，2014，『正しいビジネス――世界が取り組む「多国籍企業と人権」の課題』（"Just business: multinational corporations and human rights"）』岩波書店。

（髙木晶弘）

第 *12* 章　移民・難民

■この章で学ぶこと

　現在，生まれた国を離れて移民・難民として暮らしている人は世界人口の3.3%である。SDGsはグローバルな開発政策と移民を始めて結びつけ，安全で秩序ある国際移動の達成を掲げている。本章ではSGDsの中で移民・難民がどのように取り上げられているかを日本を事例として紹介し，SDGsが持つ意味をビジネスと人権の観点から学ぶ。

1　国境を越える人の移動

　インターネットやSNS，衛星放送を通じて海外の情報が簡単に手に入るようになり，格安航空券の普及により，国境を越える人の移動が加速化している。海外で暮らす日本人が増加する一方で，日本の大学や専門学校で学ぶ留学生や外国人労働者，国際結婚のカップルなども増加している。さらに，貧困や紛争，気候変動の影響により，生まれた土地で暮らし続けることができずに国境を越える人々も増加している。アラブの春以降，中東や北アフリカからヨーロッパへ向けてボートで地中海を渡る人びと，ミャンマーの少数民族のロヒンギャは迫害を逃れて隣国へと向かい，シリア内戦では多くの家族がトルコやヨルダンやヨーロッパへと移住していった。移動する過程で危険な目に会い，密航業者に騙されたり，命を落としていった人々も大勢いる。

　生まれた国を離れて生活をする人の数は1980年には世界人口の2.3%を占める1億200万人であったが，2015年には2億4400万人に上り，世界人口の3.3%を占めている。そのうち，6500万人は難民や国内避難民を含む強制的に移住さ

せられた人々であり、1000万人の無国籍者を含んでいる (IOM, 2018)。留学や就労など正規のルートで自発的に移動する人もいれば、人身取引など非正規のルートで強制的に移動させられる人もおり、「秩序ある、安全で正規かつ責任ある移住や流動性」(10.7) をいかに保障するかが重要である。

持続可能な開発目標 (SDGs) は、グローバルな開発政策と移民を初めて結びつけ、安全で秩序ある国際移動の達成と、移民、難民、国内避難民のニーズに配慮することを明確にしている。SDGs のゴールは相互に関連しており、貧困や自然災害は人が国境を越える原因にもなれば、人の移動が適正に管理されれば、移民は貧困削減、経済成長、環境保全にとってポジティブな影響を及ぼすことができる。SDGs の「誰一人取り残さない」という目標を達成するためには、グローバル化時代の国境を越えた人の移動を射程に入れる必要があり、政府・企業・市民社会など多様な関係者による合意形成と行動が求められている。

しかし、日本においては SDGs と移民・難民を関連付けた議論はほとんど見られず、政府の SDGs 推進本部が作成したアクションプランには人身取引と外国人に対する人権啓発に対する言及が僅かにあるだけである。また、日本の移民研究や移民・難民支援の NGO の間でも SDGs に関する議論は主流ではない。一方、「移民・難民」は SDGs の多くのゴールに横断的に関わっており、169のターゲットと230のインディケーター (指標) には国際移動と移民について直接言及したものや、間接的な含意を持つものが数多く含まれており、少子化と人手不足により外国人の流入を加速化させている日本にとって重要な意義を持つ。

本章は世界的な移民・難民をめぐる議論を視野に入れつつ、日本の移民・難民と SDGs との関連について次の3つの点から論じる。第1に、開発と国際移動に関する国際社会の動向を踏まえて移民・難民が SDGs に含まれるに至った経緯を概観し、第2に SDGs のゴールとターゲットの中で移民・難民がどのように取り上げられているのかについて日本を事例として検討し、第3に SDGs の含意をビジネスと人権の観点から考察する。

ところで、「移民」に関する法的な定義はなく、国際移住機関 (IOM) は「法的地位や理由、自発的であるかどうか、滞在期間に関わりなく常居所を離

れ国境を越えた人」と説明している。一方，難民については国連難民条約により「人種，宗教，国籍，政治的意見やまたは特定の社会集団に属するなどの理由で，自国にいると迫害を受けるかあるいは迫害を受ける恐れがあるために他国に逃れた」人々と定義されているが，実際の場面では移民と難民を明確に区別できないこともある。また，日本政府は「移民」という言葉は使っておらず，「外国人」や「外国人材」としているが，本章では国際的に使われているmigrantsの訳語として「移民」，migrationの訳語として「国際移動」を用いることとする。

2　開発と国際移動

　グローバル化の進展により国境を越えるモノ・カネ・ヒトの流れはますます活発化しているが，国際社会では誰がそのルールを決めているのだろうか。国際貿易や投資，国際金融については，世界貿易機関（WTO）や国際通貨基金（IMF）などが多国間協議を通じて共通のルールをつくるためのプラットフォームを提供している。しかし，国境を越える人の移動に関しては，国家主権の問題とされてきたため，安全な移動ルートの保障や，移住先で人権が保障される制度づくりに関する国際社会の取り組みは遅れている。例えば，国連の移住労働者の保護に関する権利条約は1990年に起草されたが，ようやく2003年に20カ国が署名し，発効にいたった。この条約は移住労働者に自国民と同等の労働条件や福祉，思想信条の自由などを保障するものだが，日本を含め多くの移民受入国は批准していない。

　一方，移住労働者による送金額は2017年には6130億ドルにのぼり，その金額は2016年の政府開発援助（ODA）の1450億ドルの4倍以上にのぼる（World Bank, 2018a; OECD, N/A）。しかも，移民からの海外送金は安定しており，そのうち73.5％は低中所得の国への送金であることを考えると，グローバルな格差を解決するためにも国際移動と開発を結びつけることが重要である。

　SDGsのアジェンダを作成するにあたり，国連では移民に関連するいくつかのハイレベルの対話や，移民と開発のためのグローバルフォーラム（GFMD）

などが開催されてきた。市民社会，各国政府，国際機関などの関係者が一堂に集う中で，国際移動は開発課題を解決することはできないが，開発戦略と結びつけることにより，その効果を最大化することができることが提案された。つまり，国際移動の枠組みを適切に管理することにより，移住労働者は安全な環境で就労し，受入国は労働者を確保することができ，送り出し国は海外送金によって経済が発展するという"win-win-win"の関係ができるというのである。それを受けて，2013年の国連のハイレベルの対話では行動のためのアジェンダが策定された。そこでは，移民は国境を越える際に仲介業者に法外な斡旋料を要求されたり，移住先で人権侵害を受けることもあるが，安全に移動することができ，技術を取得し，送金することができるような環境があれば開発のパートナーになれることが主張され，基本的人権の保障と国連の人権基準の遵守が求められた。ハイレベル対話では100カ国以上の政府代表と300以上の市民団体の参加により，SDGsの中に「移民・難民」は位置づけられなければならないことが確認された。

そして，2016年の難民と移民のためのハイレベルサミットでは193カ国の代表が参加する中，「難民と移民のニューヨーク宣言」が採択された。ニューヨーク宣言には包括的な難民対応の枠組みが示されており，難民を多数受け入れた国に対する支援や難民の自立，第3国定住の拡大，安全な帰国のための条件整備などが盛り込まれている。さらに，2018年には移民と難民の2つのグローバル・コンパクトが採択される予定である。グローバル・コンパクトとは法的な拘束力はないが，参加国による政治的合意と行動を表すものであり，ニューヨーク宣言を実現するための具体策を提示している。移民のグローバル・コンパクトは，国際人権法や国際労働機関（ILO）条約に基づき，安全で秩序だった正規の国際移動を，ジェンダーに配慮し，子どもの最善の利益を確保する形で政府・研究者・市民社会・企業・メディア等の様々な関係者の協力により実現するための国際協調の枠組みである。難民のグローバル・コンパクトは難民に対する国際社会の対応をより公正なものとし，負担と責任の共有化をはかるものである。2つのグローバル・コンパクトは独立したものとして作成されるが，相互補完的に運用され，共にSDGsに根ざしており，今後のグ

ローバルな人の移動を規定する枠組みとなる予定である。

3 SDGsと移民・難民

　SDGsのターゲットのなかで「国際移動」「移民」「人身取引」という単語が明記されているのは，8.8，10.7，10.c，16.2，17.18であるが，国際移動は直接的にも間接的にも多くのターゲットと関係している（表12-1）。次に日本の文脈においてSDGsのゴールがどのような意味を持つかについて具体的に検討する。2017年に日本で暮らす外国出身者は256万人で，そのうち半数は永住・定住や日本人の配偶者等の在留資格を持っている長期滞在者である。

　ゴール3の「健康と福祉」の3.8は「ユニバーサルな医療体制の確立と医療サービスへのアクセス，安全で効率的で質が高く安価な薬とワクチンへのアクセス」を掲げる。日本は1961年に公的保険制度を確立し，診療報酬と薬価は政府による公定価格となっているため，ほとんどの市民は安価で質の高い医療へのアクセスが保障されている。健康保険は一定の要件を満たせば外国人も加入できるが，情報が届いていなかったり，生活が困窮しているために無保険状態にあることもあり，受診を抑制するケースや，病院に行かなかったために容態が悪化するケースもある。特に，1990年施行の改定入管法により南米からの日系人の受入が開始された時期は，円高から製造業の海外移転が加速化し，雇用の非正規化が進行した時期と重なった。日系人は規模の小さな事業所で就労しており，日本語ができないこともあり，事業主と労働者が共に健康保険料を負担したくないというインセンティヴが働いた結果，健康保険に未加入の状態のまま家族で定住するケースが目立っている。

　また，植民地時代に日本に移動してきた在日コリアンは，1952年のサンフランシスコ平和条約が発効する際に一方的に日本国籍を剥奪され，社会保障制度の国籍条項から排除されてきた。しかし，1979年の国際人権規約と1982年の難民条約批准を契機として国籍条項が撤廃されたことにより，日本の社会保障制度は外国人に対して開かれたものになっていく。現在では国民健康保険，児童手当，国民年金，雇用保険など労働と社会保障の多くの分野で自国民と同等の

第 12 章　移民・難民

表12-1　SDGsと国際移動・移民・難民

ゴール1　貧困根絶 　1.1　国際移動は貧困を削減する上で有効な戦略である 　1.3　移住労働者は法的・社会的保護の対象外とされることがある 　1.4　国際移動により出身国の家族の福祉を向上させることができる 　1.a　移民・難民は税金や社会保険を支払うことにより，受入国の財政安定に貢献する
ゴール3　健康と福祉 　3.8　全ての人々に対するユニバーサル・ヘルス・カバレッジの達成
ゴール4　教育 　4.1, 4.2, 4.3　移民は出身国に残された家族の教育へのアクセスを改善する場合もあるが，移民・難民の第2世代は，質の高い教育を受けることが出来ずに不利益をこうむることがある 　4.1　初等中等教育へのアクセスは移民・難民の法的地位によって決定される可能性があり，特に非正規滞在の子どもは，教育に対するアクセスが阻害されることがある 　4.7　教育は移民・難民の子どもの社会統合や経済活動にとって重要である
ゴール5　ジェンダー平等 　5.1, 5.2　移民・難民の女性や女の子は移動の途中や移動先で暴力を経験することがある 　5.4　移住女性の多くは家事やケア労働に従事しており，家事やケア労働の価値を高めることは移住女性を含む女性の福祉と尊厳と社会的地位を向上させる 　5.6　性と生殖における健康と権利（リプロダクティヴ・ヘルス/ライツ）に対する普遍的なアクセスの保障
ゴール8　経済成長とディーセントワーク 　8.5　移民・難民は労働市場で不利な立場におかれ，技術が活かせず，低賃金の職種に固定化されることもある 　8.7　強制労働，奴隷労働，人身取引，児童労働の禁止 　8.8　移民・難民，特に女性労働者を含め，全ての労働者の権利を保護し，安全・安心な労働環境を守る
ゴール9　産業・イノベーションとインフラストラクチャー 　9.5　移民は受入国の多様性に貢献し，イノベーションを可能にする。移民の出身国においても送金や技術移転や帰国によってイノベーションが可能になる
ゴール10　不平等の是正 　10.1　国際移動は移民の送金によりグローバルな不平等，国家間の不平等および社会の不平等を是正する 　10.2　教育は移民・難民の子どもたちの社会的，経済的，政治的包摂を促進する 　10.3　教育に対する制度的な障壁を除去し，難民や非正規滞在の子どもが教育にアクセスできるようにする 　10.4　移民はしばしば社会保障の対象から排除されることがあるが，それは不平等の拡大につながる 　10.7　計画にもとづき良く管理された移民政策を通じて，秩序ある，安全で正規かつ責任ある移住や流動性を促進する 　10.c　2030年までに移住労働者による送金コストを3％未満に引き下げ，コストが5％以上の送金経路を撤廃する
ゴール13　気候変動 　13.1, 13.3　気候変動によって影響を受けた人々は，生計の手段を多角化するため，海外からの送金に依存する

ゴール16　平和と公正 　16.2　児童労働と搾取と人身取引を廃絶し，子どもたちに教育の機会を与えること。特に市民権を持たない非正規滞在の子どもや若者や女性は人身取引や性的搾取の対象になりやすい 　16.3　移民・難民を含めた全ての人々に司法への平等なアクセスを提供する 　16.7　移民は受入国をより多様化し，より包摂的な社会にするが，移民の市民権を認めないことは彼らの社会参加を阻害し，サービスへのアクセスを制限し，対立の原因になる
ゴール17　グローバル・パートナーシップ 　17.8　よりよい政策を立案するため，移民・難民に関するデータの収集を行う

出典：Overseas Development Institute, 2017, SDGs市民社会ネットワーク，2017より筆者作成。

　待遇が得られるようになったが，国民年金法の改正が行われたのは1982年であり，当時は25年の支払い期間が必要であったため，在日コリアンに多くの無年金者が生まれた（田中 1995）。これは政府が必要な経過措置を取らなかったことが原因である。無年金の場合，老後の生活が安定しないことから医療保険に加入できないケースもあり，高齢化が進行する中で，十分な医療サービスが受けられていない在日コリアンの高齢者たちが生まれている（中村 2005）。年金は高齢期の生活を支える社会保障として重要であり，日本人の高齢世帯の半数以上は年金のみで生活している。年金の財源は保険料と税であり，在日コリアンには納税義務があるにもかかわらず，制度的差別が温存されてきた。

　ゴール4の「教育」のターゲット4.1は「全ての男女が無料で公正で質の高い初等中等教育を終了する」ことを謳っているが，移民の子どもたちは言語の問題や家庭の経済状況などにより，教育を受ける権利が侵害されることがある（荒牧他 2017）。日本政府は，憲法第26条第2項及び教育基本法第5条第1項により就学義務は外国人には課されないが，外国人であっても本人が希望すれば就学させることができるとしている。つまり，移民・難民の場合には教育は権利ではなく，要望があれば「恩恵」として認めていることから，不就学の子どもに対しては対応できていない。また，日本語教育に対する支援が不十分なためにドロップアウトしてしまう子どもや，出身国の言語も日本語も十分に習得することができずダブルリミテッドになってしまう子どももいる。教育は基本的人権の重要な構成要素であり，日本は「子どもの権利条約」及び「経済的，社会的および文化的権利に関する国際規約」（社会権規約）を批准していることから，国籍に関わらず教育を受ける権利は保障されるべきである。

なお，教育を受ける権利が侵害されているのは外国出身の子どもたちだけではない。旧植民地出身の高齢女性たちや結婚を契機に移住してきた女性たちの中には，文字の読み書きが出来ない人たちがいる。現在，夜間中学には年配の在日コリアンの女性や結婚を契機として来日したアジアやラテンアメリカ出身の女性たちが通っており，日本語の読み書きを学んでいるが，日本語の読み書きができないということは，想像を絶するほど彼女たちの生活やアイデンティティに深い影響を与えている。日用品の説明が分からない，子どもの学校からのお知らせが理解できない，新聞や本が読めない，バスに乗ってもどこで降りたら良いか分からない，という状況を想像してみて欲しい。開発途上国に行かなくても，文字の読み書きができない人たちは私たちのすぐ側で暮らしている。

ゴール5の「ジェンダー平等」においては，ターゲット5.2が「公的・私的領域に関わらず全ての女性と女の子に対する人身取引，性的搾取や他の搾取を含む全ての暴力の廃絶」，ターゲット5.4は「無償で行われているケアや家事労働の価値を認識し，公的サービスや社会政策により世帯や家族において責任の分担を行うこと」，5.6は「性と生殖における健康と権利（リプロダクティヴ・ヘルス／ライツ）に対する普遍的なアクセスの保障」である。「移住労働の女性化」といわれるように，現在，全世界の移民の48％は女性であり，多くの移住女性は家事労働やケア労働など受け入れ国のジェンダー化された労働市場で働いている。

日本は「興行」という在留資格でバーやパブなどでエンターティナーとして就労するアジアの女性たちを受け入れてきたが，アメリカから人身取引禁止に向けた対策が不十分であると批判され，2005年以降，政府は対策を強化してきた。しかし，性の商品化や性的搾取，児童ポルノやJKビジネスなどは日本人を含めて蔓延しており，人身取引被害は外国人だけに留まらない。政府の報告書によれば，2016年度の人身取引の被害者は50名であり，そのうち48名は女性，最も多かった国籍は日本人の25名であり，それ以外はタイ，フィリピン，カンボジア，ベトナム出身者であった。日本人の被害では，マンションの1室に監禁され出会い系サイトで知り合った客との強制売春をさせられ，アダルト・ビデオへの出演を強要され，断ると違約金を払わされるケース，タイ人の

被害では「日本へ無料で行かれる」といわれ強制売春をさせられていたケースが報告されているが（首相官邸 2017），これは氷山の一角であろう。そして，言葉や社会の制度が分からない外国人は，日本人よりもさらに不利な立場に置かれやすいということはいうまでもない。

　また，海外ではしばしば搾取と暴力の温床となってきたケア労働や家事労働については，日本では2008年以降に二国間経済連携協定（EPA）のもとで来日した外国人看護師・介護福祉士が就労している。もっともEPAによる受入は，政府による関与の度合いが高く，制度の透明性が確保されており，労働基準法の適用と日本人との同等待遇が保障されているため，多少の労働問題は生じているものの，大きな問題にはいたっていない。しかし，団塊の世代が75歳になる2025年には約38万人の介護職の人手不足が生じることから，安倍政権の下で技能実習生制度の介護分野への拡大，介護福祉士の資格を取得した留学生を対象とした「介護」ビザの新設，国家戦略特区における外国人家事支援人材の受け入れが矢継ぎ早に決定された。政府は法令遵守を呼びかけ，相談窓口を設けているが，今後は合法的に入国する移民の間でも強制労働や人身取引などの人権侵害が生じることが懸念される。日本人も約4割が非正規労働者であるなか，SDGsのゴールを達成するためには，日本人にも移民にもディーセント・ワークを保障し，働くことに意欲と意義が見出せるような政策と環境づくりが求められている。

　また，ターゲット5.6の移住女性の妊娠や出産を保障するリプロダクティヴ・ライツに関する議論はほとんど行われていない。日本人女性も妊娠を期に違法な退職勧奨やマタハラを受けるケースがあるが，技能実習生については妊娠は厳しく管理されており，妊娠すれば強制帰国させられるなど，リプロダクティブ・ライツが認められているとはいいがたい。

　世界経済フォーラムによるグローバル・ジェンダー・ギャップ指標で，日本は144カ国中114位（2017年）であり，先進国はおろかアジアのなかでも突出してジェンダー不平等な社会である。日本の政治家や官僚などによるセクハラが大きな社会問題となるなか，国際基準を大きく下回るジェンダー意識を持つ社会において，移住女性らは日本社会の雇用慣行だけなく，ジェンダー秩序に

よっても制約されている。SDGsは子供，若者，障害者，HIV/エイズと共に生きる人々，高齢者，先住民，難民，国内避難民，移民などへの取組を求めており，日本政府はSDGsの実施指針に包摂性を掲げ，「脆弱な立場の人たちに焦点を当てる」としており，今後の取り組みが注目される。

　ゴール8は「すべての人のための持続的，インクルーシブかつ持続可能な経済成長，生産的な完全雇用およびディーセント・ワークを推進する」とあり，ターゲット8.7は「強制労働，奴隷労働，人身取引，児童労働の禁止」，8.8は「移住労働者，特に女性の移住労働者や不安定な雇用状態にある労働者など，全ての労働者の権利を保護し，安全・安心な労働環境を促進する」である。自国民と比べてキツイ・キタナイ・キケンとされる3K労働に従事することが多い移民や，移民であることと女性であることで何重にも差別されがちな移住女性の労働者としての権利と，ディーセント・ワーク（働きがいのある人間らしい仕事）の保障を謳っている。

　現在，日本で働く外国人労働者は127万人であり，出身地域は中国，ベトナム，フィリピン，ブラジル，ネパールがトップを占めている。そのうち，35.9％は在日コリアンなどの特別永住者や日系人などの定住者，日本人の配偶者等，身分にもとづく在留資格で就労しており，20.3％は留学生によるアルバイト，会社経営やIT技術者など専門的・技術的分野の就労が18.6％，技能実習生が20.2％を占めている（厚生労働省 2017a）。日本政府は「移民政策」を取っていないと繰り返し述べているが，外国人労働者の受け入れは前年比で18.0％増加しており，過去最高となっている。ただし，この数値には「労働者」としての正面からの受け入れではない人たちが相当数含まれている。留学生は本来の目的は勉学であり，定住資格で就労する日系人は血統主義による受け入れであり，技能実習生は日本で学んだ技術を帰国後に活かすという「研修」目的であって，受け入れの目的は「労働者」としてではない。「労働者」としては受け入れないが，運用上は認めているという説明は，政策と実態を乖離させ，外国人労働者の「労働者性」を見えにくくする。

　特に，問題が大きいのは途上国への技能移転という名目で農業や水産加工，建設や工場などで就労する技能実習生である。2017年には約25万人が就労して

いるが，実際に移転できる技術は僅かであり，人手不足に苦しむ産業を底辺で支える低賃金労働力となっている。しかも，政府の報告においても，労働局などが監督指導を実施した事業主の約70％が労働基準関係法令違反をしており，労働時間や安全基準が守られていないケースが多発している（厚生労働省 2017b）。中には1カ月165時間という違法な時間外労働を行わせていたり，実際の支払額とは異なる虚偽の給与明細を入管局に提出していたり，残業代を時給300円に設定していたケースが報告されており，2017年には7000名以上が失踪している（法務省 2018）。また，女性の技能実習生に対する雇用主からのレイプやセクハラのケースも報告されている。

　米国務省の人身売買報告書においても，技能実習生は技術を学ぶような仕事はさせてもらえず，渡航するために仲介業者に借金をし，契約の途中で辞めれば罰金が課され，失踪しないようにパスポートを取り上げられる「強制労働」であると批判されている。日本弁護士連合会も技能実習生制度の廃止を求めてたびたび声明を出しており，市民社会やメディアからの批判も多い。政府が合法的に受け入れている移民ですらディーセント・ワークが保障されないのであれば，非正規滞在の移民やインフォーマルセクターで就労する移住女性の労働環境がどのようなものか想像して欲しい。移民に安全で秩序ある国際移動を保障し，安心して働ける環境のもとで受け入れ，社会統合を進めていく責任が私たちにはある。

　ゴール10「国内および国家間の不平等を是正する」のターゲット10.7は「計画にもとづき良く管理された移民政策の実施を通じて，秩序ある，安全で正規かつ責任ある移住や流動性」である。IOMでは10.7をSDGsの中心ととらえており，強制労働や搾取，児童労働などがない安全な国際移動のための政策の必要性を掲げている。日本政府は2019年には新しい在留資格を新設するなど，外国人労働者の受入は拡大しているが，SDGsにもとづいた責任のある対応が求められる。政府はこれまで単純労働者の受入には慎重な姿勢を見せつつ，より高い経済的な価値を生み出す専門職は多く受け入れたいとして，高度人材へのインセンティヴとして永住権を短期間で得られるポイント制を導入している。しかし，高度人材にとって魅力的な国のランキングにおいて日本は31位で

あり，先進国だけでなくアジアの中でも12位の香港，13位のシンガポール，23位の台湾に大きく差をつけられている。人身取引と奴隷労働を廃絶し，移民や難民の人権を保障し，社会統合政策を推進しなければ，単純労働者だけでなく，高度人材にとっても魅力はないのである。

最後に，国家間の格差を是正する上で，海外送金のコストが挙げられる。10.c では送金コストを3％未満に引き下げ，5％を越える送金経路を撤廃することを掲げており，すでに G8 や G20 でも合意に達している。しかし，日本の海外送金コストは2018年3月時点で9.82％と高く，G8平均の6.64％を大きく上回っていることから，改善が望まれる（World Bank 2018b）。

4 ビジネスと人権

SDGs の「誰一人取り残さない」という理念の根底には基本的人権の尊重が根ざしており，SDGs 時代には企業も国際的に認められた人権基準を遵守することが求められる。国連のコフィ・アナン事務総長の呼びかけにより，2000年に企業との協働を呼びかけたグローバル・コンパクト（UNGC）が発足した。UNGC の10原則のうち6つは人権と労働に関することであり，企業に対して人権侵害に加担しないことや強制労働の排除を呼びかけている。さらに，「ビジネスと人権に関する指導原則」において企業が「自らの活動を通じて人権への影響を引き起こしている」，「自らの活動を通じて人権に対する影響を助長している」，「取引関係によって企業の事業，製品またはサービスと人権への影響が結びついている」場合に責任を負うことを定めている。このような人権リスクに対する内部統制を「人権のデューデリジェンス」と呼び，そのリスクは企業の活動によって負の影響を受ける可能性のある人々の観点から評価される（日弁連 2015；グローバル・コンパクト・ネットワーク・ジャパン 2016）。

2013年にはバングラデシュで縫製工場が集中していたラナ・プラザが崩落し，1100名以上が死亡し，2500名以上が負傷した。安全よりも経済を優先させたために，強度が十分ではない建物のなかで多くの女性たちが犠牲となった痛ましい事故である。この縫製工場に衣料品の製造を依頼していたのが欧米のア

パレルメーカーであったことから，国際社会からの厳しい批判にさらされた。すぐに安全な労働環境を保障するための合意が行われ，ベネトンやH&Mなどの大手アパレルメーカーが署名をしている。企業はサプライチェーンの取引先の活動における人権への影響を特定し，防止し，対応することが求められているのである。

そして，2015年には香港を拠点とするNGOである企業の違法行動に反対する学者学生（SACOM）と国際人権NGOヒューマンライツ・ナウの調査により，ユニクロの中国における下請工場の劣悪な労働環境が報告された。中国の工場では月平均の時間外労働が112時間以上にのぼり，長時間低賃金労働で，夏は38度以上でもエアコンがなく，染色部門では有毒な化学物質が使用されていたにもかかわらず，安全対策は取られていなかった。この報告を受けてユニクロの親会社であるファースト・リティリングに対し，労働環境の改善や生産者リストの情報開示が求められている。

さらに，2016年にはコンゴ民主共和国において行われていたアップル社やマイクロソフトらによるコバルト採掘に，児童労働が関わっていたことを国際人権団体アムネスティ・インターナショナルが明らかにした。コバルトはスマートフォンやノートパソコンなどの原料であり，コンゴではその採掘に約4万人の子どもたちが長時間，劣悪な労働条件で働いていた。これらの批判を受けてアップルは迅速に対応したが，マイクロソフトの対応は不十分であり，国際基準を遵守していないとして批判された（アムネスティ・インターナショナル 2016）。

グローバルな企業には，取引関係を含めたサプライチェーンの末端にいたるまで人権に対する影響を調査し，人権侵害に加担していないことを積極的に情報公開していくことが求められるようになってきている。日本でもESG（環境・社会・ガバナンス）投資や，事業プロセスそのものの中に環境や社会への配慮を統合するCSR（企業の社会的責任）も広がっている。日本で働く技能実習生たちは縫製，農業，食品加工，自動車製造，ビルメインテナンス，建設など多くの分野で産業を支えている。私たちの食卓に並ぶ野菜や果物，海産物や乳製品，メイド・イン・ジャパンのアパレルや自動車製造のサプライチェーンの

末端には技能実習生が関わっており，人権デューデリジェンスの観点から見直されなければならない。さらに今後，介護分野の技能実習生の導入が進められているが，介護は公的保険という社会保障制度によって支えられており，介護分野の技能実習生に対する人権侵害は，社会保障政策全体に対する信頼を揺るがし，保険者である地方自治体や政府の責任にまで及ぶ可能性がある。

2017年の日本国内の就業者のうち51人に1人は外国人であり（加藤 2018），もはや私たちの社会は外国人労働者なしには成り立たない。「誰一人取り残さない」社会とは，移民・難民を含めて全ての人に〈居場所〉があり，人種や民族や宗教やジェンダーによる差別がなく，個々人が能力を十分に発揮することができる社会である。SDGsと移民・難民との結びつきは政府が想定しているよりも広く，深く広がっており，底辺から社会のあり方を変革する可能性を持っている。

〈参考資料〉
加藤真，2018，「日本は外国人労働者にどれだけ支えられているか？知られざる現実と課題」ダイヤモンドオンライン。
　https://diamond.jp/articles/-/163140（3月13日）
法務省，2018，「技能実習生度の現状」
　http://www.meti.go.jp/policy/mono_info_service/mono/fiber/ginoujisshukyougikai/180323/4_moj-genjyou.pdf
厚生労働省，2017a，「外国人雇用状況の届け出まとめ」
　http://www.mhlw.go.jp/stf/houdou/0000192073.html
厚生労働省，2017b，「外国人技能実習生の実習実施機関に対する平成28年の監督指導，送検等の状況を公表します」
　http://www.mhlw.go.jp/stf/houdou/0000174090.html
首相官邸，2017，「人身取引対策に関する取り組みについて」
　https://www.kantei.go.jp/jp/singi/jinsintorihiki/dai3/honbun.pdf#search=%27%E4%BA%BA%E8%BA%AB%E5%8F%96%E5%BC%95%E5%A0%B1%E5%91%8A%E6%9B%B8%27
荒牧重人他，2017，『外国人の子ども白書』，明石書店。
SDGs市民社会ネットワーク編，2017，『基本解説そうだったのか。SDGs』一般社団法人SDGs市民社会ネットワーク。
アムネスティ・インターナショナル，2016，「コンゴ民主主義人民共和国：スマートフォンの裏に児童労働」
　http://www.amnesty.or.jp/news/2016/0125_5817.html

グローバル・コンパクト・ネットワーク・ジャパン，2016，「ビジネスと人権——日本企業の挑戦」
　http://www.ungcjn.org/activities/topics/detail.php?id=185
ヒューマンライツ・ナウ，2015，「ユニクロ中国国内製造請負工場における過酷な労働環境　NGOが潜入を含む調査報告書を公表」
　http://hrn.or.jp/news/3030/
日本弁護士連合会，2015，「人権デューデリジェンスのためのガイダンス」
　https://www.nichibenren.or.jp/activity/document/opinion/year/2015/150107_2.html
中村一成，2005，『声を刻む——在日無年金訴訟をめぐる人々』インパクト出版会．
田中宏，1995，『在日外国人』岩波新書．
IOM, 2018, Data Bulletin: Informing a Global Compact for Migration,
　https://publications.iom.int/system/files/pdf/global_migration_trends_data_bulletin_issue_1.pdf
World Bank, 2018a, Migration and Remittances,
　http://www.knomad.org/sites/default/files/2018-04/Migration%20and%20Development%20Brief%2029.pdf
World Bank, 2018b, Remittance Prices Worldwide,
　https://remittanceprices.worldbank.org/sites/default/files/rpw_report_march_2017.pdf#search=%27world+bank+remittance+prices+worldwide%27
OECD, N/A, http://www.oecd.org/dac/financing-sustainable-development/final-oda.htm
Overseas Development Institute, 2017, Migration and the 2030 Agenda for Sustainable Development,
　https://www.odi.org/publications/10913-migration-and-2030-agenda-sustainable-development

（小川玲子）

# 第 13 章　市民社会の役割

■この章で学ぶこと

　なぜ，日本を含む先進国も SDGs に取り組む必要があるのか。この章は，「先進国の歴史的責任」と，「先進国自身がかかえる『持続可能性』にかかわる問題」という2つの観点を示し，その問いに正面から向き合う。そのうえで，「つづかない世界」を「つづく世界」に変えるための不可欠なアクターの1つとして市民社会の存在を挙げ，社会の倫理的規範の構築における市民社会の役割の重要性を指摘したうえ，その「チェンジメーカー」としての存在意義について論じる。

1　日本こそ率先して SDGs に取り組まなければならない

　2016年をもって実施段階となった「持続可能な開発目標」（SDGs）がそれまでの世界の開発目標であった「ミレニアム開発目標」（MDGs）と異なる最大の点は，日本を含む先進国も，この目標をフルに実施し，達成しなければならないということである。

　MDGs の焦点は途上国の「極度の貧困」の半減におかれたため，その実施においては，先進国はもっぱら「ゴール8」（開発のためのグローバルなパートナーシップの推進）に関わるという意味で「ゴール8国」（Goal 8 Countries）と呼ばれ，途上国への政府開発援助（ODA）の金額や援助のやり方について，その責務を果たしているかどうかが問われるのみであった。SDGs において，これは大きく変わった。先進国も SDGs の達成に完全にコミットすることが責務となったのである。

　その理由は2つある。1つは，SDGs が掲げるグローバルな「持続可能な開発」という課題の成否は，日本をはじめとする先進国における達成の如何にこ

そがかかっているということ，もう1つは，日本を含む先進国自身が「持続可能性という病」に大きく冒されているという現実である。それぞれの理由を概観していこう。

(1) 世界を冒す「持続不能」という病と先進国の歴史的責任

　世界は「持続不能」という病に冒されている。1970年初頭に提起された「成長の限界」論が突き付けたのは、「地球の資源は無限ではない」という事実であった。高度に発達した現代文明は、地球の再生不能資源を継続的に大量消費し、再生可能資源についても、その消費が、地球が可能とする再生産量を凌駕するがゆえに、やがて「持続不能」となる運命を背負わされている。問題は資源の枯渇だけではない。資源の大量生産と消費は当然、莫大な環境汚染を伴い、これは現代文明が「持続不能」となる閾値を低くする効果をもたらす。この「持続可能性」の病を克服するには、現代文明における資源消費と環境汚染の在り方を、世界が「持続可能」になるような形に大きく変化させていかなければならない。「成長の限界」論が、地球資源の有限性という冷厳な事実をもって世界に提起したのはこのことである。ところが、それから50年近く経過した現在、世界の資源消費量は増加の一途をたどり、世界自然保護基金（WWF）によれば、現在、人類社会は、地球が再生産できる資源量の1.7倍を消費するに至っている。1970年代においてすらすでに隘路としてしか存在しなかった、「運命づけられた破局」を回避するための道は、いまやさらに狭隘なものとなっているのである。

　「持続可能な世界」に至る世界の歩みを困難にさせている主たる責任が日本を含む先進国、及びいまや巨大な経済的存在となった中国、インドなど一部の新興国にあることは明白である。世界の資源消費および二酸化炭素排出等の環境汚染のかなりの部分が、これらの国々によって占められているからである。一方で、途上国の多くは、多くの人口を貧困から脱却させるために、工業化を含む高度産業化を進めていく必要がある。となれば、世界を持続可能にするためにより大きな責任を負うのが先進国および一部新興国となるのは必然である。SDGsをグローバルなレベルで実現するためには、日本を含む先進国こそ

が率先して，特にゴール7から15に至る「持続可能な経済」および「環境」にかかわる目標を達成していくことが求められるのである。

(2) 日本を含む先進国をも危機にさらす「持続不能」の病

　日本を含む先進国こそがSDGsに率先して取り組まなければならないもう1つの理由は，日本を含む先進国も，それぞれの経済，社会，環境に特有の在り方で，「持続不能」の病に冒されているということにある。日本は「課題先進国」といわれるだけあって，その「不能性」が先進国のなかでも顕著に表れている。

　日本は他国同様，一度も「貧困」それ自体から解放されたことはない。しかし，1990年代以降の低成長と社会の固定化，階級社会化の中で，新たな貧困と格差に直面している。この貧困と格差は，現代日本の宿痾ともいうべき少子高齢化およびその帰結としての人口減少と分かちがたく結びついている。日本の多くの地域，集約，地方自治体がすでに人口減少と高齢化によって「持続不能」に直面し，その存続をかけた闘争へと導かれている。マクロ的に見れば，貧困の克服と格差の低減に一定の役割を果たした日本の税制と社会保障制度も，この人口減少に伴う税収や保険料収入の低減及び支出の増大によって破綻に直面している。日本は気候変動によっても蝕まれている。苛烈な自然災害に悩まされてきた日本は高度成長期以降，災害対策に膨大な投資を行い，死者数を低減してきた。しかし，気候変動を間接的な要因として災害が激甚化し，影響を受ける人口，被害額を思うように減少させられない状況が生じている。これらの克服には，この国に生きる様々な人々の英知の結集が必要であるが，近代史において純粋な国民国家体制，男性中心主義，異性愛主義を中心とする単一的な支配モデルを採用し続け，ジェンダー平等や多文化主義，多様性を排してきた日本は，今になっても，外国人や女性をはじめとする多様な人々の社会参画と結集に失敗し続けている。日本が，先進国でありながらSDGsに率先して取り組まなければならないもう1つの理由は，日本自身が「持続不能」の病に直面し，これを克服しなければ将来的にその社会，経済，環境それぞれが破綻に直面することになるからに他ならない。

SDGsは日本を含む先進国にとって，奢侈品でもなければ，「とるべき選択肢の1つ」でもない。なぜSDGsに取り組むのか。「持続不能」の病にとりつかれた世界を生き延びさせるためには，そして同様に持続不能に直面する自国の社会，経済，環境を修復し，破綻を回避して次世代に引き継ぐためには，ほかに道はないからである。だからこそ，先進国こそが率先して，SDGsを自らの国家政策の中心に置く必要があるのである。

では，日本におけるSDGsの課題に照らして，その実践はどうあるべきなのか。また，そこにおける市民社会の役割はどうあるべきなのか。個別の課題を通して見ていこう。

2　日本におけるSDGsの課題と取り組みのあり方

前節でみたように，日本も「持続不能」の病に直面しており，その表れは時として苛烈である。現場では，この「持続不能性」に直面して，生存をかけた変革に向けた闘争が繰り広げられ，その中から様々な好実践例も生み出されつつある。一方で現場での取り組みは具体的な課題に細分化され，その統合や全体性の確立は十分でない。ここで課題や取り組みを網羅的に紹介するには，筆者の能力は遠く及ばないため，ここでは，「貧困・格差」，「地域の持続可能性」，「ジェンダー・社会的包摂」の3つの課題をテーマに，日本社会の抱える課題の一断面を紹介し，より良い理解につなげることとしたい。

(1) 貧困と格差の課題

歴史を通じて，日本社会が貧困や格差の課題から解放されたことは一度もない。1950年代中盤からの高度経済成長のなかで「一億総中流」が社会意識の主流を占めた1970年代，1985年のプラザ合意以降数年間の「バブル経済」期においても，当然ながら，日本には貧困が存在した。筆者は1990年から1997年まで横浜市の日雇労働者の街，寿町の日雇労働組合運動に医療・生活相談の文脈で参加していたが，そこで筆者が見たものは，多くの日雇労働者が市役所の軒先や駅の地下街の通路で野宿を余儀なくされる姿であった。高度経済成長が生み

出した社会・経済的システムの変化，被差別部落や在日外国人，障害，ジェンダー，セクシュアリティなどにかかわる歴史的・社会的に形成された差別や排除の問題，薬物・アルコールや精神障害，生活習慣病，高齢化といった保健上の課題などが密接に絡み合い，貧困と暴力が構造的に生成していた。さらに問題であったのは，そもそもこうした貧困が分布する地域自体が一般の社会から隔離・排除され，見えなくさせられていたことである。

　1990年代のバブル崩壊とそれ以降の経済的低迷，より深刻化した少子高齢化によって，日本の貧困は新たな様相を示すことになった。非正規雇用が急速に拡大し，相対的貧困率や，社会における経済的格差を示すジニ係数のどれもが拡大した。日本の貧困は，歴史的に形成された一部地域やコミュニティへの局限を解かれ，社会全体に拡散されたのである。OECD（経済協力開発機構）によれば，日本の相対的貧困率は16.1％（2015年）でOECD加盟国中，下から7位（日本より相対的貧困率が高いのは，高い順にイスラエル，トルコ，米国，メキシコ，ラトビア，チリのみ），可処分家計所得におけるジニ係数（再分配後）は0.33で対象37カ国中22位，所得上位20％と所得下位20％の資産の比率は6.1倍で36カ国中24位と，いずれもOECDの平均以下となっている。一方で，よく知られた事実であるが，厚生労働省の「国民生活基礎調査」（2016年度発表）があぶりだした，ひとり親家庭の相対的貧困率は50.8％，なおかつひとり親家庭の85％がシングルマザー世帯であるという現実（厚生労働省2016年度「国民生活基礎調査」）は，社会的排除やジェンダー格差と貧困が密接に結びついていることを炙りだしている。

　貧困と格差の課題に対する政策は，大づかみにいって持続可能な成長と，税及び社会保障による再分配であり，それぞれ高齢化や疾病，社会的排除といった貧困と格差の歴史的・社会的決定要因へのアプローチが必要である。2012年末から続く安倍政権は成長重視の「アベノミクス」政策をとっているが，日本銀行が2017年に発表した調査結果によれば潜在成長率は政権発足時からの1年間で多少浮揚したものの0.7〜0.8％程度にとどまっている。一方，再分配については，格差の要因の一定割合を占める高齢者への給付の拡大により，社会保障による再分配の効果は一定拡大しているが，税による再分配効果は逆に減少

している。内閣府の「年次経済財政報告」でも示されているが，OECD 諸国で比較しても日本の税・社会保障による所得再分配機能は高いものではない。さらにいえば，厚生労働省の「所得再分配調査報告書」(2014年度) によれば，年齢別の再分配効果は25～29歳を筆頭に20代と40代で著しく低く，高齢者で高い。このこともあって，社会保障制度への市民レベルでの理解が後退し，再分配にかかわる世代間対立の芽が大きくなっている。

　最貧層や生活困窮者層の生存と最低限度の文化的生活を守る制度として機能してきたのが生活保護制度である。日本の生活保護制度は，例えば保健分野で見ても，最貧層，生活困窮者層の保健医療アクセスを保障し，健康保険制度とともに，最貧層を含めたすべての人に過剰な医療費自己負担の懸念なく適切な保健医療サービスを保障する「ユニバーサル・ヘルス・カバレッジ」を日本において実現することに寄与してきた。日本の生活保護受給者数は2016年現在で216万人強であるが，日本の生活保護費の GDP 比率は0.68％（2016年）で OECD 諸国平均よりも低く，制度による生活困窮者の捕捉率も低いのが現状である。一方，「不正受給」キャンペーンをはじめとする生活保護制度への攻撃は制度の発足当初から継続的に行われてきたが，受給人口の増大や予算の拡大，インターネットによる増幅効果などにより生活保護制度への圧迫は強まっている。特にメディアやインターネットでのキャンペーンによって，生活保護を受給していない貧困層に対して生活保護制度や受給者への憎悪を煽る世論工作が強められていることで，生活保護制度をめぐる社会的な分裂が拡大している。

　貧困・格差の現場においては，全国的に急速に拡大した「子ども食堂」や生活困窮者に対する NPO/NGO や当事者組織による相談事業をはじめ，困・格差問題に関する NGO/NPO，市民社会の取り組み自体は拡大している。また，「生活困窮者自立支援法」に基づく相談・支援事業などと相まって，協同組合などによる貧困への取り組みも加速化している。問題は，生活保護制度や，再分配制度をめぐる社会的な合意が崩壊しつつある中，世論の分裂傾向に対する処方箋が示されていないこと，特に20代から50代にかけての「現役世代」における再分配が機能していないこと，税による再分配の効果が低減しているこ

と，貧困・格差に現場で取り組む市民社会の活動への投資が，公共・民間含め，著しく不十分であることなど，貧困・格差への取り組みや再分配に関する国レベルでの全体的・包括的な戦略・政策が不足していることにある。この点，日本の「SDGs実施指針」(2016年12月制定)において，「子どもの貧困」以外に，総合的な貧困・格差や再分配の政策が示されていないことは，大きな懸念材料である。SDGsは，ゴール1「あらゆる場所のあらゆる形態の貧困を終わらせる」において，「各国定義による，あらゆる次元の貧困状態にある，すべての年齢の男性・女性・子どもの割合を半減させる」(ターゲット1.2)，目標10「各国内および各国間の不平等を是正する」において「中位所得の半分未満で生活する人口の割合（年齢，性別，障害者別）」(ターゲット10.2.1)を設定し，貧困・格差解消のための包括的かつ具体的なプランを打ち出すことを求めている。すべての関係者の参画のもとで，「相対的貧困率の半減」というSDGsのターゲットをベースとした包括的な貧困・格差解消戦略の形成・実施が必要である。

(2) 地域の持続可能性の課題

日本が直面する「持続不能」の最大の課題は，少子高齢化に伴う人口減少である。「成長の限界」論が提示された70年代には，少子高齢化を放置すれば日本は近い将来，人口減少局面に入っていくであろうことはすでに予測されていたが，少子高齢化に対する有効な対応策は取られなかった。2008年，日本はついに実際に長期の人口減少過程に入った。内閣府の2017年度『高齢社会白書』によれば，現在，日本の高齢化率（65歳以上の高齢者の割合）は27.3％に達している。さらに，SDGsの最終年である2030年には，日本の総人口は現在よりも731万人減少して1億1913万人となり，高齢化率は31.2％に増加するとみられる。

深刻な高齢化が直撃しているのが中山間地域である。日本の国土面積の64.8％を占める中山間地域の高齢化率は2000年の段階で25.1％であったものが2010年には31.1％に上昇している。農林水産省の調査によれば，中山間地域の農業総産出額の割合は2000年に全体の36.9％であったものが2010年には35.0％に減

少し，耕作放棄地は2000年に11.2％であったものが14.5％に上昇している。中山間地域の集落には，江戸時代以前に発祥を持つものが多い。総人口が人口3000万人程度であった前近代期に地域の資源をベースに生まれ，存続してきた中山間地域の集落は，近代以降の工業化，そして高度経済成長を通じて多くの労働人口を都市に供給し，日本が経済的・社会的・文化的に東京をはじめとする大都市を頂点とするピラミッド構造に再編される中で持続可能性を奪われていった。人口減少と高齢化率の上昇とともに，集落機能の維持が困難になる集落も現れ，国土交通省等の「過疎地域等条件不利地域における集落の現況把握調査」（2015年度）によれば，2012年以降の5年間で，全国で190集落が消滅しているほか，当該調査で「いずれ消滅」と予測される集落も2615集落にのぼるとされている。

　問題は中山間地域だけではない。大都市部で著しい高齢化が注目されているのが大都市辺縁に位置する「ニュータウン」である。高度経済成長期の1960年代〜70年代に増大する人口を収容するために建設された「ニュータウン」は，その後数十年が経過する中で人口の新陳代謝がうまくいかず，例えば多摩中央部南地域の高齢化率は2025年には27.9％に達するとされている。こうした「ニュータウン」は，コミュニティの形成が脆弱であることも相まって，生活機能の維持がより困難になることが懸念されている。

　少子高齢化による地域の「持続不能」は，その地域の人々の生存と生活にとって死活的な問題である。この持続不能性に対して，地域に生きる人々，コミュニティ組織，NPO/NGO，協同組合等々と地方行政とが連携した，地域の存続と再生のための取り組みが繰り広げられている。地域の農産物や観光資源の再発見やそれを生かした新たな産業づくり，IT環境の整備による新興産業の呼び込み，子育て支援，社会保障の充実など積極的な移住者受け入れ策，地域で取り残されがちな高齢者世帯の「見回り」の充実など現代に適応した新たな福祉サービスの形成など，地域によっては，実に多彩な取り組みが存在し，それらが成果を上げ「モデル自治体」になった町村も多く出てきている。政府は，2014年に制定した「まち・ひと・しごと創生法」に基づく「まち・ひと・しごと創生総合戦略」に数兆円にのぼる予算をつけている。地域の「いま」の

持続不能性に対応する政策のラインアップは，政府，地方自治体，地域レベルの市民社会の取り組みのそれぞれにおいて，一定程度出てきている。

問題はこれらがうまく有機的に結びつくかどうかである。SDGs の存在とその実施は，特に中国・四国地方をはじめ，日本の各地域の NPO，コミュニティ組織において強い期待をもって受け止められている。それは，「誰一人取り残さない」という SDGs の強いメッセージと，様々な課題のつながりを重視する統合性や，すべての関係者の参画を求める参画性と包摂性，そして透明性と説明責任といった，公共政策と人々の自発性とをつないでいくために不可欠なコンセプトを含みこんでいるからである。「地域の持続可能性」の構築のための SDGs の導入においては，このコンセプト部分が最大限尊重されなければならない。

一方，「いま・ここ」で起きている「持続不能」への対処という課題は，少子高齢化・人口減少の課題への取り組みの入り口に過ぎないことも事実である。これらの取り組みは，少子高齢化の帰結としての絶対的な人口の減少を止めるものではないからである。少子高齢化への施策はジェンダー格差の克服を伴わなければならず，また，人口減少対策には移民政策が不可欠であるが，その実行には，日本の多文化社会化といった，「国のかたち」の変革を含む課題と正面から向き合うことが不可避である。残念ながら，現在の日本の SDGs 実施指針は，そこまで踏み込んだものとはなっていない。SDGs は，日本の「持続不能」の病を「変革」によって治癒していくための処方箋として機能しうるが，そのためには，問題の本質への遡行が不可欠である。SDGs は，問題解決のための覚悟の如何を厳しく問うているのである。

(3) ジェンダーと社会的包摂と人権の課題

近代において非欧米圏唯一の「先進国」となる「成功」を収めた日本はいま，将来的な「持続不能」を突き付けられ，変革への方途を自ら見出すことができずに煩悶し続けている。日本のその「煩悶」の現状を知る上で最も有効なのが，ジェンダーと社会的包摂の課題である。

世界経済フォーラムのグローバル・ジェンダー・ギャップ指数は，日本の著

しいジェンダー格差の実態を世界に知らしめ，また，「世界の鏡」で日本を照らしたときに，日本のジェンダー格差状況がどう評価されるのかを翻って日本に知らしめた。2017年段階で日本は世界144カ国中114位となった。その最大の理由が，国家元首，国会議員，閣僚および企業の幹部・管理職における女性の参画という，同指数において設定されている4つの指標における日本の圧倒的な劣位である。日本近代における血のにじむような女性の地位向上，解放の闘いをへて，さらに1985年の「男女雇用機会均等法」，1999年の「男女共同参画社会基本法」を経た現在においても，日本では，自らの政治的，経済的意思決定の場に女性が男性と対等な立場で参画しなければならないということにおいて，合意ができていない。そもそも，「閣僚，国会議員，企業幹部・管理職」というのは，基本的に「エリート層」の問題である。世界114位という数値がつきつけるのは，日本では事実上，女性が「エリート層」から排除されているということ，日本の「エリート層」においては，いまだ男性支配が是とされ続けており，女性と男性が対等に参画すべきという合意すら，それを具体的に実現する方策を伴って存在していないという現実である。逆にいえば，114位という数字は，世界経済フォーラムが日本の「エリート層」につきつけた痛烈なメッセージであるということができる。

　これを打開するために政府が打ち出したのが「女性活躍」であるが，この政策を基礎づける「女性活躍推進法」は，政治的意思決定における女性の参画拡大には踏み込んでいない。政府は閣僚における女性の参画拡大の具体的な方針を持っておらず，立法府や与党においても，女性の国会議員を増やし，政治的意思決定における女性と男性の対等な参画を実現させる実効的な政策は打ち出されていない。「女性活躍」はもともと，日本における持続的な経済成長において女性の労働市場への参画拡大が不可欠というIMFの勧告などを踏まえて，「アベノミクス」の「三本の矢」の1つである「成長戦略」の一環として打ち出されたスローガンであるが，これが男性優位の経済社会の「変革」ではなく，現行の男性優位社会を前提にしての「女性の活躍」にとどまった背景には，日本の社会，特に「エリート層」を中心とする政治において，たとえば男女が対等な立場で共同で参画するという社会像に対する根強い抵抗がいまだに

存在することは明白である。2000年代初頭には，男女共同参画社会および「ジェンダー」という用語それ自体に対する忌避と抵抗が，特に与党の一部を占める右派層によって提起され，公教育における性教育の実施についてすら著しい制限が加えられた。非嫡出子に対する相続差別の問題は2013年の最高裁判所判決を経ての民法改正によってようやく是正されたが，これに対しても，右派から強い反対が提起された。戸籍法における嫡出・非嫡出記載事項の撤廃はいまだに実現していない。また，選択的夫婦別姓制度についても，右派の反対でいまだに実現していない。加えていえば，G7諸国のなかで，LGBTに対する差別禁止規定や同性間パートナーシップの法的保護制度が国レベルで存在しないのは，日本だけである。

　ジェンダーを含む「社会的包摂」の課題は，実際のところ，近代天皇制下において「世界で最も完成された国民国家」の1つとなることによって，非欧米における唯一の先進国の地位を手にした日本が直面する最大の矛盾であり，桎梏でもある。近代日本の政治・経済・社会が最初に直面した「社会的包摂」の課題は，前近代の日本社会に根を持ち，日本の近代化・資本主義化のなかで再編され延命されてきた被差別部落の問題である。戦後，当事者，市民社会が突き付けた「部落解放」という命題に対して，政府は「同和対策」という用語を以て対応し，高度経済成長にあわせて，同和対策事業，地域改善事業に一定の資金を投入することによって，この課題に関して，いわば〈小康〉を得た。しかし，日本社会は，経済はともかく社会意識において，「差別」を克服しえていない。これは部落に対する差別表現がいまだになくなっていないこと，さらには，東アジアにおける近隣諸国の経済的・政治的勃興と国民国家間の緊張の増大とともに，インターネットを媒介としてヘイト・スピーチがまき散らされ，民族排外主義が日本社会に再び根を下ろしつつあることからも明らかである。日本の法制度もこの「差別」の呪縛を免れていない。欧州の極右勢力が垂涎の的とする日本の出入国管理・難民認定法の排外主義・血統主義は，1990年代以降，外国人労働力の受け入れのために作られた「技能実習生制度」をはじめとする数々の抜け穴とともに，いまだ健在なのである。

　日本社会が，ジェンダー格差や「社会的包摂」の課題に正面から取り組めて

いないことは，先に述べた貧困・格差や少子高齢化・人口減少の課題に日本が有効な手を打てていないことと直結する。SDGsは，ゴール5においてジェンダー課題に，また，ゴール16などにおいて社会的包摂の課題に正面から立ち向かうことを求めている。残念ながら，日本のSDGs実施指針は，ここでも，問題解決のための覚悟と政治的意思への問いかけに沈黙し続けている。いま必要なのは，「課題先進国」を「課題『解決』先進国」などと言い募る欺瞞ではない。ジェンダー平等と社会的包摂を社会変革の課題として位置づけ，それを成し遂げる強力な政治的意思である。

3　チェンジメーカーとしての「市民社会」の可能性と課題
―― 「ソサエティ5.0」に寄せて

　前節では，「貧困・格差」「地域の持続可能性」「ジェンダーと社会的包摂」に関する日本の課題を見ることによって，日本におけるSDGs達成の課題が，近代以降の日本の社会・経済・政治の「変革」を必然化すること，それが故にこれらは大きな桎梏となり，日本社会は変革の必要性を認識しながらも煩悶し続けているという現実を見出した。本節では，日本の社会・経済・政治がこの桎梏を乗り越えるうえで必要な「チェンジメーカー」としての市民社会の存在の可能性について考えたい。加えて，前節で触れることができなかった気候変動・エネルギー・災害の課題，及び科学技術革命の課題についてもできる限り触れることとしたい。

(1) 自己変革力に欠ける日本の主流社会

　近代以降の社会編成は概ね，政府セクター，企業（経済）セクター，市民・社会セクターに大別できるが，日本の社会編成は近代以降，巨大な市民・社会セクターの潜勢力を裏面史としながらも，主流社会はほぼ，政府セクター，企業セクターの卓越によって規定されてきた。日本の近代システム導入が欧米の主要国家と比べて100年近く遅れたにもかかわらず，日本が非欧米世界唯一の先進国となりえたことには，政府セクター・企業セクターの卓越性に大きなヒ

ントがある。しかし，日本の近現代史において，これら政府セクター，企業セクターは，いったん定められたパラダイムの上で自らの政治・経済・社会を発展させるには有能であったが，パラダイムの転換が必要な時期に，自らの内的な力量において自己変革を成し遂げ，次のパラダイムへの移行に成功した歴史的経験を持っていない。例えば，高度経済成長を可能にした「戦後パラダイム」への移行は，日本の主流社会自体の内発的な自己変革力によってではなく，第二次世界大戦における敗北と連合国による占領による強制的な社会変革によってなされたのである。

　それから70年以上を経て，日本の主流社会は日本の「先進国」化という目標を達成し，そのシステムの一定の成熟を見る中で，もともと脆弱であった自己変革力をますます減退させたといえる。その最大の証左が，2011年の東日本大震災および福島第1原発事故への対処である。原発事故によって，古代以来，人が住み続け，固有の歴史と文化をはぐくんできた1つの地域が奪われた。その後の7年の歳月によっても，故郷に帰ることができない状態に置かれた人々は数万に上る。福島原発事故の処理費用の見通しは，政府試算でも22兆円，研究機関によっては70兆円に上るとされている（（公社）日本経済研究センター「福島第1原発事故の国民負担」（2017年））。これだけの被害を出しながら，日本政府は脱原発や再生可能エネルギーの主流化に踏み切ることができず，原子力発電の維持を選択し，2030年の時点でもエネルギー需給の20〜22％程度を原子力発電で賄うという方針を決定している。結局のところ，この選択は欧州先進国や東アジア一部新興国による「脱炭素革命」の第一線から日本を退かせることとなった。SDGsの実現に向けて，国連グローバル・コンパクトは，「持続可能な社会・経済・環境」の実現に向けて，2030年という年限を決めて「本来あるべき」という高い目標を設定し，それに向けてマルチセクターで努力を積み重ねるという「アウトサイド・イン」という手法を推奨しているが，自己変革能力に欠ける日本の主流社会は，震災と原発事故の巨大な犠牲を前にしても，現状維持以外の選択を見出すことができず，結果として，変革を前提とした「次の社会」における経済的利益追求の機会すら，みすみす失いつつあるのである。

(2) 「持続可能な社会」に向けた日本の変革と市民社会の可能性

　では，「持続可能な社会」に向けた日本の「変革」はどのような力によってなされるのか。日本の近現代史の概略や，現代の日本社会における，それ自体としては小さな「変革」の表れから紐解いたときに見出すことができるのは，1つは経済的な正負の強制力（インセンティブもしくはディスインセンティブ），2つ目に国際政治上の強制力，3つ目が市民社会による倫理的規範の形成力である。グローバル化した現代において，これらは複合し，相乗効果をもって変革力を増幅したり，もしくは相殺しあって変革を遅らせたりする。前項で見たように，日本の主流社会は将来の「あるべき姿」から逆算して目標や規範を形成し，自らをそれに合わせて変革していく自己変革力に乏しい。それは，1つの「あるべき将来像」を構想し，合意を形成する能力に欠けるからである。結果として，これまでの歴史をなぞるとすれば，日本はどこか外国なり国際社会なりが形成した規範が政治的もしくは経済的な規範力を形成し，その規範が日本の政治もしくは経済に対する強制力を持つに至って初めて，その規範を受け入れ，規範に合わせて政治・社会・経済を変革することになる。しかし，グローバル化し，変革にもスピード感が求められる世界においては，それはあまりにも遅い。さらに，2012年の「リオ＋20」サミットに向けて，「SDGs」を最初に提唱した国が南米のコロンビア共和国であったことからもわかるように，今後の世界の規範形成には，新興国や途上国もその舞台に早い時期から参入してくる。「後追い」では，日本は持続可能な世界の形成に向けた主要なプレイヤーとしての地位を確保することはできない。

　近現代の日本の主流社会は，自らの倫理的規範形成の作業を，海外でなければもっぱら市民社会に，その潜勢力を恐れて常に遠ざけ，苛烈な弾圧を行い，もしくは分断して取り込みながらも依存してきた。明治の藩閥政府が換骨奪胎しながらも自らを律する憲法を制定し議会を組織し，不十分ながらも三権分立の体制を整えたのは，強力な自由民権運動が対抗的な力として存在したことによる。高度成長期の日本が，主として短期的な利益をむさぼりながらも，自らが生み出した水俣病などの公害に対応し，中長期的にこれを半ば克服することができたのは，水俣病の患者自身の闘いと，それを支える巨大な社会運動が存

在し，さらにその社会運動が，地域出身の作家・石牟礼道子のノンフィクション文学作品『苦海浄土』といった，世界に類をみない文学的遺産を創造するほどの文化的な力をも有していたこと，その社会運動に導かれる形で，司法が行政・立法に対する旧来の脆弱性を乗り越えて独立した判断を示しえたことによる。さらに例を出せば，「世界に冠たる」といわれる日本の国民皆保険体制は，日本の戦後体制の欺瞞に「否」を唱えた60年反安保闘争がまさしく国民的な広がりを見せた翌年に整えられた。日本がこれを全国で実体化し，「ユニバーサル・ヘルス・カバレッジ」に高めることができたのは，長野県佐久郡や岩手県の沢内村などをはじめ，地域の公的医療とコミュニティ組織，医療者たちが「地域医療」の理想を掲げて献身したことによる。

　現代に目を転じてみよう。第二次世界大戦後，主流社会へのカウンターとして巨大な力を有した社会運動は，1970年以来，弾圧と分断，自壊，革新性の喪失などによって，現代の日本における存在意義を大きく失っている。一方で，いまだ脆弱ではあるものの，NPO/NGO，また近年では社会起業といった形で，新しい社会運動が形成されつつある。これらの運動は2000年以降，社会の基層の変革まではいかなくとも，様々なところで新たな倫理規範の形成とそれに基づく変革を成功させている。

　社会から隔離され，「存在しない」とすらいわれていた「貧困」が，実は社会に遍在していることを暴き出したのは，日本の反貧困運動が2008年，リーマン・ショックの文脈で組織した「年越し派遣村」運動によってであった。同じように，「ブラック企業」という命名によって，過酷な労働現場の存在を社会に浮き上がらせたのは，少数派労働運動とそれに連帯する小規模な NGO/NPO の力であった。

　一方，近年，渋谷区や世田谷区が同性間パートナーシップの法的保護を自治体規模で実現するなど，LGBT の社会的・公的認知が進んだが，それは，1980年代後半以降の LGBT の人権運動，2000年以降の LGBT コミュニティの文化運動が培った土壌の上で，より洗練された少数の LGBT 活動家が，企業セクターとの連携によって，LGBT の市場形成がもたらしうる経済的利益と，それに乗らない・乗れないことの経済的不利益とをわかりやすい形で主流社会

に提示したことによってもたらされた。これは市民社会が，経済的な正負の強制力と結びつくことによって，スピード感をもってLGBTに関する倫理的規範を主流化した稀有な例である。

(3) 科学技術革命とSDGs
──市民社会を含むダイナミックなパートナーシップの必要性

　SDGsは，平和，ガバナンス，非暴力を訴える「ゴール16」のターゲット7において，「あらゆるレベルにおいて，対応的で，インクルーシブで，参加型で，代表性をともなった意思決定を保障する」と定めている。社会の倫理的規範の形成をこっそりと市民社会に依存してきた日本の主流社会は，貧困のない持続可能な社会の形成というSDGsの目標達成にまさに自らの生存がかかっていることを認識し，いまこそ，市民社会とのダイナミックなパートナーシップの形成へと向かうべきである。というのも，私たちがこれから数十年の間に直面しなければならないのは，私たちが科学技術の「進歩」を止める力を持たない以上，必ず直面せざるを得ない，内閣府いうところの「ソサエティ5.0」，すなわち，巨大な科学技術革命の波である。輸送用機械のトレンドが内燃機関車（現代において一般的な自動車）から電気自動車に代わるのであれば，必要とする部品数は半減し，内燃機関車製造のために整えられたピラミッド型産業構造は崩壊する。ブロックチェーン技術による事実上の認証システムが旧来の認証システムを代替するのであれば，様々な法的・制度的システムは不要となる。AIによってルーティーンの業務が代替されれば，いま，人間が行っている仕事は半減する。私たちが生きる日本という社会においては，人間の自信や尊厳の基盤となっているのが，このような形で失われる「仕事」そのものであるということから目をそらしてはならない。内閣府はそのウェブサイトにおいて，「ソサエティ5.0」を何の前提もなく「人間中心の社会」と呼び，そこに無邪気にバラ色の未来を仮託しているが，それとは裏腹に，来るべき世界は，私たちがただ座してその到来を待っているだけならば，あらゆる意味で私たち人間から，職場や仕事とともに，その自由や人権，尊厳を根こそぎ奪い去っていくものとなるであろう。問われているのは「ソサエティ5.0」をどのように「人間

中心の社会」に〈する〉のか，ということなのである。

　SDGsの困難さは，この目標を，未曽有の「科学技術革命」が進展するなかで実現しなければならないということにある。そのなかで，市民社会は，主流社会とのダイナミックなパートナーシップにおいて，否応なしに，いわゆる「ソサエティ5.0」，すなわち，科学技術革命によってもたらされる新しい社会・経済・環境における人権と人間の尊厳の確立と倫理的規範の形成を担うこととなる。その規範の原型は，SDGsにある。科学技術革命の波に飲まれるのでなく，それを乗りこなし，「誰一人取り残さない」貧困のない持続可能な社会を形成するための歩みは，労働組合や協同組合などを含む市民セクター，社会セクターによって，「いま，ここ」の時点から始まろうとしている。

〈参考資料〉

五石敬路, 2011, 『現代の貧困　ワーキングプア――雇用と福祉の連携策』日本経済新聞出版社。

デニス・メドウズ他（枝廣淳子訳），2005,『成長の限界　人類の選択』ダイヤモンド社。

アントニオ・ネグリ他（水島一憲，酒井隆史，浜邦彦，吉田俊実訳），2003,『帝国　グローバル化の世界秩序とマルチチュードの可能性』以文社。

ガヤトリ・スピヴァク（上村忠実訳），1998,『サバルタンは語ることができるか』みすずライブラリー。

ドネラ・H・メドウズ他（大来佐武郎監訳），1972,『成長の限界――ローマ・クラブ「人類の危機」レポート』ダイヤモンド社。

（稲場雅紀）

終章　SDGs は世界と日本をどう変えるか
——成果と今後の課題

■この章で学ぶこと

　本書では SDGs やその理念に基本的に賛同しつつも，批判的視点も含めながら，SDGs のグローバルの国際開発や国際協力，より広く社会や環境の問題への理解を促進し，市民として内外の諸課題にどうかかわっていくのかを考えるきっかけになることをめざしつつ，各ゴールにかかわる諸問題を考察してきた。国連総会で SDGs を中核とする2030アジェンダが採択されて 3 年となったが，どう実施されてきたのだろうか。日本全体の状況については第13章ですでに述べたが，この終章では，世界の状況と，日本国内で地方自治体，大学，企業といったアクターがどう実施してきたのかを紹介しよう。

A　SDGs 実施の世界的状況
—— CSO の国際レポートをもとに

　国連加盟国193カ国が SDGs をどう実施してきたのかを一般的に論じることは難しい。2030アジェンダの「フォローアップとレビュー」の諸パラグラフにもとづき，毎年 7 月にニューヨークで開催されるハイレベル政治フォーラム (High-level Political Forum: HLPF) が開催され，そこで各国が自発的に実施状況を報告することが奨励されている (Voluntary National Review: VNR)。2017年には日本を含む43カ国（と 3 つのオランダの自治領）が報告を行った。国連からは全体のまとめ (United Nations 2017a) と各国のレポートの要約 (United Nations 2017b) が出されている。市民社会からは，12の国際 CSO やネットワーク団体が合同でカナダの国際開発協力 CSO (Civil Society Organization: CSO) のネットワークである Canadian Council for International Cooperation (CCIC)

終章　SDGsは世界と日本をどう変えるか

を中心に，市民社会の立場からVNRを検証するレポートが出されている（CCIC他 2018）。ここでは国連の全体のまとめと市民社会レポートをもとに，各国でのSDGsの実施状況とそれに対する市民社会の評価を紹介しよう。

1　各国でのSDGs実施計画

　市民社会レポートは，43カ国のうちロシア語でレポートを提出したベラルーシを除く42カ国とオランダの自治領3つの合計45カ国を分析の対象としている（市民社会レポートではオランダ自治領3つも国として数えられているので，本章でもそれに倣う）。45カ国中40カ国が何らかの形で国家開発計画などにSDGsを採り入れている。23カ国はSDGsを国家開発計画や類似の政策枠組みに採り入れ，8カ国はSDGs実施計画を策定し，9カ国は両方を行っている。残りの5カ国のうち，3カ国も国家開発計画への採り入れかSDGs実施計画の策定のどちらかを進めつつある。

　国連のレポートでは，国家開発計画にSDGsを採り入れている例として，ブラジル，コスタリカ，グアテマラ，ベニン，バングラデシュ，ペルー，予算計画に取り入れている例としてアフガニスタンやベリーズをあげている。また先進国でもベルギーやデンマークのSDGs実施計画を紹介している。SDGsは各国の開発計画を方向づけるものとなっているといえよう。

　市民社会レポートによれば，SDGs実施上の課題（36カ国）や教訓（21カ国）を指摘している国は多い一方で，良い実践事例を紹介している国は12カ国，相互学習については6カ国が触れているだけである。主要な課題は，データの入手可能性とモニタリング（23カ国），資金・資源の動員（15カ国），国内調整（14カ国），政策開発（13カ国），ガバナンスの改善（11カ国）である。

2　2030アジェンダの理念は採り入れられているか

　市民社会レポートは，2030アジェンダの理念である人権ベース・アプローチ，「誰一人取り残さない」（LNOB），普遍性（universality）がそれぞれどこま

で言及されているのかも分析した。このうちもっとも言及されているのはLNOBで，45カ国中39カ国がふれているが，普遍性は17カ国，人権ベース・アプローチ（HRBA）は10カ国にすぎない。序章で述べたように，SDGsではend（終わらせる）とともに ensure（保障する）という表現が多用されている。またLNOB原則も全員の権利実現を意味する点でHRBAと密接な関係がある。HRBAへの各国の認識を深め，実施で生かしいくのかは今後の大きな課題である。

3　SDGsの一体性は確保されているか

2017年HLPFがテーマとしたゴールは，1（貧困を終わらせる），2（飢餓を終わらせる），3（健康・保健），5（ジェンダー平等と女性・女の子のエンパワーメント），9（インフラ），14（海の生態系保護）の6つであった。報告を行った45カ国は，この6つのうち14（内陸国は当事国ではない）を除く5つについては，すべての国が含めていた。17のゴールすべてについて報告に含めたのが11カ国，テーマとしたゴールに限定したのが8カ国，任意にゴールを選んだのが19カ国，ゴールごとでなく横断的に報告を行ったのが日本を含む7カ国であった。市民社会レポートでは，SDGsの不可分性を考え，すべてのゴールについての報告を望んでいる。

市民社会レポートでは，持続可能な開発に関する一貫した政策を求める観点から，気候変動の問題（本書の第7章）にどの程度の国が触れているのかも検証している。27カ国がパリ協定に言及する一方で，10カ国は気候変動について何も述べていなかった。日本を含む22カ国は気候変動に関する国家の政策について述べていた。

4　「誰一人取り残さない」（LNOB）

LNOBについてはエチオピア，ケニア，オランダ，ナイジェリアが独立した章や節を設けるなど，33カ国が取り残される可能性のあるグループについて

終章 SDGsは世界と日本をどう変えるか

述べている。取り残される可能性があるグループとしては，女性（28カ国），子ども・若者（27カ国），障がい者（21カ国），高齢者（16カ国），移民・難民・国内避難民（10カ国），少数民族・先住民（9カ国），低所得家庭（9カ国），LGBTIQ（4カ国）などがあげられていた。日本は障がい者，高齢者とともにシングルペアレント家庭をあげた。23カ国が何らかの不平等解消策に触れていた。

国連・市民社会双方のレポートで課題として指摘されているのは，グループ（ジェンダー，地域，年齢，特定のグループなど）ごとに細分化されたデータ（disaggregated data）の不十分さである。細分化されたデータが確保されているのは14カ国に過ぎない一方で，11カ国が細分化されたデータがさらに必要であることを述べている。

5　社会の理解

SDGsに関する社会の理解促進・意識向上の活動については，45カ国のうち41カ国が言及していた。国連のレポートによれば，社会の理解促進・意識向上の活動として，ワークショップ・セミナーなどの開催，フェスティバルや展示会，学校のカリキュラムに採り入れる，ネット上のセミナーなどインターネットの活用，キャンペーンや出版物の発行といった手段がある。また理解促進・意識向上における市民社会の役割が重要である。

6　SDGsの政策形成と実施への市民社会の参加

SDGsの実施やそのための政策立案には多様なステークホルダー——政府内の諸省庁，議会，地方自治体，学界，民間セクター＝企業，ユースなど——の参加が欠かせない。本書は市民社会の視点からSDGsを考えることを主目的にしているので，市民社会を中心に多様なセクターの参加の状況を見てみよう。

市民社会レポートによれば，SDGs実施策の立案に市民社会が参加したのは27カ国であった（この他に，民間セクター：23カ国，学界：14カ国，政府の研究組織：12カ国，議会：6カ国，地方自治体：5カ国，ユース：4カ国）。SDGs実施にお

ける市民社会の重要な役割はすべての諸国が言及していた。具体的な実施への参加の形態を明記しているのは，特定のプロジェクトの実施（11ヵ国），実施のための官民連合体の形成（9ヵ国），理解促進・意識向上（7ヵ国）などであった。

7　終わりにかえて
――SDGs実施の前提としての市民社会の自由な活動

　最後にSDGsの政策立案や実施への市民社会の参加の状況について紹介した。特にすべての諸国のVNRが市民社会の役割に何らかの形で言及していることを述べた。しかし問題にしなければならないことは，ゴール16をとりあげた第9章でも述べられていることだが，世界的に市民社会の自由な活動に対する制限や抑圧が強まっていることがある。この問題に取り組んでいる世界のCSOの代表的なものであるCivicus（World Alliance for Citizen Participation）はCivicus Monitorを発表し，世界195ヵ国を「開かれている」(open),「狭まっている」(narrowed),「妨げられている」(obstructed),「抑圧されている」(repressed),「閉ざされている」(closed)の5つのカテゴリーに分けている。

　「開かれている」，すなわちすべての人が市民社会の自由を享受することができる国は，22ヵ国にすぎない。ほとんどが西ヨーロッパ諸国で，若干中南米諸国も入っている。「狭まっている」国とは，国家が結社，抗議行動，自由な言論を保障しているにもかかわらず，それらの権利の侵害や認められた範囲の規制が強化されている国である。世界で65ヵ国がこのカテゴリーに属し，日本も含め先進諸国も多くが入っている。

　「妨げられている」国では，市民社会の自由な活動が強く政府により規制されつつある。53ヵ国が該当する。「抑圧されている」国（34ヵ国）では，市民社会グループは活動が許されているものの，特にアドボカシー活動への抑圧が強められ，政府による閉鎖命令などの危機につねに直面している。「閉ざされた国」（21ヵ国）は自由な市民活動，特に人権に関するアドボカシー活動や政府を批判する活動がほぼ不可能な国である。

終章　SDGs は世界と日本をどう変えるか

図終-1　Civicus Monitor による世界各国の市民社会スペースの状況

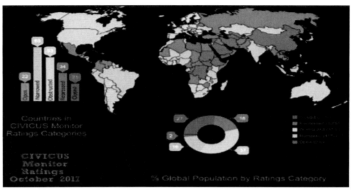

出典：Civicus, *Civicus Monitor*, 2017. (https://monitor.civicus.org/ アクセス2018年5月6日)

　現在73億の世界人口のうち，82％に当たる60億の人々が「妨げられている」「抑圧されている」「閉ざされている」国にいる。2017年に VNR を行った43カ国の中で「開かれている」国はわずか7カ国，12カ国が「狭まっている」，15カ国が「妨げられている」，8カ国が「抑圧されている」，1カ国（エチオピア）が「閉ざされている」に入る。

　SDGs において市民社会の参加が強調されている中で，こうした市民社会の自由な活動への制限が強まっている現実がある。市民社会の自由はゴール16（特にターゲット7と10）から当然導き出されることであるとともに，SDGs に関する政策形成や実施への市民社会の参加に欠かせないことはいうまでもない。その際に，Civicus Monitor で「狭まっている」カテゴリーに入れられた日本における市民社会の活動の自由の状況についても私たちは注意していかなければならない。

〈参考資料〉

CCIC 他, 2018, *Progressing National SDGs Implementation: An Independent Assessment of the Voluntary National Review Reports Submitted to the United Nations High-level Political Forum on Sustainable Development in 2017.*

United Nations, 2017a, *2017 Voluntary National Review: Synthesis Report.*

United Nations, 2017b, *High Level Political Forum on Sustainable Development: 2017 Voluntary National Reviews: Compilation of Main Messages.*

（高柳彰夫）

B 日本の実施状況

2030アジェンダの実施手段の部分では多様なアクターの活動が期待されている。日本で大学，地方自治体，企業ではSDGsの実現に向けどのような取り組みが行われているのか，ここでは具体的な実践を紹介したい。

コラム3 SDGsの価値に照らして
────地域に根ざした大学・学術機関のできること

●岡山という土地と岡山大学

　人類共通の目標であるSDGsに対して，大学に何ができるだろうか。岡山は古く吉備国と呼ばれた昔から製鉄などで栄えた，長い歴史・文化を持つ地域である。一方で自然災害や病といった社会課題に対する取り組みも数多い。その代表的なものをあげれば，本学の前身の1つである岡山藩医学校（1870年），津山藩における蘭学・洋学の発展，児童福祉の父といわれる石井十次による日本初の孤児院設立（1887年），現在の民生委員制度の源流である済生顧問制度（1917年），倉敷紡績社長の大原孫三郎による大原奨農会農業研究所（1914年），大原社会問題研究所（1919年），倉敷労働科学研究所（1921年）の設立と，SDGsにもつながる幅広い社会課題に対して，科学的なアプローチに基づく対処法が取られていた（狩野他 2018）。

　岡山大学は，1949年に旧制岡山医科大学，第六高等学校，岡山農業専門学校ほかが統合され，設立された。その目的は「人類社会の持続的進化のための新たなパラダイム構築」とされ，様々な課題に対して，新たな知の創成と継承を行っていくことを理念としている（岡山大学 2018）。現在の岡山大学は8研究科，11学部，3研究所を擁し，学生数はおよそ1万3000人，教職員もあわせると約2万人という規模であり，地域の中で大きな役割を果たしうる存在である。その一例をあげれば，2000年代に入ってから岡山大学は地域のステークホルダーとともに，「持続的な開発のための教育（ESD）」の取り組みを進め，2005年にはESDに関する「傑出した地域拠点（RCE）」，2007年からはアジア初のユネスコチェアとして認定されている。

●岡山大学におけるSDGs達成に向けた取り組み

　こうした積み重ねをもとに，本学は2017年の槇野博史学長就任以来，学長ビジョンに「社会のための科学」の先導を掲げ，全学的に大学運営をSDGs達成と共鳴させる試み

終章　SDGsは世界と日本をどう変えるか

を進めている（岡山大学 2017）。2017年8月には日本学術会議若手アカデミーとの共催で「社会の一員としての大学でこれから必要とされる考え方は」をテーマとしてシンポジウム・ワークショップを催し，更に12月には国連大学サステナビリティ高等研究所等と連携し「SDGsの達成に向けたRCE第1回世界会議」を開催した。その結果として，①SDGsに取り組む際に，文化・歴史と学術の深みを活かす，②多様なセクターからの参加があるような対話の場を増やす，③SDGsにかかわるような事例・学術を評価の対象とする，④教育において，SDGsを軸とした新たな動きを起こす。」という提言をまとめ，保健医療・教育・環境等の分野において，どのように実践していけるかの議論を深めた。

さらに学内全部局から報告された71件の取組みを整理し，①気候環境に適応する植物の開発，②地球規模の環境変化への対応，③SDGsを実践する人材の育成，④性と生殖に関する教育研究・医療拠点，⑤医療における国際貢献，⑥まちづくりへの支援，⑦エネルギー確保のための知識とソリューションの提供，⑧共生社会の実現を部局横断で推進していく可能性が示唆された。また持続的開発ソリューションズ・ネットワーク（SDSN）による「大学でSDGsに取り組む」の翻訳配布など，大学がSDGs実現に向けた研究・教育・社会貢献を進めるための活動を進めており，2017年12月には「ジャパンSDGsアワード」特別賞を受賞している。

今後，岡山大学がSDGsに対する取組みを進めていくにあたって，大きな柱となる考えは以下の通りである。

●地域との連携と貢献

周知の通り，MDGsが途上国中心の目標であったのに対して，SDGsは先進国を含む全世界を包摂し，「誰一人取り残さない」ことを宣言している（Osborn 他 2015）。途上国の医療・教育・収入等含めたベーシック・ヒューマン・ニーズなどの重要性はいうまでもなく，本学でもミャンマー支援等の国際協力活動を長年にわたって進めている。その一方で，岡山県内でも中山間部における限界集落の存在や産業の衰退，高齢化にともなう医療・介護課題，貧困と教育の連鎖等，多くの課題が深刻化している。これらの課題を大学のみで解決することは不可能であり，行政や企業，地域コミュニティやNPO等多くのステークホルダーとの連携によって対処していくことが必須である。

本学は，県内の産官学のコンソーシアムとして，モビリティ実験，空き家対策，スポーツ振興等多様な地域課題に対して調査や活動を行っていく「おかやま地域発展協議体」及び「おかやま円卓会議」に参加するとともに，県北の津山市を中心とする県北サテライトオフィス，通称「津山スクール」の開設や，県西部高梁川流域や水島環境学習コンソーシアム等にも積極的に加わっている。地域社会において，中立的な立場から，外部の研究や事例を含めた知見を提供できる大学が，このような活動に関わっていくことの意義は大きいと考える。

●研究・イノベーションによる知の創出

　続いて地域課題に対して，分野横断的な学術の視点から分析や抽出を行い，その解決策に至る技術やイノベーションを産み出していくことが大学としての大きな使命となる。現在世界的に「SDGsのための科学・テクノロジー・イノベーション（STI for SDGs）」の必要性が叫ばれているが，総合大学としての本学の研究範囲は広く，SDGsに関わるものだけでも「長期気候変動メカニズム解明等に関する教育・研究」「ジェンダー関連疾患（GAD）に対する包括的治療・研究・教育拠点構築」「岡山知恵とネットワークエネルギー構想」「岡山県下自治体との協働による多文化共生社会に向けた政策研究」等多くが存在する（岡山大学 2018b）。

●実践的な人材育成

　本学では，「実践の現場で適切な判断をくだすことができる能力《実践知》を有する」（岡山大学 2017）実践人の育成を重視し，学生が授業等を通じて実践型社会連携教育に参加できる機会を設け，毎年のべ2000～3000人の学生が参加している。その例をあげれば，①地域の歴史・文化・風土・知恵・経験知を若者が聞き取り，伝承する聞き書き活動，②総社市における学習困難児への学習支援活動，③笠岡市（笠岡諸島）における地域包括医療・ケア学習，④新見市における環境保全型森林ボランティア等，幅広い。これらの活動に関わり，またそれをSDGsという視点で分析することによって，学生が卒業後どのような進路を選んでも使うことのできる，問題分析・解決に向けた考え方やスキルを身につけることができると期待している。

●知見の内外への発信

　高齢化，過疎化，環境汚染等の課題は，日本にとっては古い問題であるが，世界の新興国・途上国にとってはいずれ直面する課題であり，これらについて日本が「課題先進国」として寄与できる部分は大きい。本学はこれまで文部科学省「スーパーグローバル大学」に選定されるなど国際化を進めており，今後は世界共通言語としてのSDGsを切り口に，国連アカデミック・インパクトへの加盟等，国際ネットワークの構築と，日本からの知見の発信を行っていく。それによって，SDGsそのものの内容もより豊かにしていくことができるであろう。

　本学は地域における総合的な学術機関として，課題の発見・抽出，解決策の創出，協働に基づく解決策の実装・適応，成果の共有と，岡山における地域課題をグローバルな課題解決のためのイノベーションに結びつけるための活動を行っていく。その中で「わかりやすいもの」だけでなく，今は顕在化していないが，いずれ重要になる課題や，その解決のための新たな考えかたを注意深く見守り，育てていくことが重要であろう。地域の課題を見出し，取り組んでいく研究や教育，他者との連携を含めた取り組みは，従来の学問領域では実績と認められにくいものも多く，今後は学術機関としての価値観や評価方法の見直しを含めて検討していく必要があろう。

終章　SDGsは世界と日本をどう変えるか

〈参考資料〉

狩野光伸・伊野英男・横井篤文・佐藤法仁・高橋香代・槇野博史, 2018, 「岡山大学における全学的なSDGs達成努力の開始」『学術の動向』23(1), pp. 44-47。

岡山大学ウェブサイト, 2018a, 「岡山大学の理念・目的・目標」
https://www.okayama-u.ac.jp/tp/profile/rinen_j.html

同, 2018b, 「岡山大学×SDGs取組事例集」
https://www.okayama-u.ac.jp/tp/profile/sdgs/index.html

同, 2017, 「槇野学長からのメッセージ」
https://www.okayama-u.ac.jp/tp/profile/message_j.html#more

Osborn, D., Cutter, A., and Ullah, F., 2015 *Universal Sustainable Development Goals: Understanding the Transformational Challenge for Developed Countries*, Stakeholder Forum.

(青尾謙・狩野光伸)

コラム4　地方発の持続可能な地域づくりとSDGs
　　　　　――内子町の事例

●内子町のまちづくり

　愛媛県の内子町は、人口約1万7000人、約8割を森林や山地が占め、小田川をはじめとしたいくつもの川が流れる風光明媚で自然が豊かな小規模自治体である。2005 (平成17) 年に内子町、五十崎町、小田町の3町が合併し、新しい内子町が誕生した。

　内子町が全国レベルで知られるのは、江戸から大正期にかけて木蝋の生産で栄えた町並み保存地区である。昭和40年代後半、時代の流れに取り残され老朽化が進んだ町並みを保存しようという声が住民からあがり、苦労の末、1982 (昭和57) 年に日本で18番目の重要伝統的建造物群保存地区に選定された。当時の木蝋生産が生み出した富を背景につくられた漆喰塗籠の商家や町家が現在も見事な町並みを形成し、年間数十万人の観光客を引き付けている。

　町並み保存運動は、約100年前に建てられた芝居小屋、内子座の保存運動にも波及した。老朽化し取り壊される寸前で有志の努力により保存・修復された内子座は、今では町の人々の文化的な支柱となっている。さらに、町が元気でいるためには、周辺の村も元気にということで、村並み保存運動の先駆けとなった石畳地区は、地域の過疎化に危機感を抱いた住民の有志が集まり、補助金に頼らず自ら資金を出し合い、水車小屋の復元や、農村女性による宿の運営等、交流人口を増やす数々の試みを行い、メディアの注目を集めた。今も深刻な人口減少に悩みながらも、秋には県内外から1000人以上が集まる水車祭りをはじめ、住民が総出で様々な活性化の取り組みを実施している。

　内子町の地域づくりに欠かせないのが、自治会と住民参加の仕組みである。内子町で

は独自の自治会制度を導入しており，行政が主導して住民と協働し，住民の主体性を引き出しながらまちづくりが実践されている。町内41の自治会全てにおいて，10年先の未来を描く「地域づくり計画書」を策定し，それが現在の町の総合計画の基礎ともなっている。

現在，内子町は3町合併後の第2期総合計画（2015〜2024年）で「町並み，村並み，山並みが美しい，持続的に発展するまち」を町の将来像に据え，人口の急減や高齢化，農林業の衰退など，深刻な課題を抱えつつも，時代の変化に柔軟に対応しながら，いつまでも住み続けられる内子町を目指そうと各種施策に取り組んでいる。

● 内子町とSDGsの取り組み

筆者と内子町のつながりは，国連でのSDGsの採択前の2015年4月，配偶者が地域おこし協力隊として内子町に移住したことで，家族も共に拠点を内子町に移したことから始まった。所属するNGOで政策提言を担当し，SDGsの策定プロセスにも密接に関与してきたが，その採択を見届け，日本国内の実施が開始される段階となった際に，SDGsが目指す持続可能な社会と内子町の持続可能な地域づくりとの親和性が目にとまった。町長に話をしたところ，すぐに快諾を得られ，SDGs採択から2カ月後の2015年11月に四国でSDGsに関心を持つ仲間と内子町との共催により，「ローカルSDGs？ in 内子町」と題したフォーラムを開催するに至った。フォーラムでは，SDGsの概要と内子町や四国各地の取り組みを共有し，SDGsが地方にもたらす意義や，地方自治体が今後取り組むべき課題や目指すべき方向性について議論を行った。

これ以降，四国でSDGsに取り組むゆるやかなネットワークを立ち上げ，内子町をはじめ四国各県でSDGsを考えるセミナーや勉強会を実施してきた。2016年11月には内子町役場の職員を対象としたSDGs研修，また2017年9月には内子町で四国版ローカルSDGsを策定しようというワークショップを2日間かけて実施した。また，2017年8月には過疎化が進む小田地区にある県立小田高校で，同校が取り組む地域デザインのプランニングにSDGsの観点を取り入れるワークショップを実施した。

内子町のこうした取り組みは，SDGs採択後の早い段階から実施してきたことで注目され，2017（平成29）年版環境白書や2017年の国連ハイレベル政治フォーラム政府報告書でも取り上げられた。

上述の様々な機会を通して，地方でSDGsに取り組むにあたっての学びや課題が浮かび上がってきた。1つは，地方ではSDGsという言葉や概念が浸透しておらず，東京では地方の課題が十分に認識されていない中で，都市部（中央）から地方へ，また地方から都市部（中央）へと双方向のコミュニケーションを促進し，さらには地方と地方がつながり，情報共有や協働することの重要性である。もう1つは，革新的な事業を興すのみならず，これまで実施されてきた取り組みを整理し，課題を洗い出し，見直しや改善を進めることこそ重要だという認識である。SDGsはこれらを促進するためのツールやチェックリストとして活用でき，つまり目的であると同時に手段ともなる。そ

終章　SDGs は世界と日本をどう変えるか

して，その効果的な活用には，地域の取り組みや課題を SDGs の視点でつなぐことのできるファシリテーターの存在が欠かせないことも実感できた。

　内子町では，他自治体に先駆けて政策に SDGs を導入したり，SDGs の名のもとにイノベーションを起こそうとしているわけではない。今のところ，第2期総合計画の後期計画（2020〜2024年）の見直し時に SDGs を反映することが予定されているが，一般の住民で SDGs について知っている人はまだほとんどいないといっていいだろう。しかし，内子町の町並み・村並み保存活動や，住民主体の考え方，住民が持つ町への誇りや文化度の高さには，SDGs が目指す持続可能な社会に向けたヒントが多くあると感じている。こうしたヒントを SDGs の目標とつなげ，発信し，さらなる取り組みを促進するには，繰り返しになるが，SDGs のレンズで全体を俯瞰できるファシリテーター役（NPO・NGO，自治体職員，コンサルタント，研究者など様々なステークホルダーが考えられる）が不可欠であると内子町との関わりを通して感じている。

　では，地方で SDGs に取り組む意義とは何だろう？　上述のとおり，まず SDGs は持続可能な環境や暮らし，地域活性化に向けたこれまでの施策や取り組みの見直しツールとして活用できる。従来の縦割りを超えて横断的な取り組みを促進することで，行政内，行政と自治会，住民間で対話や学びのプロセスを促せる，といった利点があるだろう。また，幅広い視野で課題を捉えたり，他事例から学ぶことで，さらに持続可能な社会づくりに活かすことができるのではないか。SDGs によって，それまで接点のなかった多様なステークホルダーとのつながりが出来，異なるセクター間の協働の機会は無限に広がる可能性を秘めている。

　国際・国・地域のあらゆるレベルで通用する SDGs という共通のキーワードを使うことで，地域の発信力の強化もできる。世界各国で SDGs をどう達成していくかという議論に，課題先進国といわれる日本から，持続可能な地域づくりの取り組みを広く発信・共有することには意義があると考える。

　最後に，これは地方に限ったことではないが，SDGs の個別目標やターゲットにとらわれ，見落としがちなのは SDGs の原則——普遍性，統合性，包摂性，参加型，透明性——である。SDGs の実践を考える上で，施策や課題との単なるマッピングにとどまらず，これらの原則を横断的に適用し，経済・社会・環境の統合性の視点を入れたり，「誰一人取り残さない」包摂性に留意したり，プロセスやガバナンスに参加の機会や透明性をもたらすことで，施策の革新性や持続可能性や衡平性は向上し，変革につながるのではと考える。

　内子町の住民の主体性を重視するまちづくりが，SDGs を通してどんな変革を遂げられるのか。これからも町のみなさんと模索しながら発信していきたい。

（堀江由美子）

コラム5 東日本大震災被災地復興応援プロジェクトについて

　一般財団法人味の素ファンデーションは，2016年8月に，味の素株式会社を設立者として創設され，2017年4月に公益財団法人として内閣府から認定を受けた財団である。
　これに合わせて従来，味の素が運営していた日本の被災地復興応援などの社会貢献活動や低所得国・地域の栄養改善事業など，食を通じた社会貢献活動やソーシャルビジネス開発は味の素ファンデーションへ移管された。
　「栄養改善」は，「貧困をゼロに」など国際的・社会的課題の解決を目指した17の目標を掲げ，2015年9月に国連総会で採択され，2030年までの達成を目指す「持続可能な開発のためのグローバル目標（SDGs）」において重要課題として明示されている。
　こうした社会課題を企業や団体単独で解決することは難しく，国・地域行政や非営利団体など，国際社会，地域社会と連携して解決に当たることがより重要となっている。
　この財団の設立意義は，こうした連携をより深め，将来にわたり食を通じた社会貢献活動やソーシャルビジネスの持続性を高めることである。
　味の素は財団への寄附・人材の出向や一部の有形・無形資産など，この財団の活動のためのリソースの提供を通じてサポートをしている。
　味の素ファンデーションは味の素から承継し，国内外でさまざまな形で食を通じた栄養改善支援を行っているが，すべての事業に共通した理念は，現地の目線をもって，現地のパートナーとの協働で，現地の自立を支援することであり，財団のリソースを使った支援が終了した後も，現地の自立性の確保が持続していくことを目指すべきゴールとしている。
　現在運営している非営利の事業は後述する4つである。
　一番目は，被災地復興応援事業であり，東日本大震災の被災地である東北3県をはじめとした被災地において，幅広く様々な環境や年齢の方を対象として，本財団が有する食と栄養の知見を基盤とした情報提供や「いっしょに作って，いっしょに食べる」体験型の健康・栄養セミナーを応急仮設住宅や災害公営住宅などの住民の方々向けに提供し，食を通じた生活の改善および被災地住民のコミュニティづくりの支援をしている。
　二番目は，ガーナ共和国における栄養改善事業である。低所得国では，栄養不足の問題は深刻な社会問題となっており，特に「最初の1000日」と呼ばれる妊娠期から2歳齢までの時期の栄養不足は，子供の成長不良，知的能力の発達遅延，免疫系の発達不良などの問題を引き起こし，その影響は一生にわたって取り返しのつかない悪影響を及ぼすことが知られている。本事業では，西アフリカ・サブサハラ地域ガーナ共和国において，現地の離乳食に不足しがちな栄養素を配合した食品を研究・開発し，製造，販売お

終章　SDGs は世界と日本をどう変えるか

よび母親への栄養知識の啓発普及を通して，離乳期の子供の健全な発育を支援する，持続性のあるソーシャルビジネスの仕組みを開発すべく活動している。

　三番目は，略称 AIN プログラム（Ajinomoto Foundation International program for Nutrition）である。アジア・アフリカ・南米などの低所得国の中で，特に食・栄養・健康に改善すべき課題を抱える地域の人々に対する貢献を趣旨として，その支援や問題解決に向けたプロジェクトを実施する NGO 団体に対し，資金の助成および持続的な事業推進のためのノウハウの支援を行っている。

　四番目は，ベトナム栄養制度創設事業である。略称 VINEP（Vietnam Nutrition System Establishment Project）。日本で栄養士が国民の栄養改善の推進役として育成され，社会的地位をもって多数が活躍しているように，ベトナム国においても栄養士が育ち，同様の活躍と貢献ができる制度の創設を支援するプロジェクトである。日越の官民学協同で推進，栄養教育や栄養バランスが適正な食事メニューの開発や提供を通じて，国民の衛生と健康向上に貢献することをゴールとしている。

　前述した被災地復興応援事業について詳しく述べる。このプロジェクトは2011年3月の東日本大震災を契機に，当時の味の素グループが，2011年10月にスタートさせた復興応援プロジェクトが基盤となっている。

　この「ふれあいの赤いエプロンプロジェクト」と名付けた健康・栄養セミナーは，避難所から移り住んだ応急仮設住宅における健康・栄養面，そしてこれまでの地域コミュニティが失われ，人と人の繋がりが希薄になっている，という課題への取り組みを応援するプロジェクトとして始まった。応急仮設住宅の住民が集まって調理をし，おいしい料理を囲み，語り合う「場」の提供が基本のコンセプトである。

　決して押し付けることなく，現地の実情やニーズに応じた活動をすることが基本であり，応急仮設住宅の住民全般を対象としたセミナーのほか，不適当な食生活やアルコール依存症の増加が指摘されている中で始めた男性限定セミナー「男の料理教室」や，もともと塩分摂取量の多い東北地方において，減塩に取り組むためには幼児期の適切な味覚形成が重要との観点から，保育所の園児を対象として，減塩してもおいしく食べられる，うま味の効いただしの体験学習も実施している。

　また，このセミナーの運営は，当財団だけでは実行が不可能であり，地域行政，社会福祉協議会，食生活改善推進員，現地の NPO 団体，大学，自治会など，地元の復興を担っている地元との協働が不可欠であった。あくまでもこのセミナーの主役は住民の方々であり，また，主催するのは，この地元の団体（パートナー）である。当財団は，この「場」を借りて，セミナーを運営しているに過ぎない。

　運営にあたっては，当財団の専任従業員に加えて，業務委託をしている味の素グループ会社の専任担当者が，岩手県・宮城県・福島県にそれぞれ2名，計6名が駐在している。調理台・調理器具を載せた専用トラックを使って，応急仮設住住宅や災害公営住宅

などの集会所を広く回訪し，毎月約40回セミナーを継続して実施している。

　2011年10月の初開催以降，2018年3月現在まで，約300のパートナーと協働し，3県47市町村で，累計実施回数3088回開催され，のべ4万3627人の住民が参加している。また，味の素グループ従業員を中心としたボランティアがのべ3075人がこの活動に参加している。

　セミナー当日は，専任の管理栄養士が開発した，月替わりのメニュー・レシピおよび，使用食材と連動した健康情報を提供ししている。このメニュー・レシピは1献立あたり，カロリー500Kcal前後，塩分3g以下，たんぱく質20g以上とし，財団創設者である味の素のノウハウを生かし，地元で用意がし易い食材を使用して，簡単に楽しく調理できる・おいしく・健康に良いメニューであることが基本コンセプトとなっている。

　2011年この活動のスタートに際し，味の素社長（当時）伊藤雅俊氏は，『応急仮設住宅がなくなり復興の足取りが確かなものになるまで，食を通じた様々な活動を通じて，「心と体の健康づくり」を応援する』ことを宣言し，財団に移行後も受け継がれている。

　現在では，未だ応急仮設住宅に残っている方々がいる一方で，自力再建された方々もいる。そして復興公営住宅や災害公営住宅への入居も進んでいる。応急仮設住宅も住民が減少してきたことに伴い，廃止・統合が進んでいる。

　このため，知らない者同士が暮らすコミュニティをゼロから作る状況が続いており，また転居した公営住宅においても，もともと住まわれていた方々と新たなコミュニティを作っていく状況にある。これに対応して，スタート当初は応急仮設住宅住民を対象としていた本活動も，公営住宅住民まで対象を広げて継続をしている。

　復興庁は2019年3月には仮設住宅がなくなり，震災発生から10年となる2020年3月31日までに，復興庁そのものを廃止されることが予定されている（設置法21条）。東北復興応援の在り方も転機を迎えることになる。

　これまでの当財団のセミナーは，地元パートナーと共に企画した日時・場所に，財団の駐在担当が調理器具を持ち込んで，作成したメニュー・レシピを使って運営するという人的・物理的な支援をする活動が主体であった。この活動は当面継続しながら，将来的な現地の継続性のある自立を目指した活動として，徐々に培ってきた運営ノウハウをパートナーに継承して貰い，財団はメニュー・レシピや機材の提供を続け，最終的には，財団の従業員が参加しなくても，地元の自主的な開催・運営がなされていく様な支援に形を変えていくことを指向している。

　この趣旨に理解と賛同し，こうした「自主開催・運営」する地元団体も徐々に増えてきている。人的・物理的に残団の手を離れても，見守り続けていくことが根底にあり，これからも被災した住民の声に耳を傾けていくこととなる。

（重宗之雄）

終章 SDGsは世界と日本をどう変えるか

コラム6 世界の「衛生」「環境」「健康」に貢献することでSDGsを達成する
── 「清流の経営」から「きれいごと」の実現

　サラヤ株式会社は1952年創業の油脂化学工業に分類される石鹸・洗剤と衛生関連商品を製造販売する会社である。創業者更家章太は，旧知の紡績工場の産業医から「簡単に手洗いができ消毒もできる石鹸が必要」といわれ，消毒用殺菌成分を加えた液体石鹸と押出し押上げ式の石鹸容器を開発し販売をした。当時は衛生状態が悪く赤痢が流行，国内での患者は11万人であった。手洗用液体石鹸は労働集約的な工場をはじめ，集団感染を防ぐため手洗いによる衛生習慣を広めようとする労働衛生の動きもあり普及，工場や学校，集客施設などで多く使用されるようになった。

　しかし売上は季節変動が大きく，水温が下がる冬季には手洗いの回数が減ることから，売上の変動に対応できる商品の開発が必要であった。新事業のヒントは健康標語の「うがいと手洗いで健康管理」であった。うがい薬の開発をすすめ1961年に「うがい薬コロロ」を発売，1966年には自動うがい器を発売した。既に手洗い石鹸で取引があった全国の事業所や学校に高度経済成長期の大気汚染問題等の影響もあり普及していった。

　その後1971年にヤシノミ洗剤を発売する。当初は業務用として食品業界から官公庁や学校給食で使用されていた。当時は公害問題が大きな社会問題で，大気汚染に加え，排水による河川湖沼海洋の水質汚濁が深刻化，原因となる石油系合成洗剤の追放運動が市民運動として高まった。このことを受け，当初から手洗い石鹸液の原料として使用していたヤシ油を原料に，洗浄に関係のない色素や香料を使用せず環境に配慮した洗剤を開発した。1978年に家庭用に展開し，サラヤを象徴する商品となる。この洗剤は生分解性が高く，河川等の富栄養化を防ぐ効果があり，使用する人の手肌への刺激も少ないという特徴がある。1984年頃から原料は安定供給と価格面からヤシ油からパーム核油へ変更された。

　1979年に発売した速乾性アルコール手指消毒剤である「ハンドサニターS」は従来の手指消毒方法を大きく変える商品として，公衆衛生分野に留まらず医療分野での感染予防に事業が展開する契機となる。従来手指の消毒はベイスン法と呼ばれる逆性石鹸を希釈した薬液に手を浸す方法であった。この消毒法はいくつかの問題点が指摘され，同じ薬液に何度も手を浸すため使用を続けると殺菌力が急激に低下，加えて殺菌力が低下した薬液には病原菌が残り交差汚染する可能性があり，使用現場においては薬液の濃度調整に手間がかかる。ボトル容器に速乾性アルコール消毒剤が入った本品は，容器を押すと自動的に真上に噴霧され手指を殺菌消毒するというものであった。消毒毎に新たな薬剤が噴霧されることから再汚染のリスクは少なく，アルコールは容器の中に封印されているため効力が低下せず調整の手間もないというものであった。1982年に斜め下に噴霧

する自動手指消毒器を開発。1990年に手肌への刺激性を減らし，保湿性と殺菌効果の持続性を向上させたヒビスコールを開発した。この開発によって感染予防・医療分野へ進出することとなる。

サラヤには異なる食品分野の商品としてカロリーゼロ甘味料がある。この開発は創業者が糖尿病を患ったことを契機にはじまった。1984年に低カロリー甘味料「トーカット」を開発するが，生薬の甘草を使い甘味が砂糖より弱く，甘味にクセもあり，商品としての改良が必要であった。新たに開発されたのが1995年に発売された「ラカント」である。これには中国桂林産の羅漢果というウリ科植物の果実のエキスが配合され，より良い甘味成分の抽出方法についての特許を取得している。この羅漢果配当体に糖アルコールを配合し，甘さを砂糖と同様にすることで使い易く調整し，人の健康に配慮した商品として，現在も多くの糖尿病患者に使用されている。この商品の開発は経てサラヤの企業理念である「衛生」「環境」「健康」に貢献するということが事業として完成した。

サラヤの事業発展は常に社会的な問題の解決に取組ことで実施された。しかし，それは後日に整理してみれば社会問題の解決と事業の成長に高い相関性があったと分析されるものといえる。自ら積極的に社会問題と対峙することになるきっかけはテレビ番組への社長の出演である。2004年8月に放映された「素敵な宇宙船地球号　子ゾウの涙〜地球にやさしいの落し穴」では，ボルネオ島で固有種であるボルネオピグミー象がパームプランテーションの拡大により生息地が縮小し人間との衝突を起こしている現状を伝え，子象が小動物用のワイヤートラップに引っ掛かり，足や鼻が壊死を起こしている姿が映し出された。このパームオイルは自然派として売られている洗剤にも使われおり，環境に優しいという謳い文句に疑問を投げかけるという内容になっていた。番組では社長に象の現状の映像を見せコメントを求めるた。更家は「このようなことが起こっているとは知りませんでした。象に大変申し訳ないことをしていると思います。」と答えた。

この番組を契機に考慮されていなかったサプライチェーンの川上の問題に対して積極的に取り組むことになった。ボルネオで現地調査を実施し，日本企業としていち早くRSPOに参加した。このことは番組制作側から「企業へ一方的な批判や攻撃をすることは本意ではない」という判断で続編をサラヤの対応を中心に取材し，2005年3月に放映された。

2006年10月にマレーシア・サバ州で生物多様性保全を目的としたボルネオ保全トラスト（BCT）の設立に参画。無期限にヤシノミ洗剤の売上金の1％をBCTへの寄付をするコーズリレーションマーケティングを開始した。2010年にはRSPOのサプライチェーン認証（完全分離方式）を得た国内初の商品「ヤシノミ洗剤洗濯用ネオ」を発売するなど認証油の利用にも積極的に取り組んできている。

2005年以降，積極的に環境問題等にコミットしていくという姿勢は，2008年COP9での「ビジネスと生物多様性イニシアチィヴ」への署名，国連グローバルコンパクトへ

の参画へと繋がり，2010年のウガンダでのユニセフとの協働事業「100万人の手洗いキャンペーン」へと続く。更家はこのような取組を，大河に比した日本の清流の姿を自らの経営になぞらえ「清流の経営」，とした。

　ウガンダでの活動はさらに，実際の衛生向上ビジネスへ発展し，2011年に現地法人さらには2013年手指消毒用アルコールの現地生産へと進んでいく。病院でアルコールによる手指消毒の励行されることで，乳幼児や妊産婦の感染症等の発症率は劇的に低下した。またウガンダでの医療現場へのアルコールの普及は国連開発計画がすすめるビジネス行動要請（BCtA）への承認を得る契機となった。

　更家は2016年の自著において企業が社会貢献や環境や自然を保護するなどはきれいごとを建前にした単なるイメージアップにすぎないと思われることについて，これらはどれも単なる好感度アップのための戦略ではなく，サラヤの企業理念をごく自然に実行したものであり，時代が「きれいごと」を求めていると表現している。

　2015年9月に国連で採択されたSDGsは2030年までに17のゴールと169のターゲットに対して到達をめざすというものである。この17のゴールに対してサラヤが事業での取組みをあてはめて整理するという作業は比較的容易である。この視点は不可欠なことではあるが，サラヤがこれまで道程の中で大切なことは，結果として社会問題の解決に事業として取組んだのではなく，自らの明確な意思とコミットメントを持って取り組むことと認識している。サラヤが世界の「衛生」「環境」「健康」に貢献するという事業を通じてSDGsの達成をステークホルダーと共通の価値として目指すという経営戦略は「清流の経営」から「きれいごと」の実現をめざすというサラヤの世界観の中にある。

〈参考資料〉
一般社団法人 Think the Earth 編，蟹江憲史監修『未来を変える目標 SDGs アイデアブック』，2018，紀伊國屋書店。
サラヤ株式会社，2017，『持続可能性レポート2017』。
更家悠介，2016，『これからのビジネスは「きれいごと」の実践でうまくいく』東洋経済新報社。
更家悠介，2010，『世界で一番小さな象がおしえてくれたこと――エコロジーの時代に「清流の気鋭」で生きる日本企業』東洋経済新報社。
外務省ホームページ
　http://www.mofa.go.jp/mofaj/gaiko/kankyo/jyoyaku/bio_0805_gai.html（検索日2018年5月2日）
国連開発計画駐日代表事務所ホームページ
　http://www.jp.undp.org/content/tokyo/ja/home/partnerships_initiatives/privatesector/privatesector5.html（検索日2018年5月2日）

（小辻昌平）

■執筆者紹介（＊が編者）［①所属・職名，②担当］

＊高柳　彰夫　　①フェリス女学院大学国際交流学部教授　②序章，第10章，終章A・B（導入文）

＊大橋　正明　　①聖心女子大学現代教養学部教授　②序章，第1章

仲佐　　保　　①シェア＝国際保健協力市民の会共同代表　②第2章

北村　友人　　①東京大学大学院教育学研究科教授　②第3章

興津　妙子　　①大妻女子大学文学部コミュニケーション文化学科教授　②第3章

田中　雅子　　①上智大学総合グローバル学部教授　②第4章

西川　　潤　　①早稲田大学名誉教授（御逝去）　②第5章

穂坂　光彦　　①日本福祉大学名誉教授・研究フェロー　②第6章

小坂　真理　　①東海大学教養学部人間環境学科社会環境課程特任准教授　②第7章

西川　芳昭　　①龍谷大学経済学部教授　②第8章

小林　邦彦　　①大学共同利用機関法人 人間文化研究機構 総合地球環境学研究所研究員
②第8章のコラム1，2

若林　秀樹　　①国際協力NGOセンター（JANIC）事務局長，グローバル・コンパクト・ネットワーク・ジャパン理事　②第9章

髙木　晶弘　　①一般財団法人CSOネットワーク・リサーチフェロー，ロイドレジスタージャパン株式会社研究員　②第11章

小川　玲子　　①千葉大学社会科学研究院教授　②第12章

稲場　雅紀　　①一般社団法人SDGs市民社会ネットワーク業務執行理事　②第13章

青尾　　謙　　①岡山大学大学院ヘルスシステム統合科学研究科講師　②終章Bのコラム3

狩野　光伸　　①岡山大学大学院ヘルスシステム統合科学研究科教授，副理事，SDGs推進企画会議議長　②終章Bのコラム3

堀江由美子　　①公益社団法人セーブ・ザ・チルドレン・ジャパンアドボカシー・マネージャー　②終章Bのコラム4

重宗　之雄　　①公益財団法人味の素ファンデーション専務理事　②終章Bのコラム5

小辻　昌平　　①サラヤ株式会社専任課長　②終章Bのコラム6

Horitsu Bunka Sha

SDGsを学ぶ
──国際開発・国際協力入門

2018年12月10日　初版第1刷発行
2021年5月30日　初版第6刷発行

編　者　　高柳彰夫・大橋正明
発行者　　畑　　　光
発行所　　株式会社　法律文化社

〒603-8053
京都市北区上賀茂岩ヶ垣内町71
電話 075(791)7131　FAX 075(721)8400
https://www.hou-bun.com/

印刷：共同印刷工業㈱／製本：㈱藤沢製本
装幀：仁井谷伴子
ISBN 978-4-589-03969-9

©2018　A. Takayanagi, M. Ohashi　Printed in Japan

乱丁など不良本がありましたら、ご連絡下さい。送料小社負担にて
お取り替えいたします。
本書についてのご意見・ご感想は，小社ウェブサイト，トップページの
「読者カード」にてお聞かせ下さい。

JCOPY　〈出版者著作権管理機構　委託出版物〉

本書の無断複写は著作権法上での例外を除き禁じられています。複写される
場合は，そのつど事前に，出版者著作権管理機構（電話 03-5244-5088,
FAX 03-5244-5089, e-mail: info@jcopy.or.jp）の許諾を得て下さい。

高柳彰夫著
グローバル市民社会と援助効果
——CSO/NGOのアドボカシーと規範づくり——
A5判・258頁・4070円

「成長による貧困削減規範」から「人権規範」への転換を目指すCSO（市民社会組織）の歴史，提言，規範づくりに着目し，CSO独自の役割を包括的に検証。「グローバル市民社会」を核とする著者の国際開発研究の到達点。

福田耕治・坂根 徹著
国際行政の新展開
——国連・EUとSDGsのグローバル・ガバナンス——
A5判・248頁・3080円

国際行政の〈基礎・歴史・理論〉，国連システムとEUの〈制度と組織〉〈行政資源の調達と管理〉を分かり易く解説した上で，SDGs時代の様々な〈国際公共政策〉のグローバル・ガバナンスを明らかにする。

横田洋三監修／滝澤美佐子・富田麻理・
望月康恵・吉村祥子編著
入門 国際機構
A5判・266頁・2970円

創設70周年を迎えた国連を中心に国際機構が生まれた背景とその発展の歴史，組織構造とそこで働く職員の地位を論じる。感染症の拡大防止等，国境を越えた人類共通の問題に対して国際機構は何ができるのかを解説する。

佐道明広・古川浩司・小坂田裕子・
小山佳枝共編著
資料で読み解く国際関係
A5判・238頁・3190円

17世紀から現代に至るまでの激動の国際関係を読み解くための資料集。各章の冒頭に解題を付し関連事象の流れや意味を立体的に解説。特に歴史関係の資料を整理し，米朝首脳会議をはじめ最新の国際情勢も取りあげる。

グローバル・ガバナンス学会編〔グローバル・ガバナンス学叢書〕
大矢根聡・菅 英輝・松井康浩責任編集
グローバル・ガバナンス学Ⅰ
——理論・歴史・規範——

渡邊啓貴・福田耕治・首藤もと子責任編集
グローバル・ガバナンス学Ⅱ
——主体・地域・新領域——

Ⅰ：A5判・280頁・4180円／Ⅱ：A5判・284頁・4180円

グローバル・ガバナンス学会5周年記念事業の一環として，研究潮流の最前線を示す。Ⅰ：グローバル・ガバナンスの概念とこれに基づく分析を今日の観点から洗いなおし，理論的考察・歴史的展開・国際規範の分析の順に論考を配置。Ⅱ：グローバル・ガバナンスに係る制度化の進展と変容をふまえ，多様な主体の認識と行動，地域ガバナンスとの連携および脱領域的な問題群の3部に分けて課題を検討。

——法律文化社——

表示価格は消費税10％を含んだ価格です